三神
삼신과
동양사상

三 神
삼신과 동양사상

초판 1쇄 발행 | 2004년 5월 26일

지은이 | 智 勝
발행인 | 김학민
발행처 | 학민사

등록번호 | 제10-142호
등록일자 | 1978년 3월 22일

주소 | 서울시 마포구 대흥동 150-1번지(우편번호 121-089)
전화 | 02-716-2759, 702-3317
팩시밀리 | 02-703-1494

홈페이지 | www.hakminsa.co.kr
이 메 일 | hakminsa@hakminsa.co.kr

ISBN 89-7193-153-1(03200), printed in korea

잘못 만들어진 책은 구입하신 서점에서 바꿔드립니다.
값은 표지에 있습니다.

三神
삼신과
동양사상

글·지승 智勝

학민사

머 릿 글

새벽 도량석을 하다 문득 서산 머리에 비낀 그믐달을 본다. 실낱같은 고운 선이 금빛으로 아쉽다. 머지않아 동이 트고 붉은 해가 거침없이 솟을 것이다. 이 국토 민초의 역사도 이런 새벽의 날은 필경 다가서리라.

터알에 심은 채소가 하루가 다르게 자란다. 처음에 아구를 트고 나온 이파리는 콩쪽만한 것이 너무 시쁘장스럽더니 며칠 지나는 사이에 콩잎같은 속잎이 나고 다시 또 손바닥잎이 나고 하는 사이에 이제는 제법 채소 꼴이 잡혀간다. 대견한 일이다.

서글픈 일이다. 내가 틔운 '삼신피'의 싹은 스무 해가 넘건만 아직 콩쪽 떡잎 그대로다. 채소는 땅의 진기를 먹고 자란다. 그래서 거름으로 땅의 기운을 북돋운다. 허나 사상의 싹은 비판을 통해서만 자라는 법이다. 함부로 두들겨대는 비판이 무자비한성 싶어도 역사를 움직여온 위대한 사상일수록 혹독한 비판을 통한 검증없이 된 것은 없다.

석가, 예수, 공자같은 인물들의 사상이 우선 그렇다. 비판을 용납하지 않은 히틀러가 오만과 독선에 빠져서 역사 속의 실수로 남은 것이 좋은 예일 것이다. 그것은 마치 성의있게 올려 미는 새싹한테 제 자리를 양보하고 저는 가뭇없이 사라지는 첫 싹들의 운명이다.

신변잡기(身邊雜記) 수준을 넘지 못하는 못난 활자들이 베스트셀러로 판을 치는 세태(世態)에서 나는 혼자서 무던히 야속하였다.

서기 일구구이년 9월부터 일구구륙년 5월까지의 시간을 나는 북만주의 거친 풍토에서 오직 상고사를 복원하자는 일념으로 헤매었다. 겉으로는 그곳에 흩어져 사는 소수민족들의 풍속과 습관을 조사한다는 것이었지만, 속생각은 우리의 상고 역사가 남긴 비늘조각을 줍느라 겨를이 없었다. 덕분에 흥안령 산맥과 흑룡강 일원을 고루 누벼 밟았고 생명을 담보하는 위험도 여러 번 감내해야 했다.

그것이 아니어도 지난 스물 세 해 동안 나는 상고사 복원이라는 화두 외에는 달리 생각해본 것이 없었다. 이렇게 한 우물을 파왔다면 새로운 자료나 의견이 많을 것이지만 '삼신피'를 거의 고치지 않고 그냥 내보낸다. 지금 다시 읽어도 고치고 싶은 부분은 없다. 마음에 걸리는 데가 아주 없는 것은 아니지만 그것을 손질한다면 전체를 다시 써야 했을 것이다.

솔직히 토로한다면 나는 과거의 원고에 매달리고 싶지가 않다. 그럴 시간이 있다면 4년 동안 모아온 자료를 정리하는 것이 옳다는 쪽이다. 또 적상산 호국토굴에서 그 원고를 쓰면서 '이것이 무슨 역사냐!'고 통곡으로 울었던, 신라 통일 이후의 잘못된 매듭들을 오늘의 젊은이들에게 고스

란히 들려주고도 싶어서다.

반복되는 실수와 수없는 절망을 건너와서 생각할 적에 비로소 확실
하게 잡혀지는 것이 있다. 역사는 사람의 살림이지 신이나 부처에게 빌어
서 구원되는 살림살이가 아니라는 점이 다. 나는 이 글을 읽는 젊은이에
게 말하고 싶은 것이 있다.

그대가 누구에게 어떤 역사를 배웠든 문자의 시비를 훌훌 털어 버리
고 자신의 핏대 속을 흐르는 피의 고동에 가만히 기울이기 바란다. 그러
면 열강의 틈서리에 끼인 이 새우등같은 반도에서 용하게 살아남은 불사
신의 혼을 들을 것이다. 거기서 그대가 하늘에 벌려 선 조상의 음성을 듣
고 진솔하게 누구라는 것을 깨닫는다면, 그대의 웅혼한 기상이 역사에 어
떻게 참여할 것인지 알게 될 것이다. 나는 그대의 혼을 두들겨 깨우는 사
람일 뿐이다.

한갓 지나온 과거를 돌아다보자는 것이 역사는 아니다. 무식한 용기
로 미래를 계획하고 설계하려는 것은 더욱 아니다. 사람의 목구멍 속을
오르내리는 가는 숨줄만이 역사의 영원한 테마일 것이다.

단기 4337년 4월
채운산 우거에서
지 승

차 례

제 3 부 불교의 인도

제 1 부

삼신三神의 한국

01
사람의 뿌리

사람의 삶에도 뿌리는 있는 법이다. 뿌리는 나무에 비해서 하는 말이지만 나무가 흙에서 나왔다면 사람은 종교의 토양에서 나온 것일 수 있다. 그것은 사람의 살림이 도덕적인 데, 정신적인 데서만 내용과 뜻을 갖는다는 의미이다.

사람은 종교에서 나와 종교로 살다가 마침내 종교 속으로 되돌아간다. 그러나 종교라고 해서 특정한 예법과 테두리 속에 사는 사람들의 생활습관을 의미하지만은 않는다. 오히려 참종교는 그런 주관적인 한계성을 초월하기 때문에 특별한 신앙습관 따위와는 관계없이 살아가는 보편적인 사람들의 삶 전체를 포함하는 것을 뜻한다. 한 마디로 대중사회의 삶을 떠나지 않는 것이 종교다.

가령 한 사회의 구조를 보자. 어느 사회이거나 사회는 밥을 먹으려고 애쓰는 교학(敎學)이 있는가 하면, 한쪽에서는 내면의 정신을 위해 애쓰는 학문이 있는 법이다. 농학이나 기계공학이 전자의 경우라면 예술과 문학은 후자의 경우다. 인간의 생명은 본래 육체적인 면과 정신적인 면의 두 면이 하나로 해서 나왔기 때문이다.

종교는 이런 사회적 두 측면의 여러 학문과 기능을 한 점으로 잡아 이끄는 꼭지다. 그래서 종(宗)이니 교(敎)니 글자를 골라 쓴다. 보편적인 삶의 사회현상을 그냥 통째로 종교현상이라 함은 이런 뜻에서다.

이렇게 볼 때 이 세상에는 여러 종류의 사람이 살고 있는 만큼 여러 종류의 종교가 있을 것이다. 다시 말해서 아시아인에게는 아시아인의 종교가 있고, 유럽인에게는 유럽인의 종교가 있으며, 아프리카인에게는 또 아프리카인 사회에 걸맞는 종교가 있다. 그것은 풍토에 따라 생활이 다르고 인습이 달라서다.

풍토와 종교의 관계는 불가분의 관계이다. 종교는 반드시 그 풍토의 질서와 환경에서 건져 만든 규범이면서도 그들 풍토적 삶을 초월하는 무엇이기 때문이다. 종교의 척도는 그대로 사회 대중의 숨결을 나타내 주는 척도이다. 어떤 종교의 대기가 혼탁할 때, 그 사회가 어김없이 질식하고 부패하는 것은 그런 까닭에서다.

종교는 사람 사이의 모든 것, 사회 살림의 전체를 묶어서 통괄하고 관장하고 이끌어 가는 힘이다. 비록 직접적인 참여는 없지만 종교가 있어서 질서를 만들고, 역사를 만들고, 도덕과 윤리를 만들어 개인의 안녕과 가정의 보금터가 보장된다.

그러나 종교는 모든 개개인이 지닌 신앙의 숨결에서 비롯된 것이지, 그것 자체가 처음부터 사회적인 것은 아니다. 중요한 것은 인간이 처음부터 신앙적으로 태어난 데 있다. 신앙은 불안이 붙드는 의지처이다. 인간은 불안을 걸머지고 태어나는 것이 아니라 숫제 불안 그 자체로서 태어난다. 왜 불안한가? 모르기 때문이다. 다시 말해 인간이 어떤 순간 주변을 돌아보고 그 속에 놓여진 저를 발견할 때, 그리하여 제 생명의 밑둥지에 시커먼 의문의 구덩이가 아가리를 벌리고 있는 것을 보고 두려워 부르르 떨 때, 그 순간에 인간은 아무 것이나 붙들지 않고는 견디지를 못한다. 말하자면, 생명이 자아(自我)를 의식하는 순간 느끼는 두려움에서 경이와 공포적 체험으로 우러나는 것이 신앙이다.

신앙은 종교적인 논리나 사유적인 검토와는 다르다. 문맹적(文盲的)인 할머니들의 어리석은 맹신(盲信)처럼 생각할 여유나 비판행위가 끼어들 겨를이 없다. 그저 무조건적으로 믿고 있을 뿐이다. 무엇을 믿는가? 인간보다 위대하다고 보여지는 것은 다 믿는다. 명산대천을 믿고, 해·달·별을 믿고, 하느님을 믿고, 용왕과 샛님을 믿고, 대감을 믿고, 고목나무를 믿고, 부처를 믿는다.

이런 신앙의 체험은 어리석고 무지했던 원시인들에게만 있었던 것이 아니라 오늘 우리들의 의식 속에도 틀림없이 숨쉬는 어떤 것이며, 미래의 인류에게도 끊임없이 체험될 그 무엇이다. 신앙의 신(信)이란 글자는 무조건적으로 믿는다는 것이요, 앙(仰)이란 따져볼 것 없이 우러러 의지한다는 뜻이다. 종교가 학자의 것이라면, 신앙은 답답하고 어리석은 할머니의 것이다. 그러나 종교가 신앙에서 떠날 때, 그 종교는 이미 뿌리가 잘린 종교요, 죽은 종교다. 우리들 생명의 본질은 정히 신앙의 창을 통해 가까운 것이지, 종교의 감각으로 설명될 것이 아니어서다. 다시 말해서 생명은 우수한 지혜와 학문으로써 어림잡아지는 것이 아니란 소리다.

생명은 우리로서는 알 수 없는 것이다. 다만 우리는 하나의 생명을 가지고, 내게 주어진 내 몫의 삶—생명을 살고 갈 뿐이다. 살아서 숨쉬는 것, 움직이는 것만이 생명은 아니다. 흐르는 바람도 물도 풀이나 나무와 돌멩이도 생명에서 나와 생명으로 돌아가는 제 생명의 표현이다. 생명은 하나에서 나와 하나로 돌아간다. 그러므로 하나인 것이 그것 자체로서 생명이긴 하지만, 이 하나를 가리켜 도(道)요 진리요 본질이요 말씀이요 실체요 법(法)이요 다르마요 하고 붙이는 이름이 많아도 생명을 그것을 초월하여 저절로[自] 그렇게[然] 되어가는, 닿을 수 없는 무엇일 따름이다.

이 세상은 커다란 자연으로서 움직인다. 삼라만상은 모두 제가 제 까닭으로 태어났다가 스러지는 것이다. 사람도 사람된 소이(所以)로 이 세상에 왔다. 사람은 자아에 눈뜨는 찰나의 불안에서 신앙을 갖지만, 이 신앙은 우리들 들숨날숨의 숨줄 속에 이미 들어 있는, 눈뜸에 앞서 있는 이전의 것이다. 이 신앙이 변전하여 종교가 된다. 그 종교가 도덕과 역사를 만든다. 문명이니 문화니 하는 것들은 신앙의 구멍에서 기어 나온 부산물이다. 그런데 이 신앙은 반드시 신화를 뿌리로 하여 출발한다. 신화는 생명의 근원을 설명해 보려는 일종의 우주사라고나 할까? 그래서 신화는 이 세상이 처음에 어찌하여 생겼다는 것, 인간과 동식물은 어떻게 태어난다는 것을 이야기한다.

인종과 민족에 따라 각기 제 개성, 제 목소리를 가진 신화가 많다. 그 신화들의 뿌리 밑을 더듬어 맛을 본대야 다른 뜻이 있을 것은 아니다. 제 종족 제 민족의 사람들이 역사살림 이전에 어떤 지방, 어떤 조건에서 어떤 형태, 어떤 의미의 살림을 해 왔다는 것을 말하는 것에 지나지 않는다. 말하자면 그 신화를 전승해 오는 사람들의 선사시대 혹은 상고시대의 살림을 더듬을 수 있는 열쇠를 제공하는 것에 지나지 않음이다.

기독교 『성경』의 창세기편은 대표적인 실례지만, 그리스나 로마 혹은 북구인들의 신화 등이 그런 예이다. 불교 역시 신화는 빠뜨릴 수 없고, 우리에게도 단군임금 신화와 함께 몇 편의 신화가 전해 온다. 가까운 나라 일본이 그렇고, 이탈리아가 그렇고, 아메리카 인디언들의 신화가 그런 예이다.

물론 그런 신화들은 제 종족의 역사살림 속에 비호되는 것이기 때문에, 종족의 역사가 이어져 오고 있으면 신화도 살게 되거니와 그렇지 못한 경우에는 쇠잔한 역사 생명과 함께 시들어서 아주 없어지는 결과가 된다. 그리고 그것은 그럴 밖에 없다.

신화는 심심해서 만드는 이야기꾼의 이야기가 아니며, 문학적인 허구하고도 다르다. 신화는 일정한 생활 습관을 가지고 사는 사람들이 하나된 살림을 이어오는 동안에 어느 사이엔가 저절로 배태되어서 태어나는 것이다. 그러기 때문에 신화에는 특수한 작가가 없다. 있다면 그들 민족 전체가 될 것이다.

과거에 일본이 이 땅을 침략했을 때 우리들 신화를 이리저리 고치고 날조한 적이 있었지만, 어떤 민족을 근본에서 뚫어보고자 할 때는 그 민족의 신화를 문제삼는 것이야말로 옳은 판단이다. 신화 속에는 그들 태고 적부터의 조상 숨결이 핏줄에서 핏줄로 면면이 이어지면서 불씨처럼 건네지는 확실한 가능성이 있기 때문이다.

02
단군신화

　우리 민족의 고유 신앙이 삼신신앙(三神信仰)이라는 것, 그 삼신은 개국조(開國祖) 단군임금으로 일컬어진다는 것에 대해 이 나라 사람들은 의심이 없다. 공부를 했거나 말았거나, 혹 더 알거나 덜 알거나 간에 그것은 정도의 차이겠고, 그 외의 다른 소리를 끌어댈 줄 모른다는 데 대해서는 너나없이 한가지다.

　서러운 국토, 서러운 역사를 견디어 온 사람들의 후예로서, 잃은 것도 많고 뺏긴 것도 크지만, 핏대 속에 피 하나 지켜 내서 그 피 속에 순결한 신앙 하나 다치지 않았다는 게 무엇보다 다행스럽고 장한 일이 아닐 수 없다.

　원나라가 지나가고, 몽골이 짓밟고 가고, 거란 · 여진 되놈들이 차례로 유린하고 간 땅. 무슨 시절이 그리도 험해서 반도에 올챙이로 오그라든 것이 죄일런가? 의뭉하고 곰같은 명나라 놈들이 양같은 백성의 골을 다 빼먹고 가면, 청나라 야차같은 놈들이 대낮 한길에다 솥을 걸어 놓고 여자 젖을 베어 삶아 먹었다던가? 임신부 누이가 흉물스런 놈들의 노리개가 되어 칼날에 배를 갈렸는데, 그것도 모자라 바다 건너 승냥이 놈 종살이가 반세기라. 천 년의 역사가 그토록 모질었으면 이 땅 사람들 씨알머리 하나 없이 녹아지고 없어졌을 법한데, 죽을래도 죽지 못하는 불사신의 자손이어선가? 역사는 끝나지 않았다. 마지막 날 웃으련다. 끈질기게 끈질기게 역사의 등불을 지켜 가는 삼신신앙의 한민족. 대체 우리는 어떤 피를 지닌 사람들의 자손이기에 이리도 질긴 사람들일까?

우리 민족이 역사살림을 처음 시작한 것은 단군임금 때부터이다. 단군임금이 정말 있었는지, 거금 4300여 년 전에 나라를 세웠다고 했는데 실제로 그러했는지, 또 그것이 오늘날 우리들 살림의 밑되는 부분이라고들 알고 있는데 그 사실을 꼭 믿어야 되는 것인지, 의심을 하기로 들면 한이 없을 것이다. 전해 오는 문헌에 그렇게 되어 있으니 일단 그렇게들 알고 있고, 그렇게 믿을 뿐이다. 달리는 어째 볼 도리가 없어서일까? 단군신화를 여기서 한번 추켜들어 보자.

전해지는 문헌은 여럿이다. 얼른 꼽아 『삼국유사(三國遺事)』와 『제왕운기(帝王韻紀)』가 있고 『여지승람(輿地勝覽)』이 있다. 그 외에도 권근(權近)의 『응제시주(應帝時註)』와 『세종실록(世宗實錄)』, 『조선사략(朝鮮史略)』, 『동국통감(東國通鑑)』, 『세가보(世家譜)』가 있다. 그러나 권근 이후의 『세종실록』, 『조선사략』, 『동국통감』, 『여지승람』, 『세가보』 등에 비치는 신화를 여기서 굳이 올리고 싶지는 않다. 왜냐하면 그것들은 대개가 조선에 들어와서 된 것이기 때문이다.

그 시기가 워낙 단군 시절과 멀어서 흐트러지고 빠진 내용이 많을 것이라는 데 그 원인이 있지만, 알다시피 이씨(李氏)네 조선이라는 게 시작부터 고린내 나는, 상투 이고 앉아 중국의 공맹(孔孟) 도덕이나 숭상했었지, 민족의 주체성을 살리기 위해 애쓴 흔적이라고는 무엇 하나 내놓을 것이 없는 시대이기 때문이다. 혹시 손톱 만한 비늘조각이라도 하나 건질 수 있다면 위정자들의 세력 구축이나 호강을 위한 것이었지, 백성을 위하고 가르치자는 생각으로 나온 것은 아니다. 『조선사략』이 예외일 수 있으나 신라 최치원이 지은 『제왕연대력(帝王年代歷)』과 내용이 같은 것을 보면 그것도 어떻게 사본(寫本)되어 『조선사략』으로 되었기가 쉽다.

그 연대로 보아 『제왕운기』를 문제삼을 수도 있으나, 그러나 이것도 역시 『삼국유사』 이후의 것이요, 내용으로 보아서도 특별히 따로 거론될 것은 없어 보여 『삼국유사』에 실린 신화를 옮겨 본다. 『삼국유사』 첫머리에 다음과 같이 전해 온다.

魏書云, 乃往二千載有壇君王儉, 立都阿斯達(經云無葉山, 亦云白岳, 在白州也, 或云在開城東, 今白岳宮是), 開國號朝鮮, 與高同時. 古記云, 昔有桓因(謂帝釋也)庶子桓雄, 數意天下, 貪求人世, 父知子意, 下視三危太伯可以弘益人間, 乃授天符印三箇, 遣往理之. 雄率徒三千, 降於太伯山頂(卽太伯今妙香山)神壇樹下, 謂之神市, 是謂桓雄天王也. 將風伯·雨師·雲師, 而主穀·主命·主病·主刑·主善惡, 凡主人間三百六十餘事, 在世理化. 時有一熊·一虎, 同穴而居, 常祈于神雄, 願化爲人. 時, 神遺靈艾一炷·蒜二十枚曰, 爾輩食之, 不見日光百日 便得人形. 熊·虎得而食之忌三七日, 熊得女身, 虎不能忌而不得人身. 熊女者無與爲婚, 故每於壇樹下, 呪願有孕, 雄乃假化而婚之, 孕生子, 號曰壇君王儉. 以唐高卽位五十年庚寅(唐高卽位元年戊辰, 則五十年丁巳, 非庚寅也, 疑其未實), 都平壤城(今西京), 始稱朝鮮. 又移都於白岳山阿斯達, 又名弓(一作方)忽山, 又今彌達, 御國一千五百年. 周虎王卽位己卯, 封箕子於朝鮮, 壇君乃移於藏唐京, 後還隱於阿斯達爲山神, 壽一千九百八歲. 唐·裵矩傳云, 高麗本孤竹國(今海州), 周以封箕子爲朝鮮. 漢分置三郡, 謂玄菟·樂浪·帶方(北帶方). 通典

亦同此說. (漢書則眞·臨·樂·玄四郡, 今云三郡, 名又不同, 何耶)

위서에 말하되, 2천 년 전에 단군왕검이란 이가 있어 아사달산(경[經]에
는 무엽산 또는 백악으로, 백주땅 혹은 개성 동쪽에 있으니 지금의 백악궁
이 그것이라 한다)에 도읍을 세우고 개국하니 이름이 조선이다. 당요와 같
은 시대다.

고기(古記)에는 말하되, 옛날 환인(제석천왕이다)의 서자 환웅이 자주
천하에 뜻을 두고 인간세상을 탐내므로, 아버지가 아들의 뜻을 알고 삼위
태백을 내려다보니, 인간세상을 이룩할 만하므로 천부인 세 개를 주어 가
서 다스리게 하였다. 환웅은 이에 3천의 무리를 거느리고 태백산 꼭대기(즉
태백이니 지금의 묘향산이다)의 신단나무 밑으로 내려왔으니, 이것이 곧
신시(神市)요, 이 분을 환웅천왕이라 한다. 풍백·운사·우사를 거느리고
곡식과 생명과 병과 형벌과 선악 등 인간세상의 360여 가지 일을 주로 하
여 세상을 다스리며 교화하였다.

이때 곰 하나와 범 하나가 한 굴에 살면서 항상 신웅에게 빌어 사람되기
를 원하매 신웅이 약쑥 한 모숨과 마늘 20개를 주시며, 너희들이 이것을 먹
고 일백 일만 햇빛을 보지 않으면 사람의 모습을 얻으리라 하였다. 곰과 범
이 그것을 먹고 3·7일을 금기하여 곰은 여자가 되었으나 범은 참지 못하
여 사람이 되지 못하였다. 곰은 여자로 되기는 하였으나 서로 혼인할 사람
이 없어 항상 신단나무 밑에서 수태하기를 빌고 원했다. 그래서 환웅이 거
짓 변하여 결혼해서 아들을 낳으니 이가 곧 단군왕검이다.

당요가 즉위한지 50년 경인(당요가 즉위한 해가 무진인즉 50년은 정사
요 경인이 아니니, 사실이 아닌가 의심스럽다)으로 평양에 도읍하고 비로
소 조선이라 했다. 다시 백악 아사달로 도읍을 옮겼으니, 아사달을 또한 궁
흘산(궁은 방으로도 썼다)이라고도 하며 금미달이라고도 한다.

1천 5백 년 동안 나라를 다스리다가, 주의 호왕(무왕)이 즉위한 기묘년
에 기자를 조선에 봉하므로 장당경으로 옮겼다가 후에 다시 아사달산에 숨

어 산신이 되었으니 나이가 1천 9백 8세였다 한다.

　당 배구전에 이르되, 고려는 원래 고죽국(지금의 해주)인데, 주가 기자를 봉하고 조선이라 하였고 한이 삼군을 갈라 현도 · 낙랑 · 대방(북대방이다)이라 하였다. 통전에도 이와 같이 나와 있다. (한서에는 진번 · 임둔 · 낙랑 · 현도의 4군이라 하였고 여기서는 3군이라 하였으며, 또한 이름이 같지 않으니 어찌된 일인가)

　그런데 이 신화를 어떤 시점에서 읽어야 할 것인가가 문제이다. 보는 관점에 따라서 내용은 달라진다. 정치학의 입장에서 본다면, 단군임금이 어떻게 집권을 했고, 중국과의 관계는 어떠했으며, 또한 어떻게 다스렸느냐가 우선 중요할 것이다. 문화사적 측면에서 본다면, 환웅이 하늘에서 내려왔다니 정말 하늘에서 사람이 내려오는 것인가? 천부인 세 개는 무엇이며, 호랑이와 곰이 한 굴에서 같이 살 수 있는가 따위를 문제삼을 것이다. 고고학은 이들 환웅과 단군이 도읍했다는 터가 실제 어디이며, 증거 될 만한 물증은 있느냐고 궁금해 할 것이고, 경제학자가 본다면 삼위태백의 신단수는 무엇이며, 그 나무는 지금 어디어디에 분포되며, 어떤 가구를 만드는 데 쓰여지며 값은 얼마치라고 할 지도 모른다. 문학이나 예술은 들여다보다가 골치가 아프다고 팽개칠 것이고, 수학과 과학은 그런 신화에 처음부터 관심을 갖지도 않을 것이다.

　이런 모든 학문의 시점을 종합하는 자리를 정하지 않고는 읽지 못할 것이 우리 신화다. 종합하는 자리, 종합된 자리라면 종교의 자리가 아니고는 안된다. 왜냐하면 모든 교학(教學)에 대한 종가(宗家)가 바로 종교이기 때문이다.

　나는 이것을 무속종교(巫俗宗教)의 자리에서 읽어야 되리라고 생각한다. 그리고 무교라는 종교적 입장보다는 삼신신앙이라는 신앙의 입장에서 읽어야 된다고 생각한다. 사실상 이 신화는 삼신신앙이란 넋을 빼고는 죽은 것에 지나지 않으며, 처음부터 삼신신앙을 설명하기 위해 시작된 신화라고 보여지기 때문이다.

일단 시점은 정했으나 다시 읽는 방법이 문제이다. 어디에다 눈을 대고 실마리를 풀어 나가느냐가 중요하며, 누구나 납득할 수 있는, 정말 그럴 수밖에 없다고 끄덕거릴 만한 자료를 가지고 있느냐도 문제이다. 주제넘는 소리겠으나, 지금까지의 단군신화는 바로 이 두 가지 면——시점과 방법면——에서 실패했기 때문에 정통한 해독이 불가능했지 않았나 싶다. 그러기 때문에 문제도 안될 것들이 문제되어 시끄러운 수가 있었고, 오히려 정작 문제될 것들은 태연하게 넘어가 버리곤 했던 것이다.

나는 단군신화를 단군이 산신이 되었다는 대목에다 착안을 하고 문제를 거꾸로 풀어 나갔다. 앞서도 말했지만 신화는 소설의 허구가 아니라 한 민족의 탯집 속의 이야기이다. 그것은 역사 이전의 가려진 쪽의 소식이고, 캄캄한 어둠 속에서 더듬거려 만져 보는 물컹거리는 살덩이같은 무엇이다. 울음도 없고 소리도 없다. 꼬집고 쥐어박는대야 응답이 있을 것도 아니다. 그러나 그것을 모르겠다고 해서, 죽은 것이라고 해서 버려서는 안된다. 그것은 죽은 것도 아니고 우리가 모를 것도 아니다. 어머니 탯집 속에서 탯줄로 쉬던 숨을, 태 밖에 나와서 한평생 연장하는 것처럼, 지금 우리들 숨줄의 맥도 자칫 버리기 쉬운 신화로부터의 숨줄이다. 그것은 바로 역사 이전 캄캄하던 신화시대에 흔붉산 조상님이 전승해 주시던 그 숨줄, 그 맥이다.

단군신화에는 단군의 치세가 1천 5백 년, 수(壽)가 1천 9백 8세라고 했으면서도 그분의 행적에 대해서는 평양에다 도읍했다고 하는 외에 더 이상의 자세한 것이 없다. 그저 나중에 산신이 되었다고만 했을 뿐이다. 거기에 비하면 아버지 환웅임금에 대해서는 꽤 세세한 것까지 설명을 했다. 천부인 세 개를 가지고 3천 명이 와서 터를 잡으니 그곳이 검벌[신시(神市)]이라는 것, 곡식과 생명과 병과 형벌과 선악 등을 주관했다는 것, 그리고 곰을 여자로 만들어 단군을 낳았다는 것 등이 그것이다.

이 신화 자체로 보아서는 단군신화가 아니라 환웅신화라고 하는 것이 옳을 정도다. 그만큼 단군의 이야기는 비중이 적다. 숫제 궁금한 것 투성이다. 그러나 단군이 산신이 되었다고 했을 때 이 신화의 열쇠는 거기에 있다. 한 나라의 개국조를 하필 산신으로 만들었다는 것은 그 민족이 반드시 산과 깊은 관련이 없고서는 안될 말이기 때문이다.

하늘에서 내려왔다는 환웅천왕, 그리고 같이 온 3천의 무리가 실제는 하늘에서 왔을 것이 아니라 타고장에서 흘러 온 사람들이었을 것이다. 그것을 신화는 하늘에서 온 사람들로 전했을 것이다. 타고장이라면 그곳이 어디일까? 그곳은 아마도 대흥안령(大興安嶺) 산맥의 흥안령 고개일 것이다. 그리고 그 출발은 파미르 고원에서부터였을 것이다. 이렇게 보는 데는 다음의 세 가지 조건을 증거로 삼기 때문이다.

첫째, 우리 민족이 인종학적으로 보아서 몽골족의 한 갈래인 퉁구스족이기 때문이요, 둘째 우리의 언어가 우랄 알타이어, 그 중에서도 알타이 어권(語圈)에 속한다는 이유에서요, 셋째 신앙의 관점에서 볼 때 우리 민족의 특성이 밝은 것, 흰 것을 숭상하는 태양신앙족이라는 점에서다. 삼신신앙은 바로 태양신앙이 구체화된 것이다.

학자들 말로는 우리가 인류체질학적으로 볼 때 퉁구스족이라고도 하고 혹은 고아시아족(古亞細亞族)이라고도 한다. 고(古)아시아족은 어로와 농경을 생업으로 했던 이들이고, 퉁구스족은 사냥질과 짐승치기로 살았던 종족이다.

근래에 이곳 저곳에서 구석기시대의 유물이 출토되는 것으로 보아, 이 땅의 원주민들은 고(古)아시아족이었을 것이고, 거기에 발달한 문화를 가지고 온 퉁구스족이 원주민과 합쳐졌을 것이다. 그러다가 원주민은 퉁구스족들의 신앙을 받아들이고 그 문화에 지배되면서 서서히 밀려나가 마침내 퉁구스족의 세상을 만들었을 것이다.

역사학이니 고고학이니 하는 것처럼 변덕이 심한 것도 없는 성싶다. 그러나 몽골족의 본거지가 파미르라는 것은 아직까지 정설로 통한다. 파미르라는 곳이 B.C 3만 년 혹은 5만 년 전에 나타나기 시작한 현생인류 조상족을 중앙아시아 부근과 연관지을 때 까닭이 있다. 그들 중의 한 무리가 흑해 연안을 거쳐 튜란 평원으로 파미르에 닿았으리라는 것은 육당(六堂)이 불함문화론(不咸文化論)에서 밝힌대로다.

인간이 자연 속에 사는 한 제 자연의 일부에서 벗어나지 못한다는 건 너무 당연한 이치다. 어머니 뱃속에서 빠져나올 때 삼신할머니 손자국이라 하여 엉덩짝에다 시퍼런 몽골반점을 달고 나오는 몽골족들은 파미르의 자연조건에서부터 이미 그랬는지도 모른다.

지도를 놓고 보면, 파미르에서 출발하는 환웅족들이 태백에 닿는 길이 일단 두 가닥으로 보일 수 있다. 동북으로 엇비슷이 누워 내뻗은 천산산맥이 그 하나이고, 동남으로 쏟아지면서 붉은 색칠이 되는 곤륜산의 곤륜산맥 쪽이 또 하나다. 해 뜨는 동쪽을 향해 V자형을 이루고 있는 그 가운데는 거대한 타림 분지의 타클라마칸 사막이 누워 있다.

우리 민족의 특성이 밝은 것을 숭상하고 흰 옷을 즐기며, 신화로 전해 오는 옛 임금들의 이름과 설화가 대개 태양을 상징하는 것으로 나타날 때——부여족의 성은 해(解)씨였고, 동명왕도 해씨이며, 혁거세(赫居世)는 붉 뉘[불구내(弗矩內)]이고, 가야국 시조들은 붉은 알에서 나왔다는 등——파미르에서부터 해 뜨는 쪽을 향하고 나섰으리라는 것, 그리하여 나라 터를 잡을 때도 그곳을 태백(太白 : 흔붉)이라 했다는 것쯤은 쉽게 짐작되고도 남는다.

어느 길로 잡아들었을까? 농사는커녕 사냥질도 아직 몰라서 풀뿌리나 나무열매를 얻어먹고 살던 그 시절 살림에 하필 불모의 사막으로 발을 디뎠다는 것은 말이 안된다. 곤륜산맥 쪽은 험하기로 소문난 곤륜산이 막아서고 있어 나는 새로도 넘기가 힘든다. 그렇게 보면 길은 처음부터 천산 쪽으로 열리게 마련이다. 그 길이 비교적 수월하고 위험이 적어서다.

천산산맥이 끊어지면 다시 알타이산맥이 정동(正東)으로 내뻗어 길을 만든다. 그런 다음 몽골고원을 지나 흥안령산맥을 넘어서 태백산에 닿았을 것이다. 태백이 어디인가? 백두산이라고도 하고 묘향산이라고도 하고 구월산이라고도 하고 의견이 많지만, 백두산으로 보는 쪽이 지배적이다. 또 백두산을 내놓고는 설명이 안된다.

03
한국인의 뿌리로서의 산山

　이렇게 보면 환웅족은 파미르에서 출발하여 천산산맥을 타고, 알타이 산맥을 밟아서 흥안령을 넘어 태백에 닿았다는 결론이 나온다. 산에서 나서 산에서만 살아온 산사람들의 자손으로, 그들은 태백에 닿은 것이다. 같이 온 3천의 무리가 있었다면 그들은 순수한 한 가족 단위일 것이다. 파미르를 나올 때 환웅의 가족만이 태백을 향하고 나섰다는 것은 아니다. 하늘을 우러르고 태양을 사모하는 사람들은 제 속의 신앙심에 의해 발길을 천산 쪽으로 돌렸을 것이다. 그런 무리가 하나 둘만이 아니었을 줄 안다.

　처음부터 어디라 목적지가 정해졌을 것은 아니지만 주워 먹고 따 먹는 채집경제의 원시인들이 나무 그늘이고 바위틈이고 제 가족을 끌고 다니면서 닥치는 대로 얻어먹고 살다가 그곳이 바닥나면 다른 곳으로 옮기고, 바닥이 나면 또 옮기고, 아마 이 골짜기에서 저 골짜기로 옮길 때는 더러 여러 가족이 떼를 지어서 옮기고, 그렇게 옮기는 것이 자꾸 밝은 쪽, 해 뜨는 쪽을 향해 거푸거푸 밀고 왔을 것이다.

물론 일 이십 년의 일이 아니고 일 이백 년만의 사건도 아니다. 적어도 여러 천 년, 혹은 여러 만 년의 단위로 된 일일 것이다. 아버지가 중심 되어 가족을 거느리는 것이 아니라 부자(父子)가 한 암컷을 공유하고 살았을 모계사회다. 생명이 어떻게 태어나는지 비밀을 모르는 그들은 본능과 충동이 시키는 대로만 충실히 하면서 자꾸 자꾸 번식한다. 그러면서도 생명에 대한 신비와 외경심은 있어서 생명을 낳는 여자를 신으로 여겼을 것이다.

그때의 생명은 태어나면 열에 다섯은 죽지 않았을까? 혹은 여섯 일곱이 될지도 모른다. 그러나 불어난다. 자꾸 불어나면서 골짜기와 능선으로 흩어지고 흩어지고, 흩어진 것들은 저들끼리 다시 모여서 새 터를 찾는다. 새 터를 찾으면 그곳의 신에게 희생물을 드리는 그들 사회의 제사 의식이란 것도 나왔을 것이다.

이렇게 흩어진 것들이 중국을 제외한 아시아 일원, 특히 시베리아 일부와 동북아시아에 뿌려진 여러 민족이 아닐까? 그것은 그들이 가진 신앙적 성격과 형태가 근본에 있어 서로 통하고 있기 때문이다. 하늘에서 내려온 신이 인간을 가르치는 무당(巫堂 : Sharman)이 되었다는 신화라든가, 죽음에 대해서 깊은 생각을 했다는 따위가 비슷하게 나타난다.

그러나 주변의 이웃이 아직 원시지경을 벗어나지 못한 그때 벌써 나라살림을 한다고 나선 환웅족은 다르다. 환웅이 거느리고 온 3천 중에는 바람의 신(풍백[風伯])과 비의 신(우사[雨師]), 구름의 신(운사[雲師])이 있었다. 그것은 그들 살림이 농경살림임을 나타낸다. 주위의 민족들이 돌도끼를 차고 짐승의 뒤나 쫓던 때에 벌써 농경 생각을 했다는 것은 대단히 영특하고 창조적인 두뇌를 가지지 않고서는 안된다. 그들은 파미르 시절부터 뽑힌 사람이었거나, 함께 산을 타고 오는 동안에 가장 빼어난 사람들이었을 것이다. 그렇기에 동북아시아 어느 민족보다도 터가 좋은 혼붉산을 찾아와 뒷날 단군임금의 도읍이 될 만주땅을 점찍어 두었던 것이 아닐까?

　신화에는 환웅의 무리가 처음 도착한 곳을 흰뫼산 꼭대기라고 하면서 그곳을 다시 신시(神市)라고 적어 두었다. 한 가족의 단위가 이미 3천으로 불어났다면, 그리고 그만한 숫자의 대가족을 끌고 다니는 족장(族長)이라면, 지금까지의 떠돌이 생활로서가 아니라 한 곳에 정착하는 붙박이 살림을 하는 것이 옳다는 판단이 설 만하다. 그 살림터를 잡자면 당연히 높은 산꼭대기에 올라가서 사방을 둘러보고 적지를 선택해야 할 것이다. 또 틈틈이 지내는 제사도 반드시 산이 아니고는 될 수가 없다. 그 산꼭대기의 생각과 생활이 하루 이틀 한 달 두 달의 것은 아니었으리란 것도 짐작이 된다. 아마도 신시는 그때 생활을 전하는 말로 보여진다.

　신(神)이란 신령하다, 거룩하다는 뜻의 검(儉)이란 말이요, 시(市)는 사고 파는 행위가 있고 훔치는 일이 생겨나고, 그리하여 시비(是非)가 나타나고 죄인이 생기고 다스리는 형벌이 생기고 하는 따위의 복잡한 문명 살림을 가리켜서 하는 말이다. 그래서 환웅천왕의 살림 속에 형벌로써 관장하고 선악을 주관케 했다는 말이 나온다.

　환웅임금이 영걸스러웠다는 결정적 의미는 "乃授天符印三箇"라는 표현 속에 들어 있다. 동시에 그 말은 동북아시아 일대의 무속을 설명하는 데 빠뜨릴 수 없는 중요한 실마리라고 여겨진다. 천부인 셋은 사실 거울과 방울과 칼로서, 무당들의 굿판에 나오는 무구(巫具)이기 때문이다. 이에 대한 자세한 논의는 단군임금 부분에서 다루겠거니와 위에서 말한 환웅의 무리가 산에서 산으로 이어온 사람들임을 어떻게 고증하느냐가 우선의 과제일 것 같다.

　옛부터 중국 사람들이 우리를 이족(夷族)으로 불렀다는 것은 중국의 옛 문헌에서 흔하게 발견되는 일이다. 동이(東夷)니 구이(九夷)니 할 때의 이(夷)다. 이 글자를 공자가 『춘추(春秋)』에 끌어쓰면서 동이, 서융(西戎), 남만(南蠻), 북적(北狄)이라 하여 변방민족을 멸시하고 오직 중국민족만이 중화(中華)라 중원(中原)이라 높인 뒤부터 그 버릇이 우리들한테까지 전해져 이(夷)라고 하면 으레 오랑캐를 나타낸 글자인 줄로 알게 되었다.

그러나 공자 이전의 기록에는 이(夷)를 른로 썼다. 른는 인야(仁也)라, 어질다 · 크다의 뜻이다. 우리를 향해 큰 민족, 어진 민족이라고 숭배를 했을지언정 멸시의 뜻은 조금도 없었던 것이다. 하기야 공자로서도 이(夷)를 꼭 나쁜 의미로만 쓰자는 생각은 아니었을지도 모른다. 그가 간 뒤에 뒷사람들이 나쁜 쪽으로 지나친 생각을 했고, 김춘추(金春秋)나 김부식(金富軾)같은 중국 숭배자들이 더욱 그런 생각을 품었을 것이다.

공자는 자기가 꿈꾸는 이상향을 실현하기 위해서 천하 군주를 설득하러 다녔지만 끝내 실패했다. 만년에 고향에 돌아왔을 때는 어지간히 늙고 지쳐 있었다.

허전하구나. 차라리 바다에 뗏목을 띄우고 동이(東夷)로나 건너갈거나.

그는 우리 민족이 사는 땅을 그리워했다. 그러나 공자에게는 아직 자부심이 있었다. 자기 땅 백성들의 높은 윤리의식과 문화에 대한 자부심이었다. 그는 생각 끝에 한 책을 짓기로 했다. 날마다 대나무 조각에다 칼끝으로 글자를 새겼다. 붓과 종이가 없던 시절이었다. 그렇게 9개월을 꼬박 앉아서 된 것이 소위 『춘추』라는 책이다.

그는 자기가 사는 땅을 중국이라, 중원이라 높였다. 국토의 중심 땅, 그러니까 세계의 복판이란 뜻이다. 원(原)은 대륙이고 근본이고 처음이란 뜻이다. 동 · 서 · 남 · 북 변방민족은 도덕도 없고 문화도 없는 오랑캐라는 것이다.

그의 논평이 짜장 일리가 있는 말이기는 했다. 서쪽은 융족(戎族)이라 했다. 서쪽이라면 곤륜산에서 흘러진 티벳 고원에 붙어 사는 종족이다. 그들은 날래고 거칠고 죽는 것을 초개같이 안다. 창 끝처럼 무서운 놈들이다. 그래서 창(戈)자를 넣었다. 남쪽은 욕심만 많고 어리석고 벌레 같은 놈들, 그래서 충(虫)을 넣어 남만(南蠻)이다. 『삼국지』에 나오는 제갈량이 전쟁놀이를 나가서 맹획이라는 적장을 일곱 번씩이나 잡았다 놓았다 하던 곳이 이곳이다. 북쪽은 들개같은 놈들이다. 고비사막을 넘어오는 북풍을 마시고 사는 족속이라 포악하고 거칠며, 문화니 윤리니 하는 건 아예 관심 밖이다. 그래서 견(犬)자를 넣어 적(狄)으로 썼다.

그런 것에 비하면 이(夷)는 욕이 아니다. 대(大)와 궁(弓)을 합쳐 만든 글자로서 활이 크다는 뜻이다. 그 활이 얼마나 컸느냐 하면 중국 활이 2척 5촌에 1척 8촌의 살을 먹이었는데 반해, 1장(丈) 5촌에다 1장 2촌의 살을 먹이는 거궁(巨弓)이었다. 1장은 한 길, 곧 10척이다. 그것이 우리 사람들의 활이었다. 활이 컸다는 것은 산(山)사람들이라는 소리다. 그저 걸어 놓고 두고 보자는 물건이 아니라 누구든지 집어들면 쉽게 당길 수 있어야 되는 것, 그런 살림도구가 활인 까닭이다. 공자만한 사내가 공연히 남의 민족을 걸어 사실을 왜곡시키는 짓을 할 리가 없다.

공자 이후 전한(前漢)시대에 와서 『신이경(神異經)』이란 책이 나온다. 우리나라 정치연대로 보아 고조선이 막 끝나고 위만이 일개 피난민으로서 왕위를 찬탈하는가 하면, 한(漢) 무제(武帝)가 국경을 침범하고 한사군(漢四郡)을 설치하는 등 안팎이 어수선하던 때다. 자연 풍속도 어지러웠을 것이고, 중국 사람 눈에 비친 나라 체면도 말씀이 아니었을 것이다. 그런데도 하였으되

東方有人 男皆縞帶玄冠 女皆采衣恒恭坐 而不相犯相譽 而不相毁見

人有患 投死救之 倉率見之如癡名曰善人

　　동방에 있는 사람들은 모두 허리에 검은 띠를 두르고 머리에 검은 갓을
쓴다. 여자는 다 문채나는 옷을 입으며 항상 공손하게 앉는다. 서로 얕보는
법이 없이 서로 칭찬하며 헐뜯어 비방하는 일이 없다. 누구의 근심스런 일
을 보면 죽기로써 구해주니 얼른 보면 어리석은 것 같으나 곰곰이 생각해
보면 착한 사람들이다.

　　또『후한서(後漢書)』에 부여인의 문화를 평하여 아래와 같이 말하고
있다.

飮食用俎豆 會同拜爵 揖讓升降

　　음식을 먹을 때는 조두(俎豆 : 제사에 쓰는 제기)에 담아 먹으며 한 자리
에 모이면 절을 하고야 술잔을 나누며 섬돌을 오르내릴 때는 서로 읍(揖)하
여 사양한다.

　　읍(揖)은 양손을 가슴에 들어 맞잡으면서 고개를 숙이는 예의형식이
다. 남자들이 띠를 두르고 갓을 썼다는 게 지금으로서야 무어 대견할까만
은, 주변의 민족들이 아직 야만생활을 못 벗어나고 있을 그때, 그런 복색
을 갖추었다는 것은 높은 문화 정도를 말해 주는 것이다. 여자가 문채나
는 옷을 입고 공손하게 앉는다는 것도 눈여겨 볼 일이다.
　　그 중에서도 가장 값나가는 문화평가를 하고 있는 곳은 음식을 조두
에다 담아 먹었다는 대목이다. 중국 사람으로서는 하늘에 제사지낼 때,
혹은 종묘나 사당에 제사지낼 때를 당하여 일 년에 한두 번 정도 꺼내보
는 그릇을 우리는 평상시 밥그릇으로 내돌렸다는 것이다. 이만큼 우수한

문화, 높은 정신을 가졌기에 인색한 저들의 입으로 항용 예의지국이니 군자국(君子國)이니 하는 칭찬을 하지 않았을까.

산은 원래로 인간을 불리는 곳이다. 육신도 맑히지만 정신도 거듭난다. 산에만 들어가면 상쾌해지고 성숙해지고 호연(浩然)해진다. 그래서 옛부터 동양의 모든 수도자는 반드시 산으로 들어갔다. 도(道)가 산에 있어서가 아니라 도를 만나는 저 자신이 먼저 달라져야 했기 때문이다. 속기(俗氣)를 버리고 초연해지고 생명의 본바탕에 가깝기 위해서는 저부터 달구어지고 두드려 맞을 필요가 먼저 있었던 것이다. 산은 정히 생명을 불리는 풀무간이어서다. 그러나 산은 알 수가 없는 곳이다. 우리가 우리 생명을 모르고 사는 것처럼 산도 끝까지 우리로서는 다 알 수 없고 이해도 안되는 곳이다.

동양에서만 그랬던 것이 아니라 서양에서도 마찬가지다. 『성경』 출애굽기의 모세가 그의 신을 만나 십계명을 받는 곳도 시내산이란 곳에서다. "네가 서 있는 곳은 거룩한 땅이니 신발을 벗으라"고 신은 명령한다. 뿐만 아니라 구약시대의 엘리야와 선지자들이 상식으로는 설명 안되는 이적을 경험할 때, 예언을 할 때는 그 무대가 산으로 설정된다. 신약의 예수가 구름발 사이로 열린 천국의 신비를 제자들에게 보이는 것도 역시 산이다.

오늘날의 수도원이란 곳도 그렇다. 중세 이후 기독교의 사제들은 산으로 들어갈 필요를 느꼈다. 성령의 축복은 신이 주신다고 해도 사회와 민중을 끌고 나가는 데는 역시 인간의 힘이 따로 필요했기 때문이다.

그러나 기독교가 산으로 들어간다고 할 때 기독교는 이미 기독교일 수가 없다. 바로 거기서 끝장이다. 기독교는 불교와는 달리 그 만들어지는 동기나 과정부터가 민중의 숨결 속에 동시적으로 있으면서 그 숨결에 직접 관여해야 되는 필연의 까닭이 있기 때문이다. 그래서 교외에다 저택을 짓고 그 속에서 묵주의 칩거생활을 시작했다. 그 수도원도 따지고 보면 산의 의미다.

산은 우리로 하여금 1장(丈)이 넘는 활을 당기도록 튼튼한 체력을 길러 주었을 것이고, 서로 헐뜯지 않고 기릴 뿐만 아니라 옆 사람의 급한 것을 보면 저 죽는 것을 모르고 뛰어들어 구해 주는, 어리숙할 정도의 미쁜 마음씨를 갖도록 그 정신의 불씨를 불리어 살렸을 것이다. 그러면서 부엌 설거지통에 제기(祭器)가 나뒹굴 정도의 높은 문화수준과, 오르고 내릴 때는 서로 읍을 하고 비켜 서는 어진 풍속을 갖도록 정신을 길렀을 것이다.

그러나 생각해 보면 산이 그렇게 길러 주었다기보다 수만 년을 산에서 사는 동안에 심장마다 호흡마다 산의 기운이 배고 스며들어서 마침내 사람이 산이 되어 일거수 일투족이 산의 기개 그 자체로 표현이 되었고, 무심하게 내놓는 생각 하나하나가 그대로 산의 창조와 신비였던 것 뿐이다.

절집에는 산신각이라는 게 있다. 법당을 비켜 선 옆댕이나 뒤쪽에 붙어 서서 찌그러지다 남은 작은 오막집이다. 아다시피 불교는 인도에서 들어온 인도문화이고, 산신·칠성·명부 등은 본래 있던 우리 것이다. 그런데 불교가 들어와서 그것들을 다 습합(拾合)해 버렸다. 불교는 본래 그런 종교다.

어느 땅에 들어가면 그 민족의 본래 신앙은 결코 건드리는 법이 없이 그대로 인정해 두면서, 그러나 불교로써 그것을 눌러 버린다. 우리 땅에서도 그 짓이 예외일 수는 없었다. 칠성님들 그려진 칠성탱화 복판에는 부처님이 앉아 있고, 명부전의 십대왕(十大王)님들을 좌우로 거느린 것은 지장(地藏)보살이다.

관음상(觀音像)도 그렇다. 이 땅이 본래 삼면이 바다로 된 반도이다 보니, 바다에 나가서 생활하는 사람들은 있게 마련이고 그들에게서 용신

(龍神)사상이 나올 것은 정해진 노릇이다. 우리 사람들이 과거에 용을 신(神)이라 해서 많이 믿었고, 지금도 바닷가에선 그런 고사가 지내지고 있다. 그런데 그 용을 타고 있는 것이 관세음이다. 믿기는 믿되 관세음을 통해서 믿으라는 것이다. 용은 기껏해야 관세음을 태우고 다니는 물건이니 그 용보다는 관세음한테 부탁하는 것이 어떻겠느냐는 식이다.

그런데 한 군데 손 못댄 곳이 있다. 산신각이다. 부처님은 바빠서 못 들어갔다 해도 중생구제에 뜻을 품은 그 많은 대승보살들이 그림자 한 개 잇긋을 않았다. 어쩐 일일꼬. 생각하고 생각하다가 그것이 바로 된 것인 줄을 알았다. 할아버지 살림은 아버지가 손 못대는 법이다. 산신이 무어냐? 산 아니냐? 어떤 중생의 생명도 들어오기만 하면 일단 두들겨서 새것을 만들어 주는 곳인데, 그래 생명의 풀무간인데, 부처 저는 도 닦을 때 산에 들어가서 도 닦아 부처 되었지 들에 앉아서 부처 되었나? 그런데 어떻게 산에다가 제 입김을 집어 넣어? 이렇게 뚫리고 보니 산신각이 법당 뒤에 있는 이유를 알겠다.

산신각이 법당 뒤에 있는 것은 이 사람들이 산사람들인 탓이다. 역사 이전 단군 임금보다 훨씬 이전부터 산을 탈 때, 산에서 돌던 피가 지금도 이 사람들의 혈관 밑을 흐르고 있어서, 그 감각 때문에 1천 6백 년 불교살림을 하면서도 산신각만은 법당보다 높은 윗자리에 둘 줄을 안 거였다. 부처님보다 높은 권위라는 생각도 없이 권위를 만들어 놓은 채, 누구 하나 그것 때문에 불평해 본적이 없었던 것이다. 그것이 그리 않고는 설명될 길이 없다.

단군이 산신이 되었다고 했지? 나라살림을 시작했던 그 단군님만 산신이 되었을 것이 아니라, 그 님의 아버지도, 그 아버지의 아버지도 산신이 되셨던 거다. 파미르에서부터 천산산맥을 밟고 알타이를 넘어오는 동안에, 다시 몽골 고원의 험산과 홍안령 산맥을 타고 오는 동안에 산의 정기가 배어서 이 사람들이 기상은 넘쳤지만, 그래도 산은 알 수 없어 산의 신비 앞에 외경심을 가지면서, 사람이 죽으면 산신이 되었다. 아버지는 산신이 되어 갔다. 이렇게 가르쳐 오는 동안에 조상님들은 모두 산신이 되어 갔고, 산은 내 조상이 지키기 때문에 두렵지 않을 수가 있었던 것이다. 신화가 단군을 산신이 되었다고 하는 건, 밑도 끝도 없이 그 한 마디만을 전하고 있는 건, 당연한 것이 당연하게 말해진 것 뿐이다.

04
홍익인간과 재세이화在世理化

신화 속에 나오는 환인은 제석천이라는 주석이 붙어 있다. 제석천은 인도의 토속신앙에 나오는 하늘을 다스리는 임금인데, 불교가 가진 『아함경(阿含經)』이나 『안불경(按佛經)』, 『대지도론(大智度論)』 등에 비치는 이름이다.

불교가 태어나기 이전 소식인 우리 신화에 불교적 이름이 붙었다 하여 단군신화를 위서(僞書)라고까지 한 학자들이 있었던 모양이다. 하지만 그것은 신화를 기록한 일연(一然)이 중이었기 때문이고, 그때 당시의 사람들에게는 제석천이라는 이름이라야만 쉽게 통해졌거나, 또 이미 항간에서 제석으로 이야기되고 있었기 때문에 그렇게 된 것이지 다른 뜻이 있을 것은 아니다. 오히려 오늘의 우리로서는 그런 주석이 붙어 있어서 그 당시의 지식층의 의식구조를 엿볼 수 있는 것이고, 그것 때문에 불교 분위기로 살아가는 고려 민중들의 마음을 현장적으로 읽을 수가 있어서 좋다.

환인이라는 이름이 문제될 것은 없다. 이름이야 본래 실체에 붙어다니는 그림자 같은 것이니 그것을 놓고 이러니 저러니 할 것은 없고, 이름이 의지한 그 실체 그 알갱이가 정말 우리적인 것이냐 불교적인 것이냐가 중요한 것이다.

신화에 비친 환인의 이야기는 허두에서의 약간이다. "옛날 환인임금에게는 아들이(맏아들이 아닌) 있었는데, 그 아들이 천하에 뜻을 품고 인간세상을 탐내므로 아버지가—환인이—아들의 뜻을 알고 아래로 삼위태백을 내려다보니 그곳이 그만하면 인간의 살림을 할 만하므로 마침내 천부인 셋을 주어서 가서 다스리게 하였다." 여기까지다.

환인이 고맙고 아름답고 말할 수 없이 장하게 여겨지는 것은 홍익인간하라는 생각으로 아들을 세상에 보내기 때문이다. 그러나 홍익인간이란 대목을 간단하고 쉽게만 볼 것이 아니라, 이 뜻이 나와지기까지의 아버지 심정과 생각과 기분을 헤아려야 한다.

환인천제에게는 아들이 여럿이었던 모양이다. 그런데 그 중에 맏아들도 아닌 아들이 하나 엉뚱하게도 인간세상에다 뜻을 둔다. 아버지는 이 아들이 특별히 사랑스럽고 기특하다. 엉뚱하리만큼 똑똑하고 재치있고 아버지의 마음과 형편에 대해서 정성을 써주는 대견한 아들이어서다. 아버지 욕심으로는 이 아들을 영원히 곁에 두고 싶다. 그러나 아들은 무슨 생각이 들어서인지 야속할 정도로 아버지 심정을 몰라준다. 두 번 세 번 기회 있을 때마다 인간세상으로 갈 뜻을 비친다. 아버지는 이 아들을 붙잡지 못하리라 단념하고, 아래로 땅 위를 살펴보니 태백[흔 붉]이 그 중 무던해 보인다. 그만하면 무리가 없이 되어 갈 것 같아서다. 그래서 마침내 천부인 셋을 주면서 가서 다스리고 살라고 떠나 보낸다.

이것은 추리적인 가정이 아니다. 한문식 표현의 딱딱한 껍질을 조금만 걷어내고 보면 환인과 환웅의 관계는 이런 부자간의 인간적 우애와 연민으로 바로 나타난다.

이 신화에는 억지와 무리가 없다. 어디까지나 뜻을 묻고 뜻에 응하면서, 맺힌 데가 없이 풀어가는 한국적인 리듬이 흐른다. 그리고 보일듯 말듯 감길듯 풀릴듯이 표현되는, 한국인의 특질적인 뉘앙스가 여실히 나타난다. 아버지는 아들을 붙들고 싶다. 그러나 아들은 아버지를 떠나려 든다. 붙들고 떠나는 이 관계는 사실은 생명의 관계이다. 달이 차면 생명은 낳기 싫어도 낳아야 된다. 차마 못하는 것은 아버지 된 연민이지만 제 발로 설만큼 되면 아버지는 아들을 보내야 한다. 아들은 아들의 세계가 있으므로다. 그것이 아들을 사랑하는 아버지의 진정한 할 바다. 만일 아들을 내보내지 않고 끝까지 잡아 두면 그때는 두 생명이 같이 죽는 결과 뿐이다. 때가 찬 줄을 안 아버지는 아들을 보낼 결심이 선다.

그러나 툭 내던지듯이 보낸다. 천부인 셋을 주면서 "가서 다스리라" 하는 식이다. 그 이상 어쨌다는 설명이 없다. 그러나 거기에는 산보다 큰 아버지의 사랑이 밀물로 따라온다. 아니 환웅이 오기 전에 아버지의 사랑은 미리 가서 기다리고 있는 것이다. 홍익인간이 그것이다.

이 '홍익인간'을 앞뒤 없이 그냥 내놓으면 "크게 인간을 유익케 한다"는 말이 된다. 거기에는 땀흘리고 수고하는 누군가가 동시적으로 연상되지 않고는 뜻이 통하지 않는다. 그것은 인위로 해내는 과제이다.

그러나 환인이 환웅을 보내는 데는 수고하고 힘쓰지 않아도 되는 큰 의미가 전제된다. 천지(天地)는 스스로 하는 것이 없지만 사계(四季)가 그 속에 운행되고 만물은 차례와 때를 알아 꽃을 피우고 씨를 여물리는 것처럼 환웅이 잘해 보겠다는 생각을 않고도 되어 갈 무위(無爲)로서의 홍익인간이다. 결국 환인은 환웅에게 이런 큰 조건을 미리 마련해 놓고 있는 셈이다. 그러므로 홍익인간을 통해서 보는 아버지와 아들 사이의 참 관계는 가고 붙들고 하는 것은 정분으로 해보는 형식이요, 처음부터 가야 될 줄을 아는 필연이 묵계로써 이루어진 상태이다.

환웅은 3천이나 되는 무리를 데리고 태백에 닿는다. 하늘에서 온 백성이라 '하늘임금'이라 하여 환웅천왕이라고 불리니, 곧 신시(神市)살림 시절이다. 아직 정식으로 나라살림에 들어간 것이 아니라 나라 터를 잡으려고 생각만 많이 하던 때다.

그러나 살림살이 규모나 내용으로 보아서 한 부족국가 형편으로는 별 손색이 없다. 바람과 구름과 비를 어떻게 농경에 적절하게 이용할 것인지 그 방면에 관심있는 사람들을 뽑아 특별히 대우하면서 그들로 하여금 자기의 연구한 바를 백성에게 가르치게 한다. 어디까지나 뿌리내리고 붙박이 살림을 해보자는 것이 목적이다. 지금까지의 생활이 사냥질의 떠돌이 생활이었기 때문이다. 그 불편을 너무 잘 안다. 그러나 정작 정착살림을 시작해 놓고 보니 떠돌이 시절과 다른 여러 가지 문제가 생긴다.

없던 바치가 생기고 전문업이 늘어난다. 시장이 생기고, 물물교환이 생기고, 도둑이 생기고, 소유와 지배가 생기고, 옳고 긇고가 생기고, 형벌이 생긴다. 없던 것이 자꾸 생기고 또 생겨야 한다. 생기는 법이다. 그것이 사회이고 문명이다. 그래서 환웅임금도 지금까지 없던 제도를 생각해 내었다. 우선 곡식과 생명과 병과 형벌과 선악 등의 굵은 틀거리를 잡아 놓고 그것을 따로 따로 맡아서 주관할 인물을 기용하는 방법이었다. 그것 말고도 매일매일 일어나는 사람 사이의 잡다한 일까지를 소홀히 하는 법 없이 살피니 백성들은 본래의 착함으로 돌아가 사회는 순조롭게 되었다.

그런데 이 환웅임금의 다스리는 방법이란 것이 미리 법령을 제정하여 공포해 놓고 위협을 주는 식이 아니라, 각자의 양심과 뜻에 맡겨 스스로 하도록 하는 방법이었다. 재세이화(在世理化)가 그 말이다. 세상 속에 있으면서 이치로써 교화했다는 말이다. 이화(理化)는 인위(人爲)로 하는 것이 아니라 무위(無爲)로 하는 것이다. 되고 안되고 생각을 두는 것이 아니라 처음부터 그럴 마음이 없다. 생각을 내면 좋고 싫고가 있고, 옳고 그른 것이 보인다. 그것에 마음이 붙으면 저절로 헐떡거리고 급해진다. 그것은 평지에 풍파요, 스스로 만들고 스스로 속음이다.

잘해 보겠다는 생각만 내지 않으면 처음부터 시비의 푯대가 없으니 마음은 자연 편안하고 옹글어진다. 그런 상태에서 천하살림을 어루만지는 것이 무위이화(無爲而化)요, 치세이화(治世理化)·재세이화(在世理化)다. 다 같은 말이다.

얼른 들으면 백성과 내가 아무 관계없는 것으로서 백성 따로 나 따로가 있는 것 같으나 내가 이미 나를 없이하여 백성 속에 들어가 있고, 그리하여 백성이 내 속에 들어와 있음이다. 하필 백성만일 것이 아니라 그들의 가축과 농사와 산과 강과 나무와 돌멩이까지라도 그들의 환경, 그들의 하늘까지 커다란 한 덩어리의 나가 되고 인격이 된다. 그리하여 내가 한번 착해지면 천하가 착해지고, 한번 웃으면 천하도 따라 웃는 일체감으로 되어짐이다. 그것은 아버지 환인이 기대했던대로요, 환웅은 아버지의 기대에 어긋나지 않은 아들이 된 것이다.

그러면 환웅이 치세이화를 해나갔던 구체적인 다스림의 방법은 무엇이었을까? 무위로 했다 하면 얼른 노자·장자가 떠오른다. 그러나 그런 무위는 인문과 지혜가 훨씬 발달한 이후의 시대에 들어와서 있는 일이지, 역사가 열리기 이전의 캄캄한 그 시대에 그런 높은 철학의식이 있었던 것은 아니다. 제정일치(祭政一致)의 역사 여명기에 환웅의 다스림의 방법은 기껏 무속적(巫俗的) 방법이었을 뿐이다. 그것을 말해 주는 것이 환인 아버지로부터 받은 천부인 셋이다. 거울과 방울과 칼이 그것이다.

고고학자의 말을 들으면 단군족이 북방대륙으로부터 나라 터를 잡으러 들어오던 때가 신석기 끝의 청동기 시작 무렵이라고 한다. 그 청동기 유물에서 바로 거울·방울·칼 등의 무구(巫具)를 건져낸다는 사실에 주의해야 한다.

그런데 거울과 방울과 칼에 무슨 의미가 있어서 무당이 그것으로 굿을 하며 그것을 천부인이라는 크나큰 이름으로 불렀을까? 거기에는 우리들 생각으로도 납득될 만한 합당한 설명이 있어야 되지 않을까?

　제정이 일치하던 시절의 사람들이라면 이 세상을 창조하고 간수해 가는 조물주가 반드시 있다는 것으로부터 모든 생각을 출발시켰을 것이다. 그리고 일체의 현상과 인생의 의미도 조물주의 생각과 기분에 의해서만 좌우된다고 생각했을 것이다. 그리하여 조물주의 뜻에 합해 가기 위해 제사를 지내고 굿을 했다면 칼과 방울과 거울은 각기 어떤 특성을 가진 것들일까?

　생각컨대 거울은 비치는 것이니 원시적 사람들 생각에 마법적인 힘과 신비로 여겨져서 그것을 조화인(造化印) 정도로 믿고 싶어했을 것이요, 방울은 울려 소리를 내니 그 맑고도 시원한 울림으로 하늘과 땅과 사람의 가슴을 하나로 꿰는 가르침의 수단 곧 교화인(敎化印)으로 여겼을 것이요, 칼은 모난 것을 다듬고 거친 것을 잘라서 가지런히 바로 만드는 것이라 치화인(治化印)으로 상징되었음직하지는 않을까? 이런 생각이 꼭 맞을지 안 맞을지는 알 수 없으나 그 시절 사람다운 우주사적 의미와 생명의 경건성 같은 것이 천부인 속에 들어 있지 않고는 안될 것이다.

　그런데 아버지로부터 천부인 셋을 받은 환웅은 태백산 꼭대기의 신단수(神壇樹) 아래 내려와 거기서 환웅천왕이라 불리면서 신시 살림을 한다고 되어 있다. 이 신단수에 눈을 돌려야 되는 까닭이 여기에 있다.

　적어도 3천이나 되는 사람들이 법석거릴 만한 땅이라면, 그곳이 설사 산꼭대기라 하더라도 꽤 넓은 면적이었을 것이다. 그곳에 다른 나무나 물건은 없고 나무 한 그루만이 호젓이 서 있었을 턱은 없다. 그 나무가 특별히 울창하게 하늘을 가려 주어서 3천 명이 그 그늘에 수용되었다는 것도 요령부득이다. 신단수에서 의미를 갖는 것은 나무가 아니라 신단(神

壇)이란 수식어다.

신(神)은 신시(神市)의 신이니 검(儉)스럽다는 것이요, 단(壇)은 제사를 지내기 위해서 묻은 제단(祭壇)의 단(壇)이다. 제사를 지내기 위해서 검스러운 제단을 쌓았다는 그 나무가 바로 신단수다. 제사와 정치가 하나였던 시대이니까 도착해서 우선 한 짓이 제사 지내는 일이었을 거고, 제사를 지내자면 단을 세워야 되는데 그 제터를 신령한 곳으로 고르다가 나무 밑으로 낙착되었음을 나타낸다. 그래서 거기다가 단을 쌓고 줄줄이 모여 서서 방울을 흔들고 칼춤을 추고 하는 무당의식이 성대하게 열렸을 것이다. 아버지 환인 때부터, 사실은 어느 때부터인지도 모를 까마득한 조상적부터 내리내리 전하고 지켜 가는 그 시절의 종교 · 정치형태였을 것이다. 신시 살림은 아마도 그런 살림이었지 않을까? 그리고 그것이 동북아시아 제민족의 그 당시 모습 아니었을까?

이런 상상을 가능하게 하는 것은 동북아시아 민족들 속에 남아 있는 신앙의 형태와 언어가 그 바탕에 있어서 유사한 점들을 아직 지니고 있기 때문이다. 물론 동북아시아 민족이라고 해도 언어의 구조나 신앙의 형태가 다 같다는 것은 아니다. 나는 아시아 일대에 몇 종류나 되는 인간이 살고 있는지, 또 몇 십 종에 달하는 언어가 흩어져 있는지 모른다. 또 그것을 아는 것이 그리 중요하다고 생각지도 않는다.

내가 아는 바로는 동북아시아권의 언어가 대부분 알타이어권에 속한다는 것, 무속적 습관과 형태가 아직은 진하게 남아 있으며, 이것들은 인간의 생명과 사물에 대한 이해, 죽음과 질병과 영혼에 대한 생각이 어슷비슷하다는 것, 그리고 그 의식이나 표현형태가 본질에 있어서 하나라는 것 등이다. 그러나 그 정도면 일반적인 의문은 풀린다.

나는 인간이 왜 생겨나느냐, 어떻게 생기느냐, 왜 거기에 있느냐는 등속의 의문은 어떤 의미의 신화로 넘어갈 문제라고 생각한다. 그것이 일반적으로 설명되는 것은 지극히 어렵다고 보여지기 때문이다. 그래도 꼭 설명하기를 바란다면 그 사람에게 참선을 권해 볼 참이다. 더이상 어찌 해볼 방법이 없어서다.

나의 이야기는 인간이 태어났다는 것으로부터 출발한다. 태어난 인간은 어떤 환경 속에 처해지고, 그 환경에 적응하는 동안 자연스럽게 그 환경의 일부가 된다. 아니 처음부터 그 환경의 하나로서 던져졌다가 그 하나로 돌아감이다. 보고 느끼는 것이 그 사람의 일부분이 되어 생각하는 것도 그 환경 이상을 넘어가지 못한다. 특히 정신의 진화가 덜된 원시의 야만일수록 그러하다.

태초의 인간이 중앙아시아 부근에서 일어났다면 그들은 그 중앙아시아 부근의 자연환경을 닮았었을 것이다. 파미르로 나왔다면 그들의 골격과 피부가 슬슬 파미르 환경을 닮기 시작했을 것이고, 천산을 타고 알타이로 이동했다면 다시 천산 알타이의 풍토로 모습이 바뀌었을 것이다. 햇빛의 조건과 흐르는 바람과 물은 지역이 바뀌면 따라서 변하고 다르게 된다. 변하는 산의 굴곡과 지형을 따라서 사람도 달라진다는 것은 정한 이치다.

파미르에서 처음부터 해지는 유럽 쪽으로 나간 사람들은 선선한 기후 속에서 넓은 대륙을 뛰어 다닌 덕분에 코 크고 눈 큰 흰둥이가 되었을 것이고, 술라이만 산맥과 이란 고원을 밟고 나간 사람들은 아프리카로 들어가서 여러 만 년 그곳의 태양 아래 검둥이가 되었을 것이다. 그곳에서 천지개벽 이전의 인골(人骨)이 나왔거나 어쨌거나, 토박이 원주민이 있거나 없거나 그것이 문제는 아니다. 있었다고 해도 그렇고 없었다고 해도 그렇고 그들은 한 묶음의 그 고장의 자연과 환경에서 같이 깃들고 같이 생활하는 그 지방 자연의 일부로 존재했을 뿐이다.

인간이 언어를 쓰기 시작한 것이 어느 무렵부터일까? 흥미있는 일이지만 알 수가 없다. 그러나 이것 한 가지만은 말할 수 있다. 인간이 짐승과 달랐다는 건, 처음부터 인간된 씨가 있었을 것이라는 점이다. 자기를 알고 싶어하는 신앙이 그 씨라고 했지만 언어를 가졌다는 것도 그 씨 속에 동시적으로 잠재해 있었을 것이다.

가령 짐승은 닿소리거나 홀소리거나 간에 어떤 한 쪽의 음으로 표기할 수밖에 없는 단음(單音)인데 반해 인간은 두 가지 소리를 한꺼번에 낼 수 있는 복합음성의 성대를 가지고 태어났다는 사실이다. 짐승도 소리를 내고 사람도 소리를 한다. 그러나 그 소리는 반드시 제가 의지한 자연환경, 다시 말하면 산수(山水)의 영향을 받으면서 그 산수적인 특성으로밖에 표현이 되지 않는다.

아마도 현생인류는 파미르에서부터 간단한 언어를 구사했을 것이다. 그곳을 분기점으로 유라시아가 되기 때문이다. 유럽이란 본래 '에렙'으로 일몰(日沒)을 뜻한 것이고, 아시아가 '아스주' '아주' 하는 말로 일출(日出)을 가리키는 것일 때 아시안과 유럽인 조상은 거기에서 등을 나누었을 것이다. 중앙아시아의 발상지에서 거기까지 오는 동안 얼마만한 시간이 걸렸을 지는 추측키 어렵지만 아무튼 상당한 세월이었을 것이다. 또 파미르에서부터 언어를 썼으리라는 것은 우랄산맥과 알타이산맥이 엉뚱한 거리를 가지는데도 두 곳의 언어문법이 비슷하게 나타난다는 점에서다. 그리고 그 언어 속에 감추어진 낱말의 의미가 종교학적인 입장에서 볼 때 신통하게 통하는 것이 있기 때문이다. 이런 것은 근래 터키에서 발견되는 원시인의 유물이 이쪽 것과 흡사하다는 것으로도 설명된다.

인간의 언어는 도덕이나 윤리의 성격이 강하지만 그것의 뿌리는 종교와 신앙이다. 인간은 대지에 떨어지는 순간 먼저 하늘을 보고 태양을 보면서 그것들에 대한 두려움을 일단 가진 다음 삶을 시작하기 때문이다. 우랄산맥과 알타이산맥 쪽으로 나누어지기 시작한 사람들은 파미르 시절에 이미 생명의 신비와 경이에 대해서 같은 의견을 가지고 같은 두려움을 표했을 것이다.

그들 중 동북아시아 지역으로 들어오는 사람들은 알타이산맥까지 와서 흩어졌기 쉽다. 이미 죽음의 세계에 대해 깊은 신앙을 가지게 되었고, 질병과 재앙에 대해서 그것을 퍼뜨리는 귀신이 있다고 믿게 되었다. 그 귀신을 달래는 의식이 나오고 제사와 장례의식이 구체화되었을 것이다. 그러나 그 의식의 습관과 형태는 이미 달라서 여러 갈래의 부족이 구릉과 골짜기를 따라 제가끔의 살림을 붙일 때다. 그것을 설명하는 것이 교착어의 문법이다.

교착어의 문법은 고립어나 굴절어와 다르다. 굴절어가 말의 형태와 말의 꼬리를 자주 변화시켜 너와 나의 상관관계를 강조해서 나타내는 것이라면 고립어는 말의 변화가 있을 필요없이 그저 생각과 관념만을 나타내면 된다. 그들 사이에는 주고받는 관계에 있어서 이해타산을 많이 하거나 감정의 표시가 그다지 중요하지 않아도 되기 때문이다. 이것은 처음부터 단일한 문화권 안에서 단일하게 살아온 사람들의 언어다. 중국어가 이에 속한다.

그에 비하면 굴절어는 대조적이다. 어형과 어미가 그것 자체로서 수시로 변화한다. 그것은 문화가 복잡하게 섞인 사회에서 쌍방의 기분이나 감정을 다치지 않고 제 몫의 이해관계에 밝을 필요가 있는 사람들의 언어다. 대체로 유럽인들의 역사와 생활이 그런 언어를 쓰게 되어 있다.

그런데 교착어는 이것들의 중간쯤에 해당한다고 볼 수 있다. 유럽 사람들처럼 그렇게 감정이 복잡할 필요가 없지만 중국인들처럼 관념만을 단순하게 나타낼 수도 없다. 지나치지도 말고 무방비 상태로 손해를 보지도 말고 적당하게 해야 한다. 그래서 교착어에는 접속사의 접두사니 접미사니 하는 특정한 접사문법이 형성된다. 이런 것을 종교의 입장에서 볼 때는 그들의 문화가 그러했다는 증거다. 이쪽 계곡과 저쪽 물가에 사는 사람이 무슨 일로 서로 만날 때, 고대의 원시사회는 먼저 상대방의 제사 의식이나 장례의식, 거기서 비롯되는 그들 부족의 풍습에 대해서 신경을 쓰지 않고는 안되었을 것이다.

그런 일이 반복되면서 언어가 발달을 보게 되고, 신앙이 다져지고, 생활의 터를 찾아 새로운 고장으로 들어가면 거기서 다른 사람들과 다시 만나고, 그 산수와 풍토의 영향을 새로 받고, 그러는 사이에 전혀 엉뚱한 것이 되어 나타나기도 했을 것이다.

현재에도 시베리아 부근에 깔려 있는 여러 부족들, 야쿠트인·브리 야트인·퉁구스인, 또 듀바시족·사모예도족·오스착족 등의 미개하고 나태한 원시신앙이, 그리고 만주와 몽골, 우리와 일본 쪽에 있는 어떤 토속신앙 쪽으로 혹은 언어로 연결될 때, 그리고 옛 원시무덤과 질그릇과 그 밖의 다른 유물들이 한 뿌리의 문화로 설명되려 할 때 아마도 이러했으리라는 상상은 옳을 것이다.

05
단군의 탄생과 그 배경

단군의 출생에 대해서 신화는 오늘의 우리로서는 웃어 넘길 수밖에 없는 상식 너머의 이야기를 쓰고 있다.

－때에 곰 한 마리와 호랑이 한 마리가 한 굴에 살면서 항상 환웅에게 와서 빌기를 사람이 되고 싶다 했다. 그래 환웅이 쑥 한 모숨과 마늘 스무 낱을 주며 너희가 이걸 먹으면서 1백 일만 햇빛을 보지 않으면 사람이 될 것이라 했다. 곰과 호랑이가 삼칠(三七)일 동안 먹더니 곰은 여자가 되었으나 호랑이는 견디지 못해서 사람이 되지 못했다. 웅녀(熊女)가 짝 될 사람이 없어 늘 신단수 밑에 와 주문을 외우면서 아들 갖기를 원하기로, 환웅이 마침내 슬쩍 변장하여 혼인하여 아들을 낳으니 이가 단군임검이라 한다.

무슨 마법과 요술에 관한 이야기를 듣는 것 같다. 원시사회의 형편을 전하는 것으로 흔히 있는 이야기다. 그러나 환웅이 태백에 도착해서 검벌[신시(神市)] 살림을 하고 있을 때, 그 이웃에 미개한 원주민이 살고 있었다고 가정해 보자. 그 원주민이 지금 고고학에서 말하는 고아시아족들의 부락이었다고 가정해 보자. 그들은 어디서 왔는지 몸집이 크고, 울근불근 근육이 불거지고 슬기로운 이마와 너른 가슴과 타는 듯한 눈빛을 가진 사람들의 한 떼가 와서, 아직 자기들이 생각지도 못한 모듬살이 살림을 규모있게 해 나가고, 그러면서 높은 문화를 내보이고 있었다면 어떤 생각을 가졌을까?

단군신화에서 어느 부분에도 전쟁의 흔적이나 침략적 성격이 보이지 않는 것으로 볼 때 이들은 처음부터 환웅과 친하려 했고 가까워지려고 하지 않았을까?

이 나라 산수는 원래로 호전적인 사람을 기른 적이 없다. 어느 산 어느 준령을 바라보나 수려하고 미끈한 봉우리의 기상은 청수하고 평화적이다. 가까워지려면 혼인을 하는 것이 쉽다. 예나 이제나 인간 생리는 혼인으로써 서로간의 생명을 하나로 확인하려 든다. 무슨 규범이나 질서가 하나로 뭉뚱그려지면서 흔연하게 풀려 새것이 나오기 위해 늘 반복되는 역사의 과정이다.

곰이니 호랑이니 하는 것은 아마 원주민 부족들의 토템일 것이다. 옛날 예족(濊族)은 호랑이를 숭배하여 매년 때를 정해 제사를 드렸다고 한다. 그 예(濊)가 맥족(貊族)과 하나라 하기도 하고 따로따로라고도 한다. 맥족이면 북방민족으로 날쌔고 거친 사람들이다. 그 맥족이 한국인의 조상이라는 건 거의 정설이다.

역사의 날이 새기 전에 있던 일들이어서 그런지 저런지 알 수는 없으나, 환웅은 낯선 땅에 온 사람으로서 그 땅의 원주민과 정략결혼을 할 필요를 느꼈을 것이다. 그래서 곰 토템을 가진 한 부족민 여자와 결혼을 한다. 그 결혼이 처가인 원주민 쪽을 좀 무시하고 자기들이 우수한 민족이라는 우월감을 가진 것인데, 고대인들은 그것을 가지고 마늘이니 쑥이니 하는 유치하고도 소박한 표현으로 그 말을 만들어서 전승시켰을 것이다. 그것이 '假化而婚之'라고 하는 좀 지나친 우월감이 되지 않았을까? 환웅은 인간이 아니라 신인데, 그래서 신웅(神雄)인데 차마 같은 급으로 결혼하였다 할 수는 없고, 거짓으로 잠깐 변해서 무슨 짓인가를 해주었더니 거기서 단군이 나왔다는 것이다.

이 부분을 거꾸로 뒤집으면 사실은 환웅은 처음부터 여자가 필요하고 아들이 필요하다. 아니 원주민과 합칠 계산에서 어떤 부족의 여자하고든 결혼을 해야 한다. 그래야 더욱 평화가 보장되고 탄탄대로의 미래가 약속되어서다. 그런 여러 부족 중에서 곰 토템의 부족이 가장 세력이 큰 원주민 부족으로 뽑혔는지 모른다. 적어도 호랑이 토템의 부족은 아니다. 그들은 환웅의 예지와 슬기로 간파할 때 바탕이 거세어서 저항하고 정복하는 데는 빠르지만 참고 버티어 내는 데는 부적격이다. 최소한 삼칠(三七)일을 견디지 못하는 부족인 것이다. 그런 부족의 여자보다는 직수굿하고 무던하고 어리숙할 정도의 참을성을 지닌 곰부족의 여자가 더 마음에 든다. 장차의 일은 그런 성품을 나누어 받은 후세들이라야 결정할 것이기 때문이다.

시험삼아 1백 일씩을 햇볕 안 드는 굴속에 앉아 기도를 하라고 했더니 삼칠일을 한결같은 자세로 해낸다. 됐다. 그만하면 자격을 내린다. 사람의 자격, 여자의 자격을 준 것이다.

이 삼칠일을 37일로 보는 견해와 21일로 보는 견해가 있지만, 아마 21일이 맞지 않을까? 지금도 절집에는 21일 기도를 삼칠일 기도라 하고, 21일 단식을 삼칠일 단식이라 하는 등 21이라는 숫자를 삼칠로 나타내기 좋아하는데, 신화를 쓴 일연(一然) 스님 시절에도 그 풍속이 있어서 21일을 삼칠일로 적었을 것이다. 그리고 '不見日光百日'이라 할 때의 백(百)도 지금 절집에서 백일(百日)기도, 백제(百齊) 등으로 자주 통용되는 숫자이다.

절집의 산신 탱화에는 궁벽하고 외진 산 속에 수염이 허연 산신이 호젓하고 무위(無爲)하게 앉아 있고, 그 옆에는 반드시 호랑이가 그려진다. 그것이 단순한 산의 상징인지 아니면 신화 속에 나오는 호랑이와 무슨 관련이 있는지 생각해 볼 일이다.

환웅과 웅녀에게서 난 아들은 '號曰壇君王儉'이다. 이름하여 단군왕검이란 말은 그냥 저절로 붙여져서 된 이름이지, 특별한 고유명사가 아니다. 지금 같으면 계룡산 도인, 서울 양반 하는 식이다. 그럴 밖에 없는 것이 그는 아버지의 가업을 계승하는 무당인 까닭이다. 이 이름을 좀 체계 있게 살필 필요가 있다.

단군 왕검은 단군이라는 무당적 의미와 왕검이라는 군장적 의미가 있다. 제정이 일치하던 시대에 있어 당연한 이름이다. 단군(壇君)의 '단'도 신단수(神壇樹)에서 딴 단(壇)이다. 어머니 웅녀 그 단에 빌어서 낳았다는 뜻도 있지만, 그가 임금이 된 후에도 그는 아버지 환웅이 하던 대로 늘 신단을 쌓고 하늘에 제사 지내던 무당이었기 때문이다. 무당이라고 할 때의 무(巫)는 본래 스승[사(師)]을 의미한다. 곧 제사를 지내는 사제의 뜻이다. 이 무당은 당골, 당골레라고 부르는데, 어원을 더듬으면 만주어의 '텡그리'가 나타난다. 텡그리가 당굴로 변하고, 당굴이 당골로 변해진 것이다. 당골을 한문으로 표기할 때 단군이 된다는 것은 조금도 이상할 게 없다. 왕검은 임금이다. 단군도 그렇지만 왕검도 이두 표기임을 알고 읽어야 된다. 옛부터 동양의 군주를 임금으로 불렀다는 것은 다 아는 일이다. 그런데 그 임금이란 칭호가 사실은 우리 쪽 단군임금으로부터 비롯된 것이 아닌가 하는 생각이 신화를 읽으면서 들곤 한다.

단군왕검이라고 했다. 『삼국유사』가 아닌 다른 책에서는 왕검(王儉)을 임검(任儉)으로 쓴 것이 있다. 왕(王)이라고 하나 임(任)이라고 하나 이두문 풀이로 볼 때는 검(儉)에 대한 임(任)이고 왕(王)이다. 그렇게 볼 때

'임'은 큰 의미가 있는 것이 아니고 검(儉)이 의미를 지닌다. 검은 앞에서 보아 왔지만 신령하다·검스럽다의 검이어서 더욱 그렇다.

신라의 임금들은 법흥왕 이전까지는 왕이란 칭호를 쓴 적이 없다. 한(汗)이니 간(干)이니 니금(尼吟)이니 했다. 같은 뜻, 같은 내용의 말들인데, 그 중에서도 니금(尼吟)은 '닛금' '잇금'의 표기에 다름 아니다. 임(任)은 '닛' '잇'인 것이다. 결국 '잇'은 '잇는 것'을 뜻한다. 무엇을 잇느냐면 검스런 것을 잇는 것이다. 신령하고 검스런 것은 제사장이었던 환웅당골이고, 그 당골을 잇는 아들이 단군왕검—잇검—인 셈이다.

당골임금이 태어나는 배경에는 원주민 부족신앙이 환웅의 선진문화에 압도되어 굴복되는 과정이 들어 있다. 그들의 본래 신앙이 무엇이었는지 알 길이 없으나 곰이니 호랑이니 한 것을 보면 그런 유치한 동물숭배의 단계를 벗어나지 못한 것이었을 것이다. 그들은 환웅의 종교를 너무 쉽게 받아들이고 거기에 침몰해 버렸다는 인상을 준다. 매양 단수(壇樹) 밑에서 주문을 외우면서 아들 갖기를 바랐다는 것이 그것이다. 주문을 외우면서 비는 것은 곧 무당이 하는 짓이다. 곰 따위의 짐승이나 숭배하던 사람들로서는 그럴 만한 일이다.

그러나 훍밝[태백(太白)]산 검벌에서 봉화를 올리기 시작한 이 환웅족의 신앙은 훗날 만주와 몽골과 중국의 일원에까지 강역(彊域)을 정했던 구이족(九夷族)들의 문화를 설명하는 데 있어 핵심이 되고 있다.

아직까지 한국사람의 핏줄이 무속의 피로써 말해진다는 것은 다행이거니와 바다 건너 일본으로 들어간 천조대신(天照大神)의 신화에도 우리 쪽 무속의 피는 정확하게 들어 있다. 중국의 유교가 옷을 갈아입고 성장은 했으나 그들 숨줄 속에 벌떡거리는 우리들 무속의 혼은 지금도 흐른다. 그뿐만 아니라, 아시아 문화의 모든 것은 훍밝산을 뿌리로 자란 것들이다. 다만 그것이 호도되고 왜곡되어 있을 뿐이다.

06
단군의 조선朝鮮나라

단군이 도읍을 정하고 나라를 여니 그 이름이 조선이다. 이 민족의 처음나라요, 첫살림이다. 조선(朝鮮)은 처음 밝은 나라, 처음 샌 나라, 그래서 '처샌' 이다. 처샌을 이두식으로 표기한 것이 조선인 것이다. 도읍을 평양에다 정했다. 그 평양을 '今西京' 이라고 일연(一然) 스님은 친절한 주를 달고 있지만, 그것은 『삼국사기』를 지은 김부식의 아류들이 140년간이나 국민을 보고 중국을 잘 섬기라고 가르쳐 놓은 때문에 한 소리지 옳은 정신에서 나온 풀이는 아니다.

하기는 단군 도읍지 평양은 지금까지 말썽이 많은 부분이기는 하다. 대개 두 의견으로 나뉘어져 갑론을박했는데, 하나는 백두산 너머 장백산맥 기슭의 어디로 보자는 것이요, 하나는 『위서(魏書)』가 전한 기록이 아사달(阿斯達)이니 아사달은 지금의 구월산(九月山)이라는 주장이다. 이승휴의 『제왕운기』 속의 신화가 아사달을 곧 구월산이라고 주를 달았기 때문인데, 이것이 옳다고 보는 이들은 아홉의 '아' 음을 따고 월(月)의 '달'

음을 따서 '아달'로, 그 아달이 이두문 표기 과정에서 '앗달' '아사달'이 되었을 것이라는 추측이요, 백두산 너머로 보는 측은 '아사'는 본디 우리 옛말에 처음을 나타내는 '아시'를 쓴 것이고, 달(達)은 양달·음달의 달로서 땅이란 뜻으로 '아시땅'을 이두표기한 것이라 한다.

단재(丹齋) 선생도 역시 후자 쪽에 가까운 주장이다. 아사달은 이두문에 '으스대'로 읽는 바 고어(古語)에 송(松)을 '으스'라 하고 산을 '대'라 한 것이니 지금의 하얼빈 완달산(完達山)이 아사달이라는 것이다.

안호상(安浩相)씨도, 『위서』에 아사달은 혼붉산을 이두로 적은 것이고 주에 적힌 무엽산(無葉山)이니 백산(白山)이니 하는 것들이 결국 혼붉산을 가리키는 것이라고 자세한 이두문 풀이를 하고 있다. 『단기고사(檀奇古史)』와 『규원사화(揆園史話)』가 전하는 바로도 단군은 백두산 아래의 길림성 송화강가에 첫 도읍을 정했다 한다. 결국 단재 선생과 완전히 일치하는 셈이다.

그러나 그 첫 도읍지에 안착하기까지가 그리 수월하지만은 않았을 것이다. 『신사지(神事志)』에 단군의 아내는 '匪西岬 河伯之女'라고 되어 있다. 갑(岬)은 곶이다. 물가에 내밀어서 잠긴 기슭이다. 하백(河伯)의 하(河)는 수신(水神)을 뜻하고 백(伯)은 백(白)으로 해를 상징한다. 옛날의 제왕들이 성을 '해'로 썼다는 것을 떠올리면 그것이 곧 단군의 성임을 알 수 있다. 부여의 임금이 자기는 단군 자손이라 하면서 '해씨(解氏)'라 했고 고구려 주몽 임금 역시 단군의 자손을 칭하면서 해성을 쓴 것, 신라의 시조가 해의 광휘를 드러낸 것 등이 그런 예이다.

단군은 아버지가 그랬던 것처럼 송화강 줄기의 수신(水神)신앙을 가진 세력있는 부족과 정략결혼을 했을지 모른다. 비서갑후(匪西岬姤)를 신녀(神女)라고 한 것이나 하백(河伯)에서 나타나는 이중성(二重姓)은 주변의 타부족들을 연상할 때 그럼직한 일이다.

단군조선의 국경을 적은 것으로 『산해경(山海經)』의 것을 들면 "東海之內 北海之隅 有國名曰朝鮮"이라고 되어 있다. 즉 "동해의 안쪽 북해의 외진 곳에 나라가 있는데 이름하여 조선"이라는 것이다. 그 주(註)에도 이 조선이 낙랑(樂浪)이라고 적혀 있다. 낙랑이라는 말은 그때의 중국 사람들이 단군조선을 그렇게 부른 것이다.

『산해경』이라면 지은 연대가 대략 4,200년 전으로 추산되는 오래된 책이고, 그때라면 단군조선시대와 맞통하는 시대다. 동해의 안쪽 북해의 외진 곳은 오늘의 러시아령 시호테 산맥의 앞바다를 말한다. 말이 좀 불분명하고 사개가 덜 맞는 듯 싶지만 서로 교통이 없고 지리 사정에 어두운 그 시절로서는 그럴 수밖에 없을 일이다.

그보다 훨씬 뒤인 한나라 사마천의 『사기(史記)』에도 숙신—조선—은 동북녘이 큰 바다요, 남쪽은 훈붉산[백두산]을 포함하였는데 이 산에 새·짐승과 풀·나무들이 모두 희다고 쓰고 있다. 훈붉산이라니까 중국 사람들은 그것을 전설 속의 산 정도로 알았는지 모른다. 그 외의 문헌들도 단군조선의 국경을 말하는 것을 보면 백두산을 남쪽에 있다 하였고, 동북으로 바다가 있다 하였다. 기록이 일정하지는 않으나 대개 북으로 흑룡강과 서로 흥안령 부근, 중국의 북경까지를 단군조선의 땅으로 적고 있다. 그렇게 보면 남북 만주와 중국의 북부, 몽골의 일부까지가 우리 민족의 둥지터요, 농사 짓고 짐승 먹이던 곳이 된다.

옛 사람들의 생활에서 줄거리가 되었던 것은 문화나 문명이 아니라 종교이고 신앙이었다. 제정일치의 시대일수록 그것은 더욱 그렇게 나타난다. 자기가 의지한 종교, 제가 믿는 신을 통해서만 숨을 쉬고 생각을 하고 생활을 해 나간다. 개인이든 사회이든 일체 살림이 종교·신앙 아닌 것이 한 가지도 없던 때다. 무엇을 보거나 무슨 일이 생기거나 간에 그들이 먼저 떠올리는 것은 제사와 의식이다. 거기에 원시 종교가의 마법과 주술이 섞여 들고, 원시 철학자의 명상이 보태지며, 시인의 꿈이 녹아들어 그것들이 사회대중을 움직이는 동안 세월이 흐르면 비판이 생기고, 다시 새 의식이 생기고, 이렇게 더딘 걸음으로 진화를 해 온 것의 총체가 역사요, 문화요, 문명이다.

그러자니 서로 믿는 신이 다르고 신앙이 어긋나면 화합을 하고 살기는커녕 그것이 불화와 분쟁의 불씨가 되었다. 옛사람의 싸움질이 서로 믿는 종교의 다름에서 많이 나타나는 것이 그런 까닭이다.

그런데 2천여 년의 단군 역사 살림에 그런 일이 전혀 보이지 않는다는 것은 커다란 놀라움이요 경이다. 만주와 몽골 일대에, 그리고 여기 반도와 중국에 원시형태의 사람이 살기는 살았을 것이다. 살았었다는 증거와 유물이 도처에서 나타나고도 있다. 그러나 그들의 보잘것없는 토템이나 동식물의 정령(精靈) 숭배 신앙은 산에서 쏟아진 단군족들의 거대하고 번쩍거리는 무교에 빛을 잃고 사라졌거나 흡수되었고, 자연환경이 주는 어쩔 수 없는 것만은 단군신앙의 영향을 받으면서 남았을 것이다. 그것이 아니고는 만주 · 몽골 · 시베리아 · 일본 · 한국 등의 신앙의 뿌리가 한결같이 무속으로만 나타나는 것에 대해 설명할 길이 없다.

전쟁으로 지고 샌 만주 · 몽골의 역사 속에 대륙을 타고 울리던 그곳 사내들의 자취는 이미 없어졌지만, 그곳에 지금도 남아 오는 것이 있다면 줄기찬 무속의 생명력이 아니든가? 자연환경이 주는 어쩔 수 없는 신앙이란 무엇일까? 그것이 우리 같은 경우에는 바다의 용을 믿는 수신(水神) 신앙이 아닐까?

07
단군檀君살림

단군의 치세 기간을 본 『삼국유사』 신화에서는 1천 5백 년이라 했거니와, 『단기고사』에서는 1천 52년이라 했고, 『규원사화』는 1천 2백 5년으로 보았다. 혹은 1,220년이 지나면서 기자조선을 기재한 것도 있다. 단군의 왕위 재임을 제 1세 임금으로부터 47세 단군까지로 보는가 하면 42세에서 끝내기도 한다. 그 뿐만 아니다. 단군의 재세수(在世壽)에 관해서도 1,908세라고 하는가 하면 1,048세 설도 있다.

이래 가지고는 알 수가 없다. 종래의 학자들도 중구난방의 들쭉날쭉한 학설을 그래서 믿지 못했을 것이다. 그러나 다 믿지 못하더라도 그것을 떠나서는 또 이야기가 안된다. 달리는 의지처가 없기 때문이다. 그래서 그것으로 자료를 삼아 연구하고 고증하고 밝히는 것이 그들의 일이었을 것이다.

단군살림을 말하기 전에 우리는 이렇듯 문헌상의 맹점과 문제점을 어디서나 발견하게 된다는 것을 꼭 인식하지 않으면 안된다. 그 같은 문제점을 보는 것도 여러 자리가 있고 문제를 푸는 방법도 나름의 안목이 있겠지만, 잘못된 부분은 그것을 고증하는 정당하고 객관적인 문헌에 의해서라야 할 것이다. 그러나 그 문헌 자체가 이유가 되고 믿을 수 없는 것이 될 때 그때 우리는 어떻게 할 것인가에 대해서도 생각해 두지 않으면 안된다.

단군이 처음 나라를 연 것이 당요, 즉 요로부터 50년 경인으로 일단은 되었지만 다시 주(註)에 당요가 즉위한 것은 무진년인즉 50년 후는 정사가 되므로 경인년이 아니니 사실이 아닌가 의심스럽다고 했다. 몹시 친절한 기록이기는 하지만, 그러나 이 연대기록은 처음부터 믿을 것이 못된다.

중국에서 역사가 기록되기 시작한 것은 대개 하(夏)나라 때부터인데, 그것은 『서경(書經)』에 그렇게 되어 있어서다. 당요라면 하 이전의 인물로 상고적 이름이다. 요니 순이니 하는 임금들이 『서경』에 나오고는 있지만, 요는 한(漢) 이후로 들어오면서 중국 역사학자들의 붓끝에서 첨삭되고 수정될 때 동이족(東夷族)인 순의 위에 만들어 붙인 인물 아니냐는 설까지 있는 판이다.

중국 역사가 연대적인 형식을 가지고 기술되는 것은 정확히 B.C 841년으로 주(周)나라 여왕(厲王) 때 14년 간의 공화제(共和制) 정치가 있은 다음부터인 것이다. 그때로부터 요임금 때까지는 천 년이 넘는 아득한 옛날 일이다. 경인이니 정사니 하는 것은 없는 사실을 있는 듯이 확인시켜 두자는 생각으로 지어낸 위설(僞說)이지 진짜일 이치가 없다. 아마 일연 스님으로서는 중국의 역사기록에 관한 것을 미처 몰랐거나, 세상에 전해져 오는 경인이니 무진이니 하는 소리를 그냥 적었지 않나 싶다.

중요한 것은 도읍을 평양에 정하고 조선이라고 불리면서 처음 민족 단위 살림을 했다고 했는데, 그래놓고 다시 서울을 백악산 아사달로 옮겼다는 것이 무슨 의미를 내포한 것인지, 그리고 주(周) 무왕이 기자를 조선에 봉했다는 소리가 나오자 쫓기는 사람처럼 장당경으로 옮기고 아사달로 옮기고 한 것들이 어떤 내막을 설명하는 것인지 그것을 밝히는 일일 것이다.

나라를 열기까지가 문제였지, 일단 발을 내딛기 시작한 단군조선은 마른 들에 불길이 번지듯 동방대륙을 휩싸 나갔다. 무엇보다 만주와 몽골이 이미 같은 조상의 자손임을 믿는 터이고, 반도와 중국이 그들 문화에 편승했다는 것이 쉬운 이유였을 것이다. 이르는 바 구이(九夷)의 전역이 그대로였다. 만약 이 땅에 다른 우수한 문화가 있었거나 여타한 부족의 반대 세력이 있었다면 그것이 거침돌이 되었을 것은 훤한 사실이지만, 천여 년의 기간이 잠잠했던 것으로 보아 그때가 족히 태평성세였음이 짐작된다.

흔히 중국과의 관계를 염려하여 그들의 강성한 세력이 아시아 천하를 호령한 것이 아닌가 의심들 하지만, 그때의 중국으로서도 겨우 나라살림을 시작하던 어린 시절이요, 또 나라살림을 어떻게 할 줄을 몰라 제도를 만들고 법을 제정하고 하기보다는, 오로지 임금된 자가 덕을 쌓고 자기 수도를 하는 것으로나 종(宗)을 삼아서 백성을 어루만지던 때였다.

나라라기 보다는 한 부족국가의 형태를 벗어나지 못할 지경으로 테두리가 작았고, 그나마 임금을 할 만한 사람도 마땅치 않아서 우리 쪽에 순(舜)이란 분이 뽑혀 가서 나라살림을 해주었다고 전해져 오는 상고 시절이다. 거기에 무슨 특별한 문화나 문명이 배태되고 있었다는 것은 모르거니와 나라의 규모가 큰 것은 결코 아니었고, 나라가 컸다면 오히려 우리 쪽이요, 우리의 선진적인 정치제도와 빛나던 문명이 아시아대륙을 두루 울리던 때다. 그것을 말하고 있는 것 중의 하나가 산동반도에 남아있는 무씨사당(武氏祠堂)의 석실벽화(石室壁畵)쯤이 아닐까?

현재 산동성 가상현(嘉祥縣)에서 동남쪽으로 30리쯤 떨어진 무적산(武翟山) 기슭에 동서 길이가 46.5척, 남북 너비가 12척으로 된 작은 석실이 하나 있다고 한다. 물론 겉은 벽돌[전(塼)]로 쌓고 기와로 이은 것이다. 서기 147년에 만들었다고 새겨져 있는 이 석실은 방안의 사면 벽이 정교하게 다듬어진 돌로 되어 있는데, 이 돌벽에 새겨진 원시형태의 그림이 괴이하다는 것이다.

구름 위에 마차가 있고 마차를 탄 귀인과 말들이 날개를 가졌고, 그것이 땅 위의 날개 없는 사람들과 무슨 관련이 있는 듯 싶은데, 구름 위에는 뇌공(雷公)과 우공(雨公), 운공(雲公)으로 상징되는 인물들이 그렇게 보이는 물건들을 가졌다고 한다. 사냥과 농사에 대한 그림이 있는가 하면, 곰과 호랑이가 무의적(巫儀的) 장신구로 무의의 춤을 추며 입으로 사람을 토해내는 따위의 그림이다.

이것을 청나라의 학자 풍안해(馮晏海)가 연구하여 발표하기를 "구름 속에 앉아 있는 두 신선은 동왕공(東王公)과 서왕모(西王母)이다. 한(漢)나라 사람들이 거울에다 자주 그런 것을 새겨가지고 다녔는데, 『신이경(神異經)』에서 말하기를 '서왕모는 해년 희유한 새의 날개 위에 올라 동왕공을 만난다' 한 것은 이것을 말한 것이다"라고 설명하고 있다. 그리고 여타한 나머지는 괴이한 것이 많아서 자기도 모를 것들이라고 고백했다.

그러나 이 석실을 우리들한테 소개하고 있는 고고학자 김재원(金載元)은 『삼국유사』에 나오는 단군신화와 맞추어 놓고 보면 십중팔구가 쉽게 부합된다고 말한다. 우리는 『삼국유사』보다 천여 년이나 앞서서 된 이무씨(武氏) 사당의 석화(石畵)가 단군신화와 맞아떨어진다는 데서 놀라움을 금치 못한다. 십중팔구가 비슷하고 안하고가 문제 아니다. 그것이 한나라 때에 만들어졌다는 것과 우리 신화에 대한 기록이라는 데서 우리의 반가움은 눈을 뜬다.

1천여 년이나 시간차가 난다면 어딘가 한 두 곳이 안 맞을 수도 있을 것이다. 풍안해의 의견대로 그것을 한낱 신선도로만 설명하려 든다면 무엇이 무엇인지 잘 모르겠다고 하는 것이 옳을 것이다. 그의 말 가운데서 귀담아 들을 것은 한나라 사람들이 그런 것을 거울에 늘 새기는 풍속이 있었다고 한 것이다.

한나라는 황탄한 것, 괴이쩍은 것을 말 못하게 한 공자가 왔다 간 뒤로부터 근 3세기가 지나서 일어났다. 바야흐로 괴이쩍고 황탄한 것, 상식으로 설명이 안되는 것은 가차없이 비판하고 내던지면서, 그때까지 내려오던 역사마저 그런 유교적 감각으로 고치던 한나라가 아닌가? 그런데 그들 의식 속에, 아니 피 속에 아직 인문의 상식으로 다 닦아 내지 못한 무엇이 있어서 그런 것을 거울에 새김질했다는 것 아닌가?

중국인들도 공자 이전에는 신화를 많이 가진 민족이었다. 그 신화나 전설 속에는 불로장생의 신선이 자주 등장했다. 중국인에게서 신선이라면 황제(黃帝)가 비조(鼻祖)다. 그 황제가 젊어서 도를 닦을 때 백두산에 와서 자부선인(紫府仙人)을 만나 내황문(內皇文)을 가지고 갔다 한다.

백두산은 본래 신선들이 사는 곳이다. 거기는 신선만이 살게 하고 신선만 기른다. 왕검성(王儉城 : 평양)을 신선지택(神仙之宅)이라고 했지만, 그 평양은 백두산을 줄거리로 달린 열매에 불과하고 줄거리와 뿌리되는 곳은 백두산이다.

자부선인이라는 이가 그들 중 우두머리에 해당하는 이름이라 하더라도 백두산의 수도자는 누구나 자부선인이었을 것이다. 그렇지 않고는 특별한 개인의 자부(紫府)가 나오지 못한다.

일출(日出)의 백두산은 하늘 열린 이래 천하의 맑은 기운, 신령한 정기가 서려 엉긴 곳이므로 신선도를 닦자면 자연 그곳을 찾아 들었을 것이다. 중국인들이 옛부터 백두산을 신선들의 집으로 알았고, 그 신선 중에 높은 이를 동왕공(東王公)으로 불렀다는 것, 그 동왕공이 일몰(日沒)의 곤륜산에 사는 신선녀 서왕모(西王母)와 만난다는 전설이 전해져 왔다는 것은 그럼직한 일일 것이다.

석실의 그림을 단순한 동왕공의 그림으로 보든 단군신화로 보든 그것은 결국 우리 쪽의 소식을 전하는 것이요, 무씨(武氏) 사당이 있는 산동반도가 단군의 강역(疆域)이었음을 증명하는 것이다

그러면 단군의 강성한 정치적 힘과 세력은 어디에서 나와 어디로 돌아가는 것이었을까? 단군은 처음부터 환국의 실현이 이상이고 목표였다. 그밖에는 있을 것도 없거니와 있어서도 안되었다. 그것은 먼 조상적부터 내려오는 전설을 듣는 동안 유년기부터 다져진 소박한 꿈이었을 것이다.

아버지를 따라 다니면서 본 신단의 제사와 그 앞에 흰 옷 입고 모여선 떼구름의 사람들. 그들의 시원스런 이마와 총명한 눈빛이 두고 온 고향을 그리는 애수와 연민으로 한결같이 잠겨들거나, 어머니 웅녀의 무릎 위에서 듣는 환인 할아버지의 과장된 이야기들을 새겨넣는 동안 어린 단군은 조상의 나라 환국에의 꿈이 영글었을 것이다.

그 단군이 왕검—잇검—이 되면서 내건 정치구호는 제천보본(祭天報本)이었다. 무당의 자식으로 무당의 대를 이었으니 역시 단 묻고 하늘에 제사부터 지내자는 것은 당연한 일이었다. 그러면서 조상공경을 하늘같이 하라(敬祖如天)는 것이고 옆사람을 내 몸같이 사랑하라는 것(愛人如己)이었다.

하늘에 제사 드려 내 근본을 돌이킨다 했다. 돌이키는 건 북돋우는 것이다. 하늘은 그들의 근본이다. 파미르에서부터 해 뜨는 쪽을 보고 나온 것은 애초에 하늘이 두렵고 그리웠기 때문이요, 그 하늘 복판을 하루한 번씩 막 건너지르는 것이 해였기 대문이다. 그래서 하늘의 주인을 해라고 생각했다.

그 해는 날마다 산에서 떠서 산으로 잠긴 까닭에 산이 해를 감추었다 내놓았다 하는 줄로 알았다. 자기들의 성을 '해'라고 하고 자기들의 족호(族號)를 '붉'이라고 한 것이 그 까닭이다. 천손(天孫)이라고 믿은 것이다. 그래서 하늘은 그들의 근본이다. 제천보본이라고 한 것은 그들로서는 너무 옳은 말이다.

제사가 무엇인가? 그저 북장구나 울리고 방울이나 흔들어 대자는 것이 아니다. 신화가 한 민족 역사 이전의 탯집 소식을 전해 주는 것이라면, 제사는 자기 뿌리를 북돋우는 우주적 사실을 인간의 예법으로 표현한 것이다. 조상을 하늘같이 공경하라는 것이나 사람 사랑을 내 몸같이 하라는 것도 하늘에 제사 지내는 그 뜻 속에서 나온 것이다.

다만 먼 곳에서 나 쪽으로 가까와진 것 뿐이다. 뿌리에서 줄기로, 줄기에서 가지로 열매로 시선이 옮아진 것이다. 나 속에 태초의 조상이 들어 있음이요, 그 조상 속에 내가 이미 들어 있음이다. 피아가 나누어지지 않고 전부가 한 몸으로 묶어지는 커다란 일체감의 사회, 이런 환국에의 이상이 실현되기 위해서는 단군 혼자의 원력(願力)과 힘만으로는 부쳤을 것이다. 아버지 환웅도 이미 제도를 만들어서 적절한 인물을 쓰고 있었다. 그것이 단군으로 내려와서는 더욱 진보되고 발전된 것으로 나타난다.

『신사기(神事記)』에, 팽우는 우관(虞官)으로 토지를 맡고, 신지는 사관(史官)으로 글을 맡고, 고시는 농관(農官)으로 농사를 맡았으며, 지제는 풍백(風伯)으로 음악과 가무를 맡아 교화의 직분을 맡으며, 숙신은 뇌공(雷公)으로 효도하지 않고 공경하지 않는 자 등의 형벌명령을 맡으며, 옥저는 우사(雨師)가 되어 병을 맡고, 수기는 운사(雲師)가 되어 선악을 맡고, 비서갑 신모(神母)는 길쌈을 맡았다고 되어 있다.

이런 사실을 우리가 우리로서 믿을 수가 있을까, 없을까. 『풍속고(風俗考)』에 보면 농부들이 들일을 하다가 점심을 먹을 때 반드시 한 숟갈을 먼저 떠서 던지면서 '고시레'하고 비는데, 이는 단군 때 고시(高矢)가 백성들에게 농사일을 가르친 것을 기리는 것이라 했다. 그러나 이 풍속이라면 지금도 우리들이 직접 전해 가는 풍속일 것이다. 『용비어천가』에 "우리나라의 지경이 아홉 번 변한 것이 어찌 사람의 뜻이랴"라고 한 소위 구변진단도(九變震檀圖)를 말하는 한 줄의 내용이 나온다. 구변진단은 진단(震檀), 곧 우리의 조선이 아홉 번 도읍이 바뀔 것이라고 예언한 단군 시절의 사가(史家) 신지의 예언을 가리킴이다.

또 『풍속고』에 "매년 시월이 되면 마을 사람들이 성황당에 나가 떡과 과일을 잘 차려 놓고 단군 때에 높은 산과 큰 물을 다스리던 팽우에게 제사를 지낸다"고 했다. 무슨 이야기인가 하면 단군임금 때에 9년 동안이나 비가 내려 홍수가 져서 그 물이 흑수(黑水)에서 우수(牛水:지금의 춘천)까지 넘쳐 나니 임금이 팽우에게 명하여 고산대천(高山大川)을 정하게 해서 백성들의 거처를 안정시켰다는 것이다.(이 이야기는 『동사강목(東史綱目)』에도 있다)

9년 홍수라면 대뜸 요임금 시절의 중국 홍수와 구약성서에 나오는 노아의 홍수가 비슷하게 떠오르지만, 이 땅에 그런 홍수라면 잘 믿기지 않는 게 사실이다. 전해 오는 기록이 없어서이다. 전해 오는 기록이 왜 없었을까만 그것을 지켜 내지 못한 사람들의 자손이 되어서 내 땅 내 역사보다 남의 역사 중국의 역사를 먼저 아는 못난 올챙이가 된 탓이로다.

이렇게 된 현실에서 이런 구차한 고증과 여기저기 기워 맞추는 땜장이식의 이야기는 하는 쪽이나 듣는 쪽이나 다 같이 답답한 노릇이긴 하다. 그러나 5천 년을 서럽게 흘러 온 역사의 강물 위에 미처 가라앉지 않고 흘러 온 비늘조각들이 있어서, 그것이 내 것, 우리 것으로만 확인된다면 그 역사는 아직 가능성의 역사이고 건질 수 있는 역사이다. 그것에서부터 우리들의 피는 새로운 감동으로 벅차게 뛸 것을 믿기 때문이다.

단군의 치세업적 중에 가장 우수한 것으로 전해지는 문화의 징표가 있다면 「천부경(天符經)」과 「삼일신고(三一神誥)」일 것이다. 「삼일신고」는 단군이 당신이 거느린 삼천 단부의 백성을 가르치기 위하여 팽우에게 하신 말씀을 적은 것으로 그 내용은, 호울 가르침[천훈(天訓)], 호울 가르침[신훈(神訓)], 호울집 가르침[천궁훈(天宮訓)], 누리 가르침[세계훈(世界訓)] 각 1절씩과 참이치 가르침[진리훈(眞理訓)] 4절이 포함되어 모두 8절을 이루고 있으며, 그것이 1년 366일에 맞추어 366구(句)로 되어 있다. 그 골자 되는 것은 나날이 닦고 실천해야 할 도(道)의 강목을 여덟으로 나누어 설명한 팔리훈(八理訓)이다.

이 팔리훈은 성(誠)과 신(信)과 애(愛)와 제(濟)와 화(禍)와 복(福), 그리고 보(報)와 응(應)으로서 이것으로 인민을 가르치고 교화하는 것인데, 천리(天理)을 인리(人理)에다 통하게 하여 사람이 어질고 어리석음이 저절로 없이 되는 방법이다. 이것이 기자조선에 넘어가서 범금팔조(犯禁八條)의 규범이 된다. 삼국시대에는 오직 고구려가 이를 번역하고 숭상했다. 그러다가 고구려 유민을 이끌고 고구려 옛터에 발해를 세운 대조영이 손수 찬문(讚文)을 지어서 높이고, 아우 대야발이 서문을 쓰고, 임아상(任雅相)이 주해를 놓아 오늘에 이른다.

「천부경」은 우주의 원리를 나타낸 것이다. 「삼일신고」가 용(用)이라면 「천부경」은 체(體)다. 본질에 관한 미묘한 원리를 인간의 사유개념으로 설명한 본체론이라 할 것이다. 전하는 말로는 하늘임금 환인이 아드님 환웅을 지상에 내려보낼 때 말씀으로 일러준 것이라고 하나 그것은 「천부경」을 신성화하여서 전하는 사이 중간에 만들어진 말일 것이다.

제정일치라고 하여도 환인의 시절이라면 제사의식조차 변변치 못했을 어둠 저쪽의 일이다. 신화가 환인을 환웅의 아버지라고 기록했을 뿐이지, 사실은 환인의 때가 어느 때나 되는지, 아직 혈거생활을 못 면했는지

조차도 모를 일이다. 그런 때에 벌써 그만한 도덕개념과 인문적 지혜가 열렸었다는 것은 말이 안 된다. 만들어졌다면 「삼일신고」와 함께 단군치세 중의 어느 대목일 것이다. 그렇게 보는 것이 상식 아닐까?

그렇게 말씀으로만 전하던 것을 단군 때에 들어와서 사가(史家) 신지가 푸른 돌에다 새겨 두었으나 아무도 뜻을 모르고 천 년이 지나더니, 신라의 최치원이 비로소 그 글자를 풀어 묘향산 석벽에 새겨 두었다고 한다. 세상에서는 그런 줄도 모르고 「천부경」이란 말만 내려오다가 조선 끝무렵 묘향산에서 수도하던 계연수(桂延壽)의 눈에 띄어 그때에야 비로소 알려지게 되었다. 단기 4249년 9월 9일의 일이었다.

그러므로 지금 우리가 볼 수 있는 것은 최치원의 해석문이지 원문이 아니다. 81자에 불과한 그 「천부경」의 해석문을 여기에 옮겨 보자.

一始無始一折三極無盡本天一一地一二人一三一積十鉅無匱化三天二三地二三人二三大三合六生七八九運三四成環五七一妙衍萬徃萬來用變不動本本心本太陽昂明人中天地一一終無終一

이것만 가지고는 무슨 소리인지 알 수 없으니 글자 행간에다 토를 넣어서 그 대략이나마 짐작해 보기로 하자. 그런데 이 「천부경」 해석문의 내용을 밝히는 데는 대개 두 가지 방법이 있다. 하나는 동양 고래의 전통적인 개념으로 풀이하는 것이며, 다른 하나는 이 해석문 특유의 수리적(數理的) 방식을 가지고 푸는 방법이다.

도(道)의 개념에 의한 것은 유(儒)·불(佛)·선(仙) 삼도(三道)를 종합한 깊은 경계로서의 유(有)와 무(無)를 포용하면서 비유(非有) 비무(非無)인 묘도(妙道)의 구경(究境)에 의하여 해석하는 것으로서 여기서는 숫자적인 전개는 불가능하다.

수리적 방식에 의한 「천부경」 해석은 이미 수록되어 있는 수, 즉 1에서 9까지의 수의 성격과 수의 품상(品相)과 상호 연관관계를 살피는 것이며, 그리하여 천체의 운동만이 아니라 만리(萬理)·만사(萬事)·만물(萬物)의 움직임을 이것에 의하여 수리적으로 풀이하는 것이다. 여기서는 모든 고차원의 철학과 과학을 수(數)에서 화합시킬 수 있는 것이다. 먼저 도(道)의 개념으로 푸는 방법이다.

一이 無始이나, 始하여 一이며, 折하여 三極이로되 無盡本이니라. 天이 一로 一이며 地가 一로 二이며, 人이 一로 三이니라. 一이 積하여 十의 鉅이나, 無匱히 和三하나니라. 天이 二인즉 三하고, 地가 二인즉 三하며, 人이 二인즉 三하며, 大三이 合으로 六이 되어, 生하여 七과 八과 九되어, 運三과 四로 成環五와 七하나니라. 一이 妙衍하여 萬往하고 萬來하며, 用變하되 不動本이니라. 本心이 本太陽이니, 昻明하여 人中에 天地가 一이니, 一은 終無하되 終하여 一이니라.

하나는 시작됨이 없으나 시작됨으로써 하나이며, 나누어 셋(三)이 다른 것[극(極)]이로되 근본은 다함이 없나니라.

한울이 하나로 하나이며, 땅도 하나로 둘이며, 사람도 하나로 셋이니라.

하나가 모이어 열의 큰 것이 되나 부족함이 셋으로 변화하나니라.

한울이 둘인즉 셋하고, 땅이 둘인즉 셋이며 사람이 둘인즉 셋으로, 큰 셋이 합하여 六이 되어 七과 八과 九를 생기게 하며, 三과 四로 움직여 돌아와 五와 七로 되나니라.

하나가 묘함이 넘쳐 만 번 갔다가 만 번 오나니 변하여 쓰되 근본은 움직이지 않나니라.

근본 마음이 근본 태양으로 밝고 밝아 사람 가운데에서 한울과 땅이 하나가 되나니, 하나는 끝남이 없으나 끝남으로써 하나이니라.

다음은 숫적(數的) 풀이 방식이다.

一은 始니, 一의 始는 無하나니라. 析하면 三極이로되, 本은 無盡함이 없나니, 天一은 一이요, 地一은 二요, 人一은 三이니라. 一을 積하여 十鉅하되, 無匱히 三으로 化하나니, 天二는 三이요, 地二도 三이며, 人二도 三이니, 大는 三이라 合하면 六이니, 七 八 九를 生하나니라. 運은 三 四요, 成環은 五 七이라. 一妙가 衍하여 萬往하며 萬來하되, 用은 變하고 本은 不動하나니라. 本은 心이니, 太陽에 本하여 人中에 昂明하니, 天地와 一하나니라. 一은 終이니, 一의 終은 無하나니라.

一은 비롯이니 一에 또 비롯되는 데는 없나니라. 분석하면 天·地·人이로되 근본은 다함이 없나니라.

한울 하나는 하나이며, 땅 하나는 둘이며, 사람 하나는 셋이니라.

하나를 쌓아 열에 이르되 빠짐없이 셋으로 화하나니, 한울 둘은 셋이고 땅 둘도 셋이며, 사람 둘도 셋으로, 큰 것은 셋이다. 합하면 여섯이니 七 八 九를 생하나니라.

움직임은 三과 四요, 둥그러움을 이루는 것은 五와 七이라, 한 묘한 것이 넘쳐 만 번 가고 만 번 오되, 씀은 변하고 근본은 변하지 않나니라.

근본은 마음이니 태양에 근본하야 사람 가운데 밝았으므로 천지와 같은지라. 하나에 끝이니 하나의 끝함은 없나니라.

이런 높은 정신 차원과 도덕의 꼭지된 것이 있었기 때문에 단군은 단순한 제정일치 시대의 군장이 아니라 아시아 대륙의 뭇 백성을 먹여 살리는 문화의 주인이 될 수 있었을 것이다.

그러나 이런 고급의 인문정책이 언제라고 그 사회 하층구조에까지 직접 미치는 것은 아니다. 하부층의 백성들은 그런 어려운 논리를 이해하지 못할 뿐 아니라 처음부터 그런 것이 있는지조차 모른다. 또 몰라도 좋다. 그저 그들은 자기네 분수에 걸맞는 문화의 옷이 있는 법이다. 그저 한울님한테 빌고 단군님한테 의지하고, 신단(神壇)을 챙겨서 제사를 지낸다하면 그 날은 일손 놓고 거기 참례하여 마음 속 소원이나 빌고, 서로간에 덕담이나 하고 차례 오는 술밥이나 얻어먹고 오면 무슨 일이든 잘 풀릴듯하여 공연히 마음이 든든하고 미더웠을 것이다.

「천부경」이나 「삼일신고」 같은 고급문화와 깊은 지혜는 그것을 가지고 직접 참여해야 되었던 그 사회의 소수 지배계급에 한정되었을 것이다. 백성이 그물의 그물코들이라면 그들은 그 벼릿줄이기 때문이다. 다수의 문화는 늘 소수에 의해 방향을 정하는 법. 백성들이 태평가를 부르는 그 미풍양속을 항구적으로 지켜 나가기 위해서는 그들은 늘 애쓰고 염려하면서 그런 분위기가 지속되도록 수고하고 가르칠 의무를 진 사람들인 까닭이다.

단군의 시대는 이런 상하의 유대질서가 역사의 그 어느 때보다도 무리없이 잘 지켜진 시대였을 것으로 믿는다. 그것은 단군이 제정일치 시대의 군주, 곧 제사와 정치를 혼자서 감당해 낸 임금이라는 데서 그러하다.

제사와 정치의 일치는 정치와 종교가 나누어지지 않음이다. 종교와 정치를 혼자서 해냈다는 건 얼핏 이것도 저것도 아닌 미개한 시대의 이야기 같지만, 곰곰히 생각해 보면 그것이야말로 바람직한 이상일지 모른다.

우선 그는 군주이기에 앞서 제사장이다. 하늘을 섬기고 조상을 섬기고 명산대천을 섬기는 것이 주된 임무이다. 제사는 몸이 깨끗한 사람, 마음이 깨끗한 사람이라야만 지내게 된다. 그렇지 않고는 천지신명이 감응을 안하기 때문이다. 그래서 늘 저를 돌아보고 양심을 돌아보면서 일점일획도 허물이 없도록 해야 한다. 귀신의 눈, 하늘의 눈은 속이지도 피하지도 못할 것이다. 결국 그는 자기의 사무친 정성으로 인하여 저를 잊어버리고 천지와 합일되어 버리는 커다란 수행자가 된다.

그의 높은 이상과 두터운 덕은 어리석은 한 사람의 잘못이나 죄까지도 제 탓이라고 생각하여 슬퍼하고 아파할지언정 상대적으로 성내고 호통치는 일이 없다. 어디까지나 백성을 위하자는 마음이요, 가르치자는 생각이지 호강이나 세력을 부릴 마음이 아니다. 그러니 정치가 아니라 종교가 목적이 된다. 정치라는 것은 종교의 코끝에나 끌려 다니면서 덤으로 되어 가는 부산물 같은 것이다. 열심히 제사 지내고 수행해 가면서 그 힘의 끄트머리로 약간씩 돌아본 것이 정치였을 뿐이다. 그래서 정제일치(政祭一致)라고 안하고 제정일치(祭政一致)라 하는 것이다.

파미르를 나설 때 해를 보고 나서면서 해를 숭상하는 사이, 어느덧 '해' 성(姓)을 쓰는 해의 자손이 되었고, 어느 때부터인지 해가 뜨는 그 고장에만 닿으면 저절로 홍익인간 하리라는 환국의 신앙이 생겨 수만 년을 찾아와 닿은 것이 동방의 산의 조종(祖宗)인 혼붉산이었으리라.

산에서 산으로 살아온 그 세월이 그들을 그예 산으로 만들어서 느끼는 것, 움직이는 것, 생각하는 것이 산으로써였고, 내뱉는 말이 산의 소리가 된 사람들, 그때부터 영원히 죽지 않는 불사신의 자손으로 뽑혀진 사람들, 그 신선의 자손, 삼천의 무리가 마침내 "여기다" 소리치며 닿아 신단수의 신시를 만들더니 나라 열어 처샌이라 이름하다.

잠자던 대륙을 흔들어 깨워 문명을 가르치고 정신을 가르쳐 꿈꾸던 홍익인간이 마침내 재세이화(在世理化)로 실현되고 그것이 「천부경」의 무위이화(無爲而化)로 구체화되었으니 그만하면 환국에의 이상이 실현되었을까 말까.

그러나 돌이켜 보면, 해 오르는 어느 산 영마루에서 해를 예배하고 그 해의 뿌리를 찾으면 환국이 있을 것이라고 꿈꾸던 그때에 환국은 그들의 부푼 가슴에서 이미 이루어지던 것이요, 원시 야만의 제사의식에서 「천부경」과 「삼일신고」만한 문화를 건져내는 데 이르렀으면 환국은 더 이상의 것이 아님이다.

그러나 생명은 더 먼 곳, 더 높은 곳이 있음을 알 때 자라나는 것이고 그것이 제대로 되어진 생명인 법이다. 그러기에 생명의 자손, 생명의 풀무간인 산에서 수만 년이나 달구어지고 망치를 맞는 동안, 죽고 싶어도 죽지 못하는 생명 자체로 다져진 사람들의 얼, 그 사람들 자손인 단군은 실현된 환국이 못마땅해서가 아니라 가슴속에 품은 환국에 비쳐 보면 아직 부족하고 섭섭한 것이 있어 그 환국을 향해 쉬지 않고 파 들어갔음이다.

환국은 이미 손에 있었지만 손끝에서 자꾸 멀고, 그 멀리 있는 환국을 붙잡기 위해 잠시도 수행을 놓지 못하던 무당 임금은, 재위 97년만에 태자 부루에게 단군의 위를 선양하면서 어천(御天)하셨다고 『신단실기』는 전한다.

08
동방의 불처샌 부여조선夫餘朝鮮

단군 임금에게는 아들이 넷 있었고, 그 아들들이 단군 재세시에 각기 맡은 임무가 있었다. 맏아들 부루는 질그릇 만드는 일을 장려하여 민생의 편리를 꾀했고, 둘째 아들 부소는 의약에 관한 일을 맡아 백성의 건강을 보존했었다. 훗날 불을 일으키는 부싯돌을 생각해 낸 것도 이 아들이다. 셋째 부우는 사냥을 맡아 맹수의 피해를 막는 한편 순한 짐승을 길들여 기르는 가축법을 가르치고, 넷째 부여는 혼인과 제사에 대한 의식이 맡겨져 민속의 의식을 엄중히 했다. 역시 『신사기(神事記)』에 있는 말이다.

아버지 단군이 돌아가시자 제2세 단군이 되는 것은 맏아들 부루다. 그리고 그 아버지의 유업을 그대로 이어받는다. 부루 다음에는 가륵(嘉勒)이 대를 잇고, 가륵의 가자 조사(鳥斯)가 왕검(王儉 : 任儉)이 된다. 이렇게 이어지는 1천여 년 동안이 극히 태평성대이다. 이 태평성대의 기간을 단군조선이라 부르는데 그때의 호칭으로는 불처샌 곧 부여조선이라고 했다. 부여라는 말이 단군시대의 살림과 깊은 관계를 갖는 탓으로다. 부여는 불이다.

태고의 원시인이 삼림과 들판을 쏘다니면서 나무에 달린 과일을 얻어 생활하거나 강가에 기어 나온 조개를 주워 먹으면서 살다가 인지(人智)가 열림에 따라 돌멩이와 몽둥이로 짐승의 뒤를 쫓아 얻은 고기로 살아갈 줄을 알게 되니, 이 때가 말하는 석기시대다.

이 석기시대의 문명에 있어서 갑작스런 혁명이 있다면 불의 사용일 것이다. 물론 불이란 것은 그 이전에도 있었지, 없었던 것이 새로 나타난 것은 아니다. 벼락에서 떨어진 불, 우연한 산불이 있었을 터로되 그것을 생활에 이용해 보자는 생각보다는, 모든 것을 파괴하는 그 위력에 놀라서 우선 무릎을 꿇는 두려움이 먼저였을 것이다. 그런 세월이 얼마였을까? 아무튼 그러는 사이에 세월은 쌓여 차차로 그것을 이용하면 음식을 익힌다는 것을 터득하게 되고, 음식 익히는 요령도 생겨 돌멩이를 이리저리 괴는 가맛덕을 만들게까지도 되었을 것이다.

그런데 그 가맛덕의 하나가 우연히 구리나 주석의 광석이었다면, 그래서 불김에 견디지 못하고 녹아내리는 것을 보았다면, 그때 그들의 머리 속에 어떤 생각이 스쳤을까? 당연하게 이러저러한 돌멩이는 불에 구워서 이용하면 그것이 생활의 우수한 연장이 될 것이라고 생각했을 것이다. 아니면 산불 뒤에 죽은 짐승의 고기를 얻으러 갔다가 돌덩이 틈서리에 녹아 흘러서 굳어진 광석을 보는 순간 퍼뜩 한 줄기 섬광이 스쳤을지도 모른다.

청동기는 대개 이렇게 시작되었을 것이다. 청동기의 변모를 따라 생활의 장소가 달라진 것이 나타난다. 지금까지 산곡(山谷)의 협착한 곳에만 박혀 있던 것이 대담하게 버렁으로 들로 나온다. 고어(古語)에 야지(野地)를 '불'이라 한 것이 그 까닭이다. 불로 삼림을 개간하고 농사를 시작했기 때문이다.

단군의 살림 시절이 역사적으로 보아 그 무렵이요, 그들 문화가 청동기 문화였다는 것은 자기들의 나라 이름을 부여조선, 곧 불처샌이라 했다 해서 이상할 것은 없다. 그런데 이 부여조선이 단순한 외줄기 형태의 나라가 아니라 사실은 구심점이 셋으로 된 삼위일체의 나라였다. 그것을 전하는 것이 중국의 역사문헌이다.

그 중에 한 두 곳을 빼어 적어 보면, 『진시황본기(秦始皇本紀)』에 "천황(天皇) 지황(地皇) 태황(泰皇)의 삼황(三皇) 중에 태황이 최귀(最貴)라"하며, 전한(前漢) 때의 문헌인 『사기』 봉선서(封禪書)에도 "삼일신(三一神)은 천일(天一) 지일(地一) 태일(太一)이니 삼일(三一)중에 태일이 최귀"이며 "오제――동·서·남·북·중앙의 오방신(五方神)――는 태일(太一)의 좌(佐)라" 한 것 등이다. 이 삼일신(三一神)과 삼황(三皇)은 곧 『고기(古記)』에 나오는 삼신(三神)이니, 『사기』의 이 삼일신을 다시 우리 고어(古語)로 옮기면, 천일(天一)은 말한, 지일(地一)은 불한, 태일(太一)은 신한이 된다. 신한[태일]이 가장 귀하다 한 것은 '신(神)흔' 곧 '검스러운 흔'인 까닭이다.

그러므로 삼한은 나라 이름이 아니라 임금의 칭호이다. 삼한을 이두로 적으면 신한은 진한(辰韓), 불한은 변한(卞韓), 말한은 마한(馬韓)이 된다. 그것이 중국 사가들의 붓끝에 걸리면 진(眞)이니 막(莫)이니 번(番)이니 하는 식으로 나타난다. 이것은 지나인들의 한자 음역이 조선의 이두문과 다른 데다가 외국의 인명이나 지명의 명사를 쓸 적에는, 문예의 평순(平順)을 위해 축자(縮字)를 쓰는 까닭으로 그러함이다. 오제(五帝)를 태일(太一)의 좌(佐)라 한 것은 대단군(大壇君)의 뒤를 잇는 부루가 태일 곧 신한이 되고, 불한과 말한은 신한을 돕는 양한이 되니 이들이 각기 삼경(三京)을 두고 나누어 머무르며, 그 아래 오부(五部)의 제도를 두니 그것을 이름함이다.

무엇을 오부제도라 하는가? 돝가·개가·소가·말가·양가가 그것이다. 이것이 훗날 윷판의 도(刀 : 돝)·개(介 : 개)·걸(乞 : 양)·윷(兪 : 소)·모(毛 : 말)가 되어 나타난다. 이것은 오행의 역법(易法)에서 나온 것이다. 하필 가축 이름을 관명(官名)으로 쓴 것은 그 당시 사냥질 버릇이 목축으로 달라졌었음을 나타내는 것이고, 개가·말가 하는 식으로 불리던 소위 오가(五加)라는 것이 오제(五帝)가 되는 것은 이 가(加)가 지(支)로 변한 까닭이다. 이것은 그 뒤 고구려에서 마가(馬加)을 막리지(莫離支)라 하고, 신라에서는 오대신(五大臣)을 자세한지(子賁旱支)·제한지(齊旱支)·알한지(謁旱支)·일길지(壹吉支)·기구한지(奇具旱支)라 했던 것인데, 지방에 따라 발음이 달라져서 몽골사에 전마관(典馬官)을 마리제(摩哩齊)라 하고 전양관(典羊官)을 화로제(和老齊)라고 하는 등, 같은 '지'의 발음이 지(支)에서 제(齊)로 변음이 된 것이다. 제(齊)가 제(帝)로 표기된 것은 중국인다운 현실주의적 생각에서일 것이다.

불조선이 이런 삼신오제(三神五帝)의 신설(神說)로 나라의 틀거리를 잡고 사회제도 장치를 만든 것은 삼신신앙을 바탕으로 한 우주의 조직을 표현하자는 데에 속뜻이 있어서다. 사회도 개인도 오직 하늘숨으로만 살자는 신앙의 표현인 것이다.

부루가 임금이 되면서 처음 한 일이 무엇일까? 『단기고사』에는 아우 부소를 요서에 망구왕으로 보내고, 세째 부우를 동해변에 동해왕으로 봉한 것이라 했다. 그러나 제1세 단군 때에 이미 부우를 강화섬에 보내서 거기 전등산에 삼랑성(三郞城)을 쌓고, 마니산에 제천단을 쌓았다는 것을 보면, 동해는 남해의 잘못된 것이기가 쉽다. 실제로 삼한이 정립한 도읍 터는 오늘의 하얼빈과 안시고허(安市古墟)와 이북에 있는 평양이다.

청나라 때 지은 『만주원류고』에 "한서의 지리지에 요동은 변한의 땅이라 했으니, 금개평(今蓋平) 등지가 변한의 고도(古都)"라 했고, 『삼국유사』에 "마한은 평양의 마읍산(馬邑山)으로 이름한 것"이라 했다. 신한은 위에서 말한 대로 하얼빈 지역이다.

　이렇게 놓고 보면 삼한의 윤곽을 대개 그릴 수 있으니, 길림과 흑룡의 두 성(省)과 연해주 남단은 신한의 지역이며, 내몽골 일부와 요동반도는 불한에 속한 것이며, 압록강 이남은 말한의 구역이다.

　처음에는 한 덩어리 국토로서 서로 돕고 의지하던 이들이 그러나 시절을 따라 사세(事勢)가 변하게 되자, 마침내 으르렁거리고 각자가 맡은 땅을 아주 소유해 버려 분립하는 날이 오고야 만다. 그 때가 어느 때인가 『사기』에 "진(眞)·막(莫)·번(番) 조선은 '전연시(全燕時)' 곧 연나라 전성시대에 분립했다"하니 연의 전성시대는 중국 역사가 춘추(春秋)에서 전국(戰國)으로 넘어간 그 전국 초인 것으로 미루어 대개 B.C 4세기 경쯤에 해당한다.

　나뉘어진 그들은 자기네의 족성(族姓)과 계보를 따로 따로 가르니, 신조선은 해씨(解氏) 성을 쓰며 단군임금의 자손이라 하고, 불처샌은 기씨(箕氏) 성으로 기자의 자손임을 칭하고, 말조선은 한씨(韓氏) 성을 쓴 건 확실하나 그 선조의 연원에 대해서는 전하는 바가 불분명하다. 그러나 해씨니 기씨니 한씨니 한 것들이 결국 단군족의 모태가 된 호붉산의 혼이거나 붉을 나타낸 것을 볼 때, 가로 놓이든 세로 놓이든 그들은 한 뿌리 자손이요 한 통속 사람들임을 확신시킴에 불과하다.

09
기아지처샌 기자조선奇子朝鮮

　　부여조선은 삼신신앙을 토대로 그들의 정치체제에 삼한을 두고 삼족정(三足鼎)의 확립을 꾀했으나, 그 평화는 1천 년을 넘기면서 적신호를 나타낸다. 그 이유나 까닭에 대해서는 어느 문헌에도 시원하게 밝혀진 것이 없고, 다만 『고기(古記)』의 기록에 1048년에 서울을 아사달로 옮겼다고만 되어 있으니, 그것이 평화가 깨어진 한계점이 아닌가 추측할 뿐이다. 단재(丹齋)도 이 대목의 수수께끼를 풀기 위해 어지간히 책을 뒤진 모양이지만, 끝내 손을 든 기색이다. 신화에 '又移都於阿斯達'이라 한 것은 이 1048년의 일을 말한 것으로 보인다.

　　『단기고사』에 이와 비슷한 이야기가 담겨 있기는 하다. "제22세 단군인 색불루(索弗婁)임금 때 신하 육우(陸佑)가 아뢰기를 길림은 천 년 도읍의 땅이라 운기가 이미 다 하였고, 영고탑은 왕기(王氣)가 농후하니 영고탑으로 옮김만 못하다고 한다. 임금은 그 말을 옳게 여겨, 그 해로 영고탑에 축성을 하고 그 삼십 년 후에 역신(逆臣) 신독(神督)이 난을 일으켜 서울을 침범하자, 임금이 영고탑으로 피난하였더니 인민이 많이 따라와서 이때부터 동북방이 큰 도회를 이루었다" 한다.

그러나 『단기고사』의 연대를 적힌 대로 따져 보면 축성을 했던 것은 1049년이요, 실제 도읍을 옮긴 것은 ── 피난이라 했지만 ──1079년이다. 이 기록을 액면 그대로 수용하지 못하는 것은 『단기고사』의 기록 자체가 다 믿을 수 없다고 보이는 구석이 더러 있는 데다가 이 부분의 연대와 장소가 어긋나기 때문이다.

여기서 취할 것은 비슷한 연대에서 최초로 평화를 깬 일대 사건이 있었다는 점이다. 그것도 외부의 침략이 아니라 같은 사람들끼리의 내란이다. 내란이 일어났다는 것은 현실적인 여러 가지를 생각케 하는 중요한 암시가 아닐 수 없다.

『단기고사』의 전하는 바 내란이 같은 연대의 『규원사화』 연대에는 없지만, 우리들 생각이 적어도 내란에 의해서 평화가 깨진다는 쪽을 믿고 싶어하는 데는, 이 땅의 막연하고 공허하던 삼신신앙의 항구적인 유토피아가 보다 현실감각으로 깨우쳐지기 시작했다는 것을 느끼기 때문이다. 그것은 그 무렵 중국의 기자가 우리나라에 들어와서 기자조선을 세웠다고 하는 허무맹랑한 말이 근 천 년 동안이나 우리들을 지배한 사실로서도 드러낼 수 있는 심리적 실증이다.

사람은 어느 때든지 현실을 움켜쥘 때에 삶이 확인되는 법이다. 삼신신앙이 비록 크고 거룩한 우주도덕이라고는 하여도, 그것은 큰 만큼 현실의 것이 아니라 이상의 것이요, 나의 것이 아니라 전체의 것이다. 죽어서 보장되는 저 세상이 아무리 거창하고 행복하다 하여도, 숨 쉬는 동안의 삶이 메마르고 고달픈 한은, 그것을 담보로 당장의 한 줌 휴식을 얻고 싶은 것이 사람된 생명의 본바탕이며 솔직한 욕망이다.

천 년의 평화에 싫증이 난 사람들은 그래서 누군가가 내란을 일으켰을 것이다. 그것은 언제든 한 번은 경험하게 되는 역사 속의 이정표같은 의식이다. 주변의 나라들이 이미 가까운 것, 손 끝에 닿는 것이 아니면 흥미를 느끼지 못할 만큼 국제간의 기류도 현실적이 되어 가던 때다. 먼 이상 높은 정신만을 반복하는 평화의 풍토에서 무엇인가 강렬한 것, 직접적인 것들을 체험하고 싶은 사람들의 심리적 불만 위에, 기자의 동래설(東來說)은 그런 따분하고 심심한 것들을 풀어 줄 수 있는 확실한 현실이었다. 자고로 중국인만큼 현실감각으로 사는 사람들도 없는 때문이다. 그래서 사람들은 자신들도 모르는 기분인 채로 오랫동안 기자의 동래설을 가지고 있었지만, 그러나 중국의 기자는 인민의 기분이 만든 우상이었을 뿐, 중국 본토에서 한 발자국도 내디딘 적이 없었다.

본래의 의미에서 살펴보면, 중국의 기자를 우리 역사에 들어다 앉힌 데는 두 가지의 까닭이 있어서다. 그 한 가지가 앞서 말한 대로 국민된 사람들의 전체적 기분이 천여 년의 평화에서 무엇인가 새 것, 현실적인 것, 직접적인 것을 원할 만큼 바탕이 되어 있었다는 것이고, 그런 기분을 아는 소수의 지배계급이 자기들의 기름진 생활을 양보할 수 없어서 그 현실의 자리를 지켜 갈 요량으로 국민에게 일부러 독(毒)을 먹였다는 것이 또 하나다.

기자는 중국 상(商 : 殷)나라 사람이다. 그의 이름이 처음 문헌에 비치는 것은 『서경(書經)』이다. 그는 왕족이었으나 불운하게도 시절을 잘못 만나 그가 섬기는 주(紂)는 포악하고 음란하기만 한 임금이었다. 세상에서 꼬리가 아홉이나 달린 여우의 변신이었다고 전하는 달기(妲己)가 그의 애첩이었다. 사치를 좋아해서 상아 젓가락에 옥으로 만든 그릇을 쓸 정도였고, 술을 부어 못을 만들며 고기를 매달아 수풀을 이루어 밤새워서 주연을 즐겼다. 원망하는 사람은 시뻘건 숯불 위에 구리기둥을 걸어 놓고 걷게 하여 타 죽게 했다. 왕의 서형(庶兄)인 미자(微子)가 지나치다고 말렸으나 듣지 않아서 떠나 버렸고, 비간(比干)은 사흘을 달래다 이로 인하여 노여움을 사서 가슴이 쪼개져 죽었다.

그 꼴을 본 기자는 거짓 미쳐 종이 되어 숨었으나, 주(紂)는 찾아내어 옥에 가두었다. 그 뒤에 곧 주(周) 무왕(武王)이 혁명으로 주(紂)를 뒤엎고 주나라를 세우면서 풀려났지만 그는 스스로 말했다. "我罔爲臣僕(나는 누구의 신하도 되는 일은 없을 것이다)"라고. 무왕에게 홍범(洪範)을 가르친 것도 이 기자다. 훗날의 공자도 "은(殷)에 성인이 셋 있었으니 기자와 비간과 미자"라고 평했다.

이런 인물이라면 제 나라 형편이 말이 아닌 터에 남의 나라에 보따리를 들고 가서 임금질하겠다고 나섰다는 게 우선 말이 안된다. 『삼국유사』의 단군신화 속에 무왕이 기자를 조선에 총독으로 보냈다는 말은 김부식 같은 썩은 선비들이 우리 역사를 깎고 줄이어서 억지 무릎을 꿇려 중국의 속국을 만들고 나서 나온 소리로 보는 것이 옳을 것이다.

기자가 우리나라에 온 것이 사실이라면, 그리고 임금이 된 일이 있었다면 이것은 과장하기 좋아하는 중국 사람들 전체의 일로도 여러 가지 말을 만들 만한 재료가 되었을 것이고, 그의 개인 행적에도 큰 사건이 될 것이다. 그러나 이런 사실이 기자의 행적 어느 부분에도 나타난 데가 없고, 기자가 섬겼던 주(紂)임금이나 그 주(紂)를 멸망시킨 주(周) 무왕의 일대사에도 비치는 일이 전혀 없다. 오히려 『사기』의 주본기(周本紀)에선 무왕이 은나라를 이긴 2년 후에 기자에게 은나라의 망한 이유를 물으니, 기자가 차마 은나라의 죄악을 말 못하고 다만 은의 망함은 당연했다고만 말했다고 되어 있다. 『상서(商書)』에도 없고, 『춘추』에도 없고, 『논어』에도 기자 동래설은 그림자도 안 비친다. 기자의 생존연대로부터 가까운 책들은 일체 기자에 대한 더 이상의 언급이 없다.

그로부터 천 년의 세월이 지나서야 전한(前漢)의 사마천이 쓴 『사기』의 송미자(宋微子) 세가(世家)편에 '武王封箕子於朝鮮'이라 하여 무왕이 기자를 조선에 봉했다고 했고, 후한(後漢)의 역사학자 반고가 지은 『한서(漢書)』에 '箕子避地于朝鮮'이라 하여 기자가 조선으로 피했다는 말이 보인다. 이로써 보면 사마천의 기자 조선 부임설을, 반고는 벼슬살이하러 간 것이 아니라 단순히 피해 갔다고 고쳐 사마천의 견해를 수정해 놓은 셈이 된다.

또 이보다 훨씬 뒷시대인 진(晉)나라 때에 지은 『동이전(東夷傳)』의 예전(濊傳)에 "옛적에 기자가 이미 조선에 가서 여덟 조목의 가르침을 만들어 가르치니, 문과 살 앞을 닫음이 없고 백성들이 도둑질하지 않았다. 그 뒤 40여대의 조선 제후 준(準)이 스스로 임금이라 칭했다"고 전해진다.

송나라의 범엽(范曄)이 지은 『동이전』에도 "옛날에 무왕이 기자를 봉하다. 기자가 예의와 농사짓기와 누에치기를 가르치고, 또 8조목의 가르침을 만들었다"는 기록이 있다. 어이없는 소리다. 이런 이야기는 그들이 저술해서 보관하는 역사책의 어느 구석에든 또 있을 것이다.

그러나 자기 나라 역사의 체면과 권위를 위해 과장과 첨삭을 일삼아 온 그들의 교만병과 고질적 습관을 보여 줄 뿐, 기자의 시대에서 동떨어진 이런 이야기에 귀 기울일 것은 없다. 다만 「예전(濊傳)」에 비친 "40여대의 조선 제후 준(準)이 가만히 임금이라 칭했다"는 구절을 기억했다가 다음의 사실과 맞추어 보자.

『위략(魏略)』에 이렇게 적혀 있다.

箕子之後朝鮮候 見周衰 燕自尊爲王 欲東略地 朝鮮候亦自稱爲王 欲興兵逆擊燕 以尊周室 大夫禮 諫之乃止 使禮西說燕以止之 不攻

기자의 후손으로 조선의 제후된 자가 있었다. 주(周)가 쇠약해지자 연이 스스로를 높이어 왕이라 하고 동쪽을 책략하여 땅을 뺏고자 하는 것을 보고는 조선후도 또한 스스로 왕으로 칭하고 군사를 일으켜 (도리어) 거슬러 연을 쳐서 주(周)왕실을 높이고자 했다. 그러나 대부례가 그것을 만류하므로 그만두었다. 대부례로 하여금 서쪽에 연을 달래어 (싸움을) 그치게 하니 공격하는 일이 없게 되었다.

『위략』은 동천왕 때 고구려를 침략한 관구검이 실어 간 고구려의 서책을 재료로 만든 것이니 여기에 다소의 왜곡이 끼었다 해도 일단은 참작할 만한 글이다.

이 글을 잘 참구해 보면 그들이 수없이 되풀이해 써먹는 기자의 전모가 드러날 듯도 하다. 기자의 자손으로 조선왕이 된 자가 연의 동쪽에 위치했었다면 어렵지 않게 불조선[卞韓] 땅이 된다. 불조선은 신조선[辰韓]을 보좌하는 입장이었으므로 분립되기 전까지는 왕을 칭할 수가 없었다. 그러므로 그 때의 불조선 왕을 한문으로 쓰면 조선후(朝鮮候)가 된다. 이 조선후가 신조선을 배반하면서 기씨(箕氏) 성을 쓰고 왕을 칭하고 나서는 것은 『사기』에 보이는 바, 주나라 신정왕(愼靚王) 46년으로 연후(燕候)가 왕을 칭함과 같은 연대다. B.C 323년의 일이다.

그러나 불조선의 왕공 칭호 연대가 중국의 기자 동래설과 관련이 있는 것도 아니다. 아무리 40년대의 제후 준이 조선의 왕을 했다 우겨도, 불조선의 기씨(箕氏)는 중국 기자의 '기'가 아니라 본래 '해'를 나타낸 '기'의 '기'이기 때문이다.

발해 고왕(高王)의 아우였던 대야발(大野勃)은 당신이 지으신 『단기고사』에서, 기자를 반드시 기(奇)로 쓰고 있다. 단군과 기자를 줄인 『단기고사(檀奇古史)』인 것이다.

기(奇)는 '해'를 나타내는 우리의 고어(古語) '기'의 표기음이다. 육당에 의하면 태양의 아들 '기아지'가 기자(奇子)·기자(箕子)로 쓰여졌다고 한다. 정인보도 기(箕)는 '검(儉)'의 한자 적기라고 같은 말을 했다.

이런 두 사상의 내용을 모르는 중국인들은 자기네의 기자와 우리 쪽 기자의 표기가 같은 것을 기화로 전한(前漢) 이후 내리내리 억지를 써 온 것이다. 하긴 남의 신하 노릇은 안 하겠다고 한 기자가 만년에는 우리의 불조선 근처에서 떠돌다가 죽었거나, 숫제 우리 불조선에 귀화해서 일생을 마쳤는지도 모를 일이다. 기록에서 빠진 그의 마지막 생애가 그렇게 보이는 까닭이 전해지고 있어서다.

상(商)의 건국이 처음부터 그렇지만, 그도 역시 우리 쪽의 피를 받은 사람으로 이족(夷族)문화에 대한 남다른 그리움과 흠모의 정을 간직했었던 인물이다. 그 기자의 무덤이 불조선 언저리였던 양(梁)나라 몽현(蒙縣)에 있다고 미자세가는 쓰고 있다. 사마천보다 약 3백 년이나 뒤에 태어나서 『춘추좌전(春秋左傳)』에 주를 놓은 두예(杜預)도 똑같은 이야기를 했다.

양나라라면 오늘의 하남성(河南省) 개봉(開封) 지방이다. 선조 때의 이수광도 중국 하남성에 기자묘가 있더라 했다. 그도 주청사로 연경을 왕래할 당시 기자묘를 보아서일 것이다. 이 조선과 관계없는 기자가 조선 역사에 뛰어들어 천여 년 간이나 임금 노릇을 하고 있었던 것은 중국 학자들의 허풍에서가 아니라, 스스로 종을 자처하고 나선 이 땅의 쓸개빠진 선비들 덕택으로였다.

그 가장 심한 것이 김부식의 『삼국사기』인 것은 말할 것도 없지만, 이승휴같은 이도 『제왕운기』에 "후(後)조선의 시조는 기자다. 주 무왕 원년 기묘 봄에 도망쳐 와서 스스로 나라를 세우니 무왕이 멀리 봉(封)하여 명륜을 내렸다" 했다. 『상서(尙書)』 한 줄도 못 읽어 본 사람의 글이다. 이런 것이 문자가 보편화되지 않고 특수층의 지배계급만 문자를 접하던 시대에는 비판을 받음도 없이 그냥 옳은 것으로 쓰여져 여러 사람의 입으로 옮겨지다 보면 버젓이 원본 행세를 할 것은 사실이다.

부여조선이 기자나라로 됐던 것은 대개 이러해서라 하겠으나, 천여 년의 평화를 지켜 오던 이 조선이 어째서 1048년에 들어와서 서울을 옮겨 오면서까지 기우뚱거렸는가에 대해서는 말해 주는 것이 없다. 그러나 생각을 파면 팔수록 삼신신앙에 대한 막연한 반발과 회의라고 밖에는 달리 얻어지는 것이 없다.

『삼국지』 마한전에 삼한의 형편을 말하여 "不能善相制御(능선한 재상이 제어하지도 못하고)"라 하고 예전에도 "無大君長(훌륭한 임금도 없다)"이라 했다. 한 마디로 인재가 없다는 것이다. 『사기』와 『한서』의 흉노전에도 흉노와 삼한과의 관계로 일어나는 삼한 각족(各族)의 역사를 말하여 "百有餘戎……莫能相一(온갖 군사가 넉넉해도 …… 좋은 재상 하나만 못하다)"이라 썼다. 아무리 군사가 넉넉하다 해도 유능한 재상 하나를 못 당한다는 뜻이다. 옳은 말이다. 이것이 외국 사람 눈에 비친 그때의 우리 형편이었고 사세(事勢)였다. 비록 짧은 기록이고 스쳐 지나가는 느낌이지만, 그럴수록 그것은 적중한 말이고 새겨들을 말이다.

그때의 국토 넓이를 보자. 동으로는 태평양에 이르고, 남은 조령을 넘으며, 서는 요하를 건너고, 북으로는 흑수를 가로탔다 한다. 『고려사』 지리지에 그렇게 되어 있다. 또 민사(民史)에는 옛 구이(九夷)의 강역은 전부 조선 판도에 드니 그 사역이 동으로 창해에 그치고, 서로는 흥안령을 끼고 사막에 걸쳤으며, 남으로 영해에 이르고, 북으로 흑수를 건너 소해(小海 : 오호츠크해)에 다다르니 그 뻗침이 만여 리라 했다. 이를 현대판 지도에서 가려 보면 만주 일대와 한반도를 포함하여 동은 동해, 서는 중국 화북의 천진·북경을 이어 몽골과 접경을 이루며, 남은 제주도까지 이고, 북은 야블로노이 산맥과 스타노보이 산맥이 경계로 된다. 실로 광

막한 지역이 아닐 수 없다.

이런 넓은 지역을 통치하는 데는 거기에 맞는 새 기구 새 조직을 필요로 할 건 당연하다. 아니 새 의식, 새로운 철학이 있어야 했다. 그런데 그것이 없었다. 이웃에는 사나운 흉노와 지혜로운 현실주의자 중국이 대치해서 새 바람을 일으키던 때다. 그것을 휘어잡아 거느리기 위해서는 새 차원의 높은 이념이 필요했다.

천 년 동안이나 신단(神壇)을 쌓고 그 밑에 엎드려 빌고 했으면, 거기에서 지금까지의 방식이 아닌 새로운 어떤 것이 나올 만도 했을 것이다. 민중도 이제 낡은 정신을 벗고 새 세계로 나갈 만반의 준비를 갖추었는데, 나아가야 할 목표, 이념의 별은 보이지 않고 제단에서 울려 대는 방울소리만 들리니 답답할 밖에 없다.

새로운 세계, 지금까지 발 들여놓은 일이 없는 다른 세계로 들어설 때, 생명은 호기심과 모험심으로 두근거리며 설레이며 성장하는 법인데, 언제까지 제자리걸음만을 시키니 진력도 나고 주저앉고도 싶다. "百有餘戎 莫能相一"은 정히 그것을 지적한 말이다. 천병만마가 출정을 기다린 지 오래인데 부릴 장수가 없으니 무엇에 쓰느냐. 무대군장(無大君長)이라 훌륭한 대장이 없고, 불능선상제어(不能善相制御)라 능선(能善)한 재상이 있어서 다스리고 정비해야 할 터인데 그것이 빠진 것이다.

여기서 나와야 할 훌륭한 대장과 위대한 군장은 그것이 저로써 우연하게 나오는 것이 아니라, 반드시 사회가 높은 이상과 선량한 풍속을 가질 때 그 속에서만 나오게 되어 있는 법이다. 이것은 어느 시대나 사회를 막론하고, 역사가 지금까지 보여준 필연이고 법칙이다. 그리고 그런 사회적 분위기와 풍토를 조성하는 것은 그들의 종교에 의해서다.

부여조선의 삼신종교가 그때에 내놓아야 했던 것은 현실을 움켜쥘 수 있는 현실에의 욕망이었다. 달리 말하면 종교의 관심에서 정치적 관심으로 눈을 뜨게 하는 것이다. 우주와 삼라만상이 삼신님의 도덕에 의해서만 되어 간다고 가르칠 것이 아니라, 인간의 세계, 인간의 현실은 인간이 만드는 또 다른 도덕에 의해서 결정된다는 산 신념을 갖도록 민중을 두들겨 깨웠어야 했다. 그래서 그들로 하여금 대지에 뿌리박으면서 영원한 이상을 내뻗도록 「천부경」과 「삼일신고」가 적절한 방편을 구사해야 했다. 그것이 없는 부여가 균형이 깨어지고 삐걱거렸다는 건 당연하다. 이미 정신적으로 어른이 되기 시작한 민중은 지금까지 입었던 옷을 신단(神壇)에 걸어 두고 떠나기로 들었다.

신화에는 단군이 서울을 아사달로 옮겼다고 했다. 아사달이 어딘가? 어리석은 선비들이 황해도 구월산으로 본 예가 많았다. 『삼국유사』에도 오히려 백천(白川)과 개성 등지에서 아사달을 찾으니, 이것은 『삼국사기』가 만주와 몽골, 지나에 흩어진 옛 땅을 떠다가 압록강 이남으로 옮기어 지명을 바꾸어 준 연유로 허둥거리기 시작한 처음이라, 확신이 없이 주저되는 태도를 가진 것이니 선비란 것들의 머리가 이미 썩을 대로 썩었고 뼈다귀가 다 빠진 다음의 일이어서, 북방의 옛터를 아주 잊어 함부로 단안을 내리게 되었다.

그러나 또 『고기(古記)』에 가로되 "단군 후세가 부여로 옮겼다" 했으니 허목의 『단군세기(檀君世紀)』나 안순암의 『동사고이(東史考異)』에도 이를 좇았다. 앞에서 살핀 바와 같이 삼한은 본디 삼경(三京)이 있었으니, 하얼빈과 안시고허(安市古墟)와 이북의 평양이다. 이 하얼빈에서 가까운 부근의 땅들을 문헌은 부소량(扶蘇樑)으로 적어 전한다. 이 부소가 '우스'의 음역이고, 량(樑)이 다리, 곧 고어(古語)의 '돌'인 것을 알면, '부소량'과 '아사달'은 '우스달'의 음역 표기가 다르게 된 것임이 드러난다. 아사달과 부소량은 곧 부여(하얼빈)로서 사실상으로는 한 고장이지 둘이 아니다. 음역의 변천에 속은 것 뿐이다. 실제 단군이 아사달로 부소량으로

왔다갔다했다는 것은 어느 사책(史册)에도 보이지 않지만 사세(事勢)로도 안될 말이다.

그렇다면 한 고장을 둘로 나누어 이곳에서 저곳으로 옮긴 듯이 말한 것은 어떤 뜻인가? 생각하건대 주변 인국들의 국제정세와 민심의 급변이 당시의 제사장인 단군으로 하여금 새 단(壇)을 묻고 제사를 올려서 흩어지는 민심과 정세의 판도를 묶어 보려고 한 것 아닐까? 그래서 서울 근교의 정결한 땅을 골라 단을 쌓고 국가적 사업으로 경영했다면, 이곳 저곳을 왔다갔다했다고 전했을 것이다.

국제정세에 있어서는 지나가 유독 위협적인 존재였을 것이다. 지나는 그때가 주(周) 시점이므로 바야흐로 문화가 절정에 달했을 뿐만 아니라 삼황오제의 도덕이 아직은 살아 있어서 그 문화를 간수하는 정신 풍토도 굳건히 다져지고 있던 전성기다. 이런 이웃을 둔 조선의 임금으로서는 조급하고 바쁜 생각을 했을 것도 사실이다. 그러면 이쪽도 저쪽의 정치를 본뜨고 문화를 받아들여 제도를 개선했으면 좋지 않느냐고 할지 모르지만, 그것은 오늘에 와서 하는 소리지 제정일치의 구습을 못 버린 그때로서는 그런 생각이 들 리가 없다. 또 풍속이 다르고 익힌 버릇이 다르므로 그 생각은 가졌어도 쓰여질 수가 없던 시절이다.

아사달에서 단을 묻는 국가적 행사가 있었다면 그곳은 신한―신(神)혼―이 있는 땅이다. 불한과 말한도 더러는 참례했을지 모른다. 아니면 중앙세력이 약화되는 것을 보고 차츰 엉뚱한 마음을 품었을 것이다. 그렇게 되는 것이 어차피 인지상정(人之常情), 아니 역사의 상정이다.

그리고 나서 내리 구른다. 단군 2천 년이니 기자 천 년이니 하지만 우리는 그 시절에 무엇 하나 내놓을 만한 것이 있었다는 것을 듣지 못한다. 『단기고사』나 『규원사화』에는 중국의 하나라를 덮어 누르고, 상나라를 쳐서 혼내 주고 자랑이 많지만 객관적으로는 믿을 것이 못되고, 기자

조선에 들어와서 겨우겨우 팔조(八條)의 정(政)이라 하여 오늘 말하는 범금팔조(犯禁八條)가 눈에 띄기는 한다.

"살인자는 죽이고, 사람을 상하게 한 자는 법이 시키는 규정만큼 곡식으로 갚게 하고, 강도질한 자는 가족이 그 집에 들어가서 노비가 되고, 절도질한 자는 자기만 종이 되고, 남자는 경작외무(耕作外務)하고 여인은 직조내무(織組內務)하고, 혼인은 일부일처(一夫一妻)로 하고, 명분은 서로 침범치 말 것이며, 한번 노예가 되면 그 후에 속량은 되었으나 결혼시는 수치로 알았다"는 것이니 대개 그 시절에 있었던 관습법의 테두리를 벗어나지 못한다.

좀더 현실감을 가지고 역사가 신의 뜻에 의해서가 아니라 사람의 뜻에 의해서 달라진다는 것을 알았어야 했는데 죽으나 사나 조상적 버릇대로 단 앞에 비는 것만으로 종(宗)을 삼았다. 어둡던 시절의 역사의 장(章)이다. 그러자니 오부(五部)의 제도라는 것도 자연 쓸모가 없어져서 서로 물고 뜯을 궁리나 했던 모양이다. 그러지 않고서야 그것이 뒷날 윷판에 말이 되어서, 개니 걸이니 해 가며 서로 이기려 덤비고, 앞에 가는 놈을 붙들어서 길러 보기는커녕, 어떻게든 못 가게 하고 잡아내리려고만 드는 못된 버릇으로 나타났을 까닭이 없다.

그렇게 다시 5,6백 년을 견딘 것도 이웃의 흉노가 거칠기나 할 뿐 문화가 없는 야만인들이어서 큰 뜻을 못 가졌을 때이고, 지나족이 문화는 가졌다 하나 이제 자라나는 시기라 아직 큰 힘이 없었던 덕분에 그 기간을 메꾸고 있었던 것에 불과했다. 그러다가 B.C 4세기에 들어오면서 이미 장성한 지나가 황하와 양자강을 걸터타고 앉아 부풀어오르는 풋볼처럼 힘을 뻗쳐 오니, 조상이나 믿고 하늘에 제사나 잘 지내면 되는 줄 알았던 부여족은 그때쯤 해서 현실을 보는 눈을 떴었다 해도 대세는 어지간히 늦어 있는 판국이었다.

삼한이 분립된 것은 아마 그런 까닭도 있었을 것이다. 분립된 삼한 중에서 지나족과 충돌을 자주 해야 되는 곳이 불한이다. 요동땅이기 때문이다. 특히 이웃에 있는 연과의 사이가 복잡했다. 연은 본래 구이족(九夷族) 중 견이(畎夷)의 터전이었다. 풍속이 서로 같은 것이 많고, 삼신을 믿어서 제사 지내는 것도 같았다. 그러던 것이 지나의 무왕이 새 왕조를 세우면서 제 아우 소공(昭公)을 보내 왕을 삼고 지나의 문물을 보내는 한편, 풍속을 고쳐 지나의 땅을 만들어 버렸다. 이쪽이 어름어름하는 사이에 그리 된 것이다.

나누어진 세 조선은 늦게야 새 눈을 뜨고 대세를 보았겠지만 솟는 해의 기세로 육박해 오는 지나의 세력을 감당하기가 힘들었다. 이쪽은 사실상 껍데기뿐이어서 내 몸 하나 추스르는 것도 어렵게 된 판국이었다.

『설문(說文)』에 요동의 불한을 낙랑반국(樂浪潘國)이라 해 놓고 그들은 연에게 이익을 준다 했다. 『한서(漢書)』에도 진국(辰國)이 한(漢)을 통하려다가 우거(右渠)의 막은 바 되었다 했다. 우거는 위만의 손자로 아직 한무제에게 망하기 전 신한과 한나라 사이에 둥지를 틀고 앉아 그 무렵의 역사를 시끄럽게 했던 신흥 세력가다.

모든 것이 이렇게 뜻대로 안 풀리고 막히기만 했던 시절이다. 한쪽이 강하면 한쪽이 약하게 되고 약한 것은 늘 강한 것에 지배당해 왔던 역사에서 피할 수 없는 귀결이었을 밖에 없다. 그런 틈새를 타고 망명을 왔던 위만의 자손이 세력을 잡아 불조선왕이 되고 나서, 내가 기자의 40대 손자 아무개요 했대도 놀랄 일은 아니다. 지나 학자들의 과장하기 좋아하는 붓끝은 신들린 것처럼 그 사실을 선전했음직도 한 일이다.

그 후 불조선도 신조선도 갑자기 만주와 요동의 무대에서 사라지는 듯하더니, 엉뚱하게 반도의 남단 말한의 한쪽에서 이름을 나타내는 변이 보인다. 이것이 늘 논의되는 삼한인데 우리 역사에서 비상히 시비가 많은 부분이다. 왜 갑자기 그렇게 되었을까? 확실한 문헌이 없으니 꼭 그렇다고 할 수는 없지만, 『사기』조선전(朝鮮傳)에 연나라가 전성하면서 진(眞 : 신)·번(番 : 불) 조선을 쳐 없앴다 했으니 그때에 연의 진개(秦開)라는 장수가 연왕과 짜고 신조선에 들어가 볼모생활을 한 적이 있었다. 그렇게 군사기밀을 정탐한 뒤 가만히 돌아가서 연의 군사를 세워 신·불·말 조선을 대거 공략한 다음에 조양(造陽)에서 양평(襄平)까지 2천여 리의 장성을 쌓는다. 그에 관한 똑같은 내용이 『위략』과 흉노전에도 상세하게 기술되고 있으니 신한·불한이 없어진 것은 필경 그때의 일일 것이다.

말조선만이 진개의 공격을 이겨냈으나 국토도 패수(浿水) 이남으로 좁혀졌고, 사기도 부쩍 줄어들어 주춤할 때다. 거기에 신한·불한의 유민이 자꾸 들어오니 낙동강 연안 우편의 백여 리 땅을 떼어 신한에게 주고, 왼편의 다소를 베어 내어 불한 유민에게 주어 살게 했다. 한 젖줄을 나누었다는 의리에서 한 짓이요, 삼신신앙의 뜻에 의해 다시 삼한을 세운 것이다. 여기서는 물론 말한이 종주국이 된다.

이것을 『삼국사기』에 중독된 선비들이 삼한을 말하면 으레 대동강 이남에서 찾으려 했고, 고증문헌을 말하면 진(晉)나라 진수(陳壽)의 『삼국지』를 들었다. 그러나 그 『삼국지』란 것이 관구검이 고구려에서 실어 간 서책을 자료로 했다고는 하나 중국인들의 지나친 자국(自國)자존병(自尊病)으로 인하여 함부로 깎고 덜어낸 곳이 많아서 그다지 신빙할 만한 것이 못됨이다.

패수(浿水)도 대동강만이 패수가 아니다. 중국인들의 여러 역사문헌에는 고례하(高禮河:혹은 대고하[大股河])·대릉하(大凌河)·요하(遼河)·유니하(游泥河)·압록강(鴨綠江)·대동강·예성강·임진강 등을 다 패수라 했다. 이 여덟 개의 강이 다 우리 역사와 관련된 패수인 것이다. 여기서 말하는 패수는 요양 서쪽의 물인즉 요하 패수를 가리킨다.

10
신화 이후의 수두蘇塗

　　여기까지는『삼국유사』에 실린 신화를 해독한 것이다. 그렇다면 이 신화가 지금 우리들 피 속에 어느 정도나 남아 있으며 무엇이 되어 있느냐다. 조선 끝 무렵에 들어오면서 한마루교니 수두교니 대종교니 혹은 천도교니 증산교니 하는 단군 종교들이 나타났었다. 그러나 그것이라면 그런 것이 나오게 된 그때의 사회 분위기와 민중의 기분이 있었던 것이므로 그때에 가서 논의할 것이고, 여기서는 거기까지 몰라도 좋은 대중의 삶 속에 실재하고 있는 삼신신앙이 어느 정도나 되는지 견져 보자는 자리다.

　　『삼국유사』의 신화에 기록되는 단군은 반드시 단군(壇君)으로 표기된다. 혹토(土)변에 쓰는 단군이다. 그런데 이 '土'가 어느 때부턴지 '木'으로 변해서 단군(檀君)으로 되어 있다. 누구도 이의를 제기한 적이 없이 그리 된 것이니 절집에 산신각처럼 옳게 된 일일 것이다.

　　土변에 쓰는 단군은 흙으로 쌓는 '제단'의 의미지만 木변에 쓰는 단군은 박달나무 아래로 하강하신 단군이다. 그야『삼국유사』만일 것이 아니라 『제왕운기』의 신화나 『여지승람』의 신화, 권근의 『응제시주』, 『세종실록』, 『조선사략』에 보이는 신화들이 환웅천왕이 신단수(神檀樹) 아래 내렸다고 해서 '단(檀)' 자를 쓰고는 있다. 그러나 『동국통감』이나 『세가보』에서는 말이 좀 다르다. "東方初無君長 有神人 降于太白山檀木下 國人立爲君 是爲檀君"이어서 단군(檀君)이라는 것이다. 즉 "동방에 처음 군장이 없더니 신인이 있어서 태백산 박달나무 아래 내리시니, 나라사람이 세워 임금을 삼으니 이가 단군이 된다"는 뜻이다. 그렇게 보면 木변의 단군은 '박달나무임금'이다.

『와유록(臥遊錄)』이란 책에서는 "백두산 꼭대기쯤 삼나무 숲 아래 두어 자 크기의 박달나무가 있는데 세상에서 이곳을 단군 하강한 땅이라 한다"고 했다. 그러나 틀린 말이다. 박달은 나무에 뜻이 있는 것이 아니라 이름에 뜻이 있다. '밝다' '밝은'의 붉임금이다. 단(壇)을 쌓고 백성을 가르친 무당임금은 붉은임금, 붉임금이었다는 의미다.

단군(壇君)이 어느 때부터 단군(檀君)이 되는지는 모르지만 그것을 근거해서 보면 단군은 이미 삼신신앙 속에 깊이 안착하여 새파란 이끼 속에 묻혀 있는 것이 보인다. 그때쯤은 벌써 우상이 되어 있는 것이다. 이 우상은 아마 삼한시절에 성립되었을 것이다. "조선사람들은 5월이 되면 곡식을 심으면서 귀신에게 제사한다. 군취(群聚)하여 노래하고 춤추고 마시며 즐기는데 밤낮을 쉬지 않는다. 10월에 농사를 마치면 또 다시 이와 같이 한다. 귀신을 믿어서 나라와 고을에 각기 일인(一人)을 두어 천신(天神)에 제사 지내는 일을 주관케 하는데 그 사람을 천군(天君)이라 칭한다. 또 지방마다 특별한 읍(邑)을 두는데 이름을 수두라 한다."『위서(魏書)』 동이전(東夷傳)에 있는 말이다.

그러나 이런 종류의 기록은 우리의 풍속을 말할 때마다 거의 빠지지 않을 정도이다. 부여의 영고(迎鼓), 고구려의 동맹(東盟), 예의 무천(舞

天), 마한의 천군(天君), 신라의 불구내(弗矩內) 등이 다 이를 말해 주는 것들이다.

　지방마다 제사를 위해 두던 이 수두골에는 신성불가침의 특별한 제약이 따르고 있었다. 죄인을 쫓다가도 죄인이 만약 수두에 들어가면 더 이상 쫓지를 못했다. 죄인을 보호하자거나 어떤 식으로 숨통을 터주자 해서가 아니다. 한 사람 죄인 따위를 잡으려고 검스런 땅을 침범하는 것이 두려웠기 때문이다. 수두를 얼마나 신성시했는가를 잘 드러내는 말이다.

　이 수두는 나라에만 있는 것이 아니다. 군(郡)이나 현(縣) 정도의 행정단위에는 진산(鎭山)이라 하여 줄인 수두를 두었고, 마을에는 진산을 줄여 당산이 있고, 마을 어구에는 선돌이 서 있고, 선돌을 집으로 모시면 터주가 되고, 터주를 방안으로 끌어들여 업이 된다. 실로 행(行) · 주(住) · 좌(坐) · 와(臥)의 일체가 수두 속에서 된 것이요, 들숨 날숨이 삼신신앙 아님이 없었다. 이것이 대개 삼한 시절에 굳혀진 풍습일 것이다.

　어떤 민족의 종교사상이나 신앙의 근원을 쉽게 읽어 내기 위해서는 그 사람들의 제사의식을 살피는 것이 가장 윗수다. 제사는 인생과 우주와의 전체 관계를 어떻게 통일적으로 조화시키는가가 가장 잘 드러나는 의식이기 때문이다. 그런 관심으로 우리들의 제사의식을 다시 보게 되면 그 뿌리 되는 것이 삼신신앙임을 그냥 알게 될 것이다. 물론 유교와 불교가 들어온 지가 오래인 나라이다 보니 생활의 모든 것이 그런 외래사상과 의식이 섞여 있어서 순일한 우리 것을 보기가 어렵게 되었다.

　제사도 예외는 아니다. 음식을 진설하여 상을 차리는 것, 위패를 모시고 축문을 읽는 것 등은 철저할 만큼 유교형식으로 되어 있다. 조선 5백년의 잔재일 것이다. 그런데 제주(祭酒)를 올리고 내릴 때의 술잔 의식만은 우리 것이다. 제주(祭主)가 제상에 나아가 잔을 올릴 적에는 그냥 따라서 올리진 않는다. 정성스럽게 따른 잔을 일단 향불 위로 세 번을 둘러서 올린 다음 잔을 낼 때는 제상 밑에다 미리 준비한 모래 그릇에 붓는다. 그 모래 그릇에는 깨끗한 모래가 담겨 있고 모래 복판에 상투만한 짚단이 하나 서 있다. 수두의 표시다. 술잔은 그 짚단 뿌리에 부어진다.

이 조그만 형식의 의미를 곰곰히 생각해 보면 바로 단군이 신단(神壇)의 수두에 나아가 하늘에 제사하던 그 제사의 축소판이다. 수두의 한문 표기는 소도(蘇塗)로 적힌다. 향불이라는 것이 본래는 인도에서 나서 중국 불교를 따라 들어왔다고는 하지만, 세속의 나쁜 악취를 중화시킨다는 뜻에서 제사에는 없지 못할 물건이다. 그 향불의 연기가 허공으로 솟아올라 하늘과 맥이 통하고 있고, 술은 땅으로 부어져서 땅과 맥을 이루었다. 하늘과 땅과 사람이 그 자리에서 한 맥으로 꿰어진 것이다.

술은 그 신비한 체험이 사람으로 하여금 신(神)이 되게 하는 음식이다. 옛 부여 사람들이 제사에 나오면 "群聚飮酒歌舞連日不休"했다는 것도 덮어놓고 취하자는 목적에서가 아니라 반드시 종교적 의미가 있어서였을 것이다.

다음에는 이 사람들이 각 지방에서 행하고 있는 지방마다의 별신제를 보자. 대관령 산신제, 은산 별신제, 낙동강 유역의 하회별신제, 통영 오광대, 동래 야유, 그 다음 양주 별산대, 관서지방의 봉산탈춤, 안동 놋다리 밟기, 해남의 강강술래 등, 물론 해방 이후에 개화한다고 미개한 것들을 없애는 바람에 많이 없어지기도 했고, 있어도 본래 모습대로 전승·보존되고 있지 못하다.

은산별신과 대관령 산신제까지가 유교문화와 불교문화의 비빔밥 꼴이 되어 있을 바에야 여타의 것들은 볼 것도 말할 것도 없다. 그러나 아직 그것들 속에 흐르고 있는 삼신신앙의 숨줄, 무속의 맥박을 보라.

별신제야 기왕 그렇다 치고, 별신제가 없는 전라도 땅의 농악과 매구굿[埋鬼굿], 정월 한 달 내내 동네마다 두들겨 대는 거리굿, 샘굿, 당산

굿은 또 어떤가? 골목마다 누비고 다니면서, 서낭당마다 찾아다니면서 신 들린 듯 울어대는 깽매기 소리, 장구 소리, 징 소리, 북·소고·나팔 소리……. 금년에도 풍년 들게, 무병 장수하게, 운수 대통하게 해 달라고 목청마다 질러 대는 푸짐한 덕담 소리, 그런데 그 행렬 맨 앞에 서서 가는 대장기 깃대를 보라. 깃대 끝에 꽂힌 꿩털은 뭐며, 달린 방울은 또 무엇인가? 그것이 바로 수두의 표시다. 방울은 제단에서 백성 가르칠 때 쓰던 엄숙한 무의(巫儀)의 상징이요, 깃털은 더 높은 곳을 향해 가는 이상을 주술적으로 나타낸 것이다.

이 땅의 무당이 본래 명태 대가리나 들고 춤을 추는 서푼짜리가 아니었고, 작두날에 올라서서 호기심이나 충족시켜 주는 심심풀이 안주감이 아니었다. 어린애 낳는 비린 산실 웃목에 앉아 냉수나 한 사발씩 얻어먹는 그런 삼신꼴도 아니다. 모두가 못난 자손을 만나 내 것 좋은 줄을 모르고 남의 것에만 정신을 팔다가 오늘까지, 태고적 귀신 섬기는 자리를 떠나지 못하고 오그라진 우리들 얼굴 위에 찍힌 죄값의 인두자국이다.

한때 지상에서 어른 노릇을 했던 건 공룡이었다고 한다. 하늘에는 나는 공룡, 땅에는 기는 공룡, 물에는 헤엄치는 공룡이 있었다고 한다. 그런데 그 후 그놈들은 조산(造山)운동으로 인한 기후변동으로 거의가 멸절되었고, 죽지 못하고 살아 남은 얼마가 형편없이 도태되어 오늘의 파충류로 남았다고 한다. 오늘의 파충류가 무언가? 낙엽 밑에 숨는 도마뱀, 여울지는 물살 돌 틈서리에 사는 도룡뇽이다. 그 놈들이 옛 공룡의 자손이다. 이제 우리의 삼신신앙이 그 꼴이다. 한때 아세아의 태양 노릇을 했고, 거칠 것 없는 말발굽으로 대륙을 울려 밟고 다니던 사람들의 자손이 여기 태평양 물가의 좁은 반도에 쪼그리고 앉아 이 눈치 저 눈치 살펴 가며 웃음이나 파는 못난 자손이 되어 버렸다.

삼신신앙에도 불가피하게 닿는 기후 변동이 있기는 있었다. 인도대

류에서 건너오는 불교의 바람이 있었고, 지나에서 불어닥치는 유교의 바람이 그것이었다. 특히 유교의 선진적 인문주의는 달콤하고 입맛에 맞는 만큼, 그 속에 무서운 독을 숨기고 있었다.

그 독을 천 년 가량 마시고 나자 어지간히 등신들이 되어서 천 년을 중국의 종으로 살더니 이번에는 서양에서 건너오는 문화에 넋을 잃어 삼신의 핏대 속에 다시 서양풍의 피를 채워 넣는 중이다.

그러나 어쩔 수 없는 일이다. 내 것을 천하다고 해서가 아니라, 새것, 처음 보는 것이면 까닭없이 두근거리는 것이 삼신의 피다. 수만 년을 산에서 살아 산의 신비가 피가 되어 끊임없이 창조적이고 끊임없이 설레이는 타고난 업연(業緣)으로다. 무엇을 타박하고 누구를 핑계하랴. 내가 나 된 것은 오로지 내 까닭인 것을. 할 일 없는 말로 할 일을 삼아 나일 것도 없는 나의 근본이나 추어 보자.

제 2 부

유교의 중국

01
중국 역사 · 중국 문화

중국 역사는 아시아 역사에서 하나의 기만적인 당위성을 가진다. 그
것은 자기네 한(漢)민족만이 우수한 민족이고, 여타한 변방 민족은 자기
네의 도덕과 문화를 나눠 가는 별 볼일 없는 민족이라는 제국주의적인 관
념에서 비롯되고 있다.

사실 그들은 아시아 대륙의 복판을 깔고 앉아 수천 년이나 빛나는
중원문화를 이룩해 온 사람들이므로, 그런 자부심을 가질 만하게는 되어
있다. 그리고 그들 문화 속에 흡수되어 버린 여러 민족의 역사를 회고할
때, 그들이 아시아의 주인으로 나서는 것을 인정해 줄 만도 하다. 그러나,
이렇게 영문 모르고 끌려들어 가는 미온적인 태도에는 우리들 자신이 미
처 모르고 있는 식민지 사관이 꿈틀거려서라는 것을 깨달아야 될 것이다.

한족(韓族)은 우수한 민족이었다. 그런데 그만한 사람들이 어째서
여기 동쪽 물가에 쪼그리고 앉아 그들의 시녀 노릇이나 하다가, 끝내 그
들 역사의 꼭두각시가 되었을까? 문제는 사료가 없어서이다. 우리가 우리

역사에 대한 기록을 지니지 못하고 저들 역사문헌 속에 들어 있는 치욕적인 자구(字句)를 빌어다가 그것을 우리 역사로 해석하고 있으니 코 꿰인 송아지 꼴 외에 더 될 것이 없음이다.

왜 사료를 가지지 못했을까? 중년에 김부식같은 선비들이 나온 덕택이었다. 그들은 우리 역사를 중국 사람 입맛에 맞도록 정리하여『삼국사기』같은 노예의 책을 내놓았고, 그것을 천여 년 동안 교과서화해 버렸다. 또 정권이 바뀔 때마다 그 정권에 편승하여 지난 정권의 역사를 없애거나 고치는 것을 일삼아 온 것도 그들이었다. 어제의 법령과 도덕은 새 정치세력을 구축하는 데 장애물이 되기 때문이었다. 그래서 신라가 통일을 맞는 날 백제와 고구려 역사가 줄어들었고, 고려가 들어선 후 신라 역사는 맛이 달라졌다.

그런 선비들이 조선에 들어와서는 아예 공(孔)·맹(孟)의 도덕을 꾸어다가 나라살림을 했으니, 그리고도 중국의 종놈이 안될 이치가 없었던 것이다. 오늘 우리들이 옛 조선의 영토와 그 시절 문화에 대한 이야기를 한낱 전설이거나 약소민족의 위로담 정도로 들어 넘기려는 것이 바로 종살이 역사의 흔적인 것이다.

또 생각 있는 사람들이 그런 식민사관의 역사를 탈피하여 옳은 역사관을 세워 보고 싶어도, 모든 사료가 저들의 문헌 속에 묶여 있는 다음에야 어쩔 수가 없음이다. 그러나 문서가 전하는 역사와는 아무런 상관이 없이 역사가 역사로 움직여지는 현장의 밑터에는 지하수로 녹아 흐르는 생명의 진실이 있는 법이다.

아메리카 문화가 순전히 백인들 것인 것 같아도 단순하고 우직한 흑인의 숨결이 바닥에 깔리는 것처럼, 중국의 문화 속에도 흉노·몽골·선비족 등의 그들에게 침몰된 인종의 생활문화가 들어 있게 마련이다. 다만 중국이라는 대륙은 그 모든 힘을 팽창하는 풋볼처럼 자기네 것으로 소화했던 것이다.

그런 눈을 뜨고 중국문화의 밑둥을 다시 볼 때, 그 속에 녹아 들어간 한족(韓族) —— 이족(夷族) ——의 혼은 놀랍도록 크다. 한족의 예지와 창조성이 없는 중국문화와 역사는 내놓을 것이 없다 해도 과언이 아니다. 물론 이것은 역사니 사료니 하는 것이 문제되지 않는 자리에서, 그들 역사 속에 흐르는 생명력이 무엇이라는 뜻으로 해보는 소리다.

그러나 이 이야기 역시 믿어 줄 사람이 적다는 것을 안다. 한때 불행을 건너뛰기 위해서 머리를 숙이는 종은 마침내 종이 아닐 수 있지만, 가슴속에 자존과 긍지를 잃은 종이라면 아마도 영원한 종일 것이다. 단재(丹齋) 이후, 2천 년이나 매여 온 종의 문서를 소각하고, 본래의 자존과 긍지를 한번 챙겨 보자고 나선 소수의 사람들이 있었음을 안다. 그러나 애쓴 것에 비해서 얻은 것은 늘 적었다.

독자들이 이미 『삼국사기』 외의 지식을 믿으려 하지 않는 데다가, 그들 역시 생명의 자리에서 역사를 본 것은 아니므로, 정작 문자나 자구가 끊어지면 그것 이상을 차고 나가지 못했기 때문이다.

중국의 역사는 원래 우리와 깊은 관련을 갖는 역사다. 그러나 나는 그런 관심보다도 유교가 배태되어 나오는 저들의 풍토적인 것에 더 관심을 쏟으면서 유교적 특질을 더듬었는데, 그 손끝에 닿는 것이면 사양않고 끄집어내기로 들었다. 그러므로 독자는 초점 안 맞는 기대를 너무 가져서는 안된다. 아래에 쓰는 중국 역사의 뼈대는 원(元)나라 때 사람 증선지(曾先之)가 엮은 『십팔사략(十八史略)』의 것임을 밝힌다.

02
선사시대

중국의 역사가 기록으로 전하는 것은 하(夏)나라 때부터이다. 대개 기원 22세기 전 무렵이다. 그 이전에는 소위 삼황오제(三皇五帝)의 선사 내지 상고시절로서, 오제(五帝)의 끝 무렵에 해당하는 요임금이나 순임금까지는 역사에 실리지만, 그 위로 거슬러 올라가면 역사시대를 벗어나기 때문에 불분명해진다.

물론 글자가 없던 시절이고 신화의 어둠에 묻히는 시절이기 때문에 그럴 수밖에는 없을 테지만, 중국 사람들이 공자 이후로 오면서 신화나 그런 전설을 입에 올리지 않는 버릇이 있으므로 더욱 역사 밖으로 밀려난 것이다. 이유인 즉은 상식으로는 믿을 수 없기 때문이라는 것이다. 그러나 역사의 동이 트기 전에 일어났던 일을 어찌 상식으로만 다 이해되기를 바라랴.

어쨌거나 그런 풍조가 생겼는 데도 그것을 전해 오는 사람들은 있어서 삼황오제는 물론 그 너머의 소식까지가 마침내 기록으로 적히게 되었다. 여기에 그 대략을 옮기려 하거니와, 신화를 말 못하게 한 영향을 받아서인지 환상스런 맛이 적고, 사뭇 정치윤리 중심으로 이야기가 엮어진다. 정치 중심의 신화라는 건 언제라도 현실적인 감각을 가진 사람들의 것일 밖에 없다. 중국 민족 같은 현실주의로서는 당연할 것이다.

중국 시초의 임금 천황씨(天皇氏)는 목덕(木德)으로 왕이 되었다. 태세성(太歲星)이 일년 중 가장 길(吉)한 인(寅)의 방위에 비쳤을 때를 첫 정월로 잡고 정치를 시작했는데, 정치기구는 없었으나, 임금의 덕으로 백성이 저절로 잘 감화되었다. 형제가 열 두 사람, 각각 1만 8천의 나이를 누렸다.

지황씨(地皇氏)는 화덕(火德)으로 왕이 되었다. 형제가 열 두 사람, 각각 1만 8천의 나이를 누렸다.

인황씨(人皇氏)는 형제가 아홉 사람이었는데, 각각 나뉘어 아홉 주의 군주가 되었다. 인황씨와 그의 형제들의 자손은 대대로 영토를 가지고 나라를 다스려서 대를 잇기를 150대, 그 세월을 합해서 4만 5천 6백 년에 이르렀다.

인황씨 다음에 유소씨(有巢氏)가 나와서 나무를 얽어 집을 짓고 나무의 열매를 따서 먹었다.

그 후 수인씨(燧人氏)가 처음으로 나무를 뚫어 비벼서 불을 일으키는 방법을 발명하여, 음식을 익혀 먹는 법을 백성들에게 가르쳐 주었다. 그러나 그 당시의 일은 글자와 기록이 생기기 전의 일이므로, 그 연대와 서울에 대해서는 알 수 없다.

여기까지가 삼황오제 이전의 이야기다. 천황씨 · 지황씨 · 인황씨의 순으로 풀려 나오는 이름은 그대로 하늘과 땅과 사람이 차례를 정해 생겨났다는 그들의 개벽신화라 할 만하다. 그 다음에 유소씨가 집 짓기를, 수인씨가 불을 일으키는 방법을 가르쳤다는 것도, 인간의 문명의 자취를 순서적으로 나열한 것에 지나지 않는다. 어딘가 모조품 냄새가 느껴지는 신화다.

글자와 기록이 생기기 전이라 그 다스린 연대와 서울을 알 수 없다 했으나 중국 역사에서 글자가 정식으로 나타나는 것은 은(殷)의 후반기에 들어와서다. 그것도 거북 껍질에다 불꼬쟁이질을 해서 얻은 얼마 안되는 점복서(占卜書)였다. 갑골문자가 그것이다.

여기서 한 군데 눈 닿는 데가 있다면 세시(歲時)를 인(寅)의 해로부터 했다는 점성술의 도입이다. 중국에 점성술이 천체의 체계적 방법을 가지고 기록되는 것은 B.C 720년 경이라고 하는데, 그런 점성술의 연대를 관련하고 않고 간에 어째서 이 개벽신화에 하필 천체의 이야기가 끼어 있느냐다.

여기서 생각되는 것은 고대인들의 우주관이다. 우리는 동·서양을 막론하고 이런 신화 속에 전승되는 고대인의 우주관이 거의 천체에 관한 관심을 빠뜨리지 않는다는 점을 주의해야 한다.

우주관은 원래 과학도 주술도 아니고 종교적 요구라고 할 수 있는 것이 역산(曆算)의 흐름으로 이루어진 과학적 천문학과 결부되어 과학적인 우주관으로 지향되는 것이지만, 어떤 것은 그렇지를 않고, 생명의 내면에 쌓인 두려움이 우주적인 신비와 신앙으로 연결되면서 막연하게 하나의 신화로 구현되어 나타난다는 사실이다.

과학을 밑받침한 천문학적 우주관이 전혀 진보적이고 독자적이지 않은 것은 아니지만, 그 과학이 나타나는 것은 반드시 그런 신화적 기간을 견디지 않고는 안된다는 것을 또 알아야 한다. 그런 의미에서는 신화와 과학이 부자지간일 것이다.

다음에 쓰는 삼황오제의 신화는 중국인들의 항구적인 정치철학에서 유일하게 보존되어 있는 존재론의 근거일 것이다. 다시 말해 그들의 이성적인 관심사가 현실적인 인간론으로 들어가면서 모든 신화를 역사화해 버릴 때, 소멸되고 영락해 버린 신화 속에서 겨우 살아 남을 수가 있었던 최소한의 역사 신화라는 뜻이다.

물론 여기에도 인문주의의 입김이 어떻게 강하게 닿아 있는가를 읽으면서 단박에 알아차릴 것이다. 역사와 신화가 반반으로 섞여 있다. 그러나 보기에 따라서는 이것은 완벽한 신화라고 해도 좋을 부분이다.

태호 복희씨(太昊伏羲氏)

태호 복희씨는 성이 풍(風)이니 수인씨를 대신하여 왕이 되었다. 그의 몸은 뱀이요, 머리는 사람이었다고 한다. 처음으로 팔괘(八卦)를 만들고 또 글자를 만들어서 새끼를 매듭지어 약속을 정하는 방법—결승지정(結繩之政)—에 대신했다. 또 혼인법을 정하여 한 쌍의 가죽으로 납채하는 것을 예로 삼았다. 그물을 얽어서 새, 짐승이며 물고기 따위를 잡는 법도 가르쳤다.

그리고 복희씨는 또 얼룩이 있는 소·양·돼지를 희생으로 길러서 포주(庖廚)에서 요리하여 천신·지신·조상에게 제사 지냈다. 그래서 복희씨를 포희씨(庖犧氏)라고도 불렀다.

복희씨가 다스릴 때 용마가 그림을 등에 짊어지고 강에서 나온 상서로운 징조가 있었다. 그래서 관직 이름에 용(龍)자를 붙였다. 곧 용사(龍師)라는 벼슬이 생겼다.

이리하여 복희씨는 태고의 천황씨와 같이 거룩한 덕과 슬기로운 지혜를 가진 천자였으므로, 오행(五行)의 첫째인 목덕(木德)의 왕이라고 했다. 서울을 진(陳 : 河南省 陳州)에 정했다.

복희씨가 죽고 여와씨(女媧氏)가 왕이 되었다. 그 역시 성이 풍(風)으로 목덕의 왕이었다. 처음으로 생황(笙簧)—피리의 일종—을 만들었다. 그때 제후 중에 공공씨(共工氏)라는 사람이 있어, 축융씨(祝融氏)와 싸워서 패하고 노하여 머리로 불주산(不周山)을 들이받아 산이 무너져서 하늘을 받치고 있던 기둥이 부러져 자연의 법칙이 파괴되었다.

그래서 여와씨는 다섯 가지 빛깔의 돌을 반죽해서 하늘의 파손된 부분을 고치고, 큰 거북의 발을 잘라서 동서남북의 네 기둥을 세우고 갈대의 재를 모아서 제방을 쌓아 홍수를 막아서 천지는 전과 같이 되었다.

여와씨가 죽은 다음 공공씨 · 태정시 · 백황씨 · 중앙씨 · 역륙씨 · 여련씨 · 혁서씨 · 존로씨 · 혼돈씨 · 호영씨 · 주양씨 · 갈천씨 · 음강씨 · 무회씨가 차례로 대를 이어, 목덕의 왕 풍(風)성이 15대를 계승하였다.

염제 신농씨(炎帝神農氏)

염제 신농씨는 성이 강(姜)인데 몸뚱이는 사람이요 머리는 소였다. 풍(風)성의 뒤를 이어 천자가 된 화덕(火德)의 왕이다. 염제는 처음으로 나무를 깎아 쟁기를 만들고 나무를 구부려서 자루를 만들어 농사짓는 법을 가르쳤다.

그리고 사제(蠟祭) ──12월에 여러 가지 동 · 식물을 모아 천신(天神)에게 바치고, 농경의 보고를 하는 제사 ──를 행했다.

또 붉은 채찍으로 풀과 나무를 쳐서 온갖 풀을 맛보아 처음으로 의약을 만들었다. 또 한낮을 기해 물건을 가지고 모여 시장을 열어서, 제각기 필요한 물건을 바꾸어 가는 것도 가르쳤다.

염제는 처음에 진(陳)에 도읍하고 있었는데, 후에 곡부(曲阜 : 산동성)로 옮겼다. 그 후에 제승 · 제림 · 제측 · 제백 · 제래 · 제양 · 제유가 차례로 자리를 이어받아, 강(姜)성의 천자가 8대 520년 동안 계승되었다.

황제 헌원씨(黃帝軒轅氏)

황제의 성은 공손(公孫)인데 희(姬)라고도 했으며 이름은 헌원이었다. 유웅씨(有熊氏)의 제후 소전(少典)의 아들이다. 그의 어머니가 북두칠성의 첫째 별 둘레를 커다란 번갯불이 돌아가고 있는 것을 보고, 이에 감응해서 임신해서 낳은 것이 황제였다고 한다.

염제 신농씨의 자손이 덕이 점점 쇠퇴해서 제후들이 서로 침략하고 공격하게 되었으므로, 황제는 창과 방패를 쓰는 방법을 익히어 조공하지 않는 제후를 정복했다. 그래서 제후는 모두 복종하게 되었다. 염제 유씨와 판천의 들에서 싸워서 이겼다. 그런데 치우(蚩尤)라는 자가 반란을 일으켰다. 치우는 구리쇠의 이마를 가진 사람으로서, 곧잘 큰 안개를 일으켰다. 헌원씨는 이에 맞서 지남거(指南車)를 만들어 대항하여 치우와 탁록(涿鹿)의 들에서 싸워 그를 사로잡았다.

헌원씨는 마침내 염제를 대신하여 천자가 되어 토덕(土德)의 왕이 되었다. 황제가 천자가 되었을 때, 오색 구름의 상서로운 징조가 나타났기 때문에 벼슬 이름에 운(雲)자를 붙였다. 청운사(靑雲師)·백운사(白雲師) 등이 그것이다.

황제는 또 배와 수레를 만들어서 전에 다니지 못하던 곳을 다니게 했다. 또 풍후(風后)라는 사람을 얻어 재상으로 삼고 역목(力牧)이라는 사람을 장군에 임명했다.

어느 날 황제는 꿈에 황하의 큰 물고기가 그림을 등에 지고 있는 것을 보고, 일월성진(日月星辰)의 형상을 알았다고 한다. 황제는 일·월·성·진을 자세히 관찰하여 성관(星官)의 역서(曆書)를 만들었다. 사대요(師大撓)가 두건(斗建)이라는 별을 보고 점을 쳐서 갑자(甲子)를 만들었다. (중략)

어느 날 황제가 낮잠을 자다가 화서(華胥)——신선이 사는 극락정토같은 곳——라고 하는 이상향에서 즐겁게 노는 꿈을 꾸었다. 이로부터 황제는 크게 깨닫는 바가 있었다. 그 후 천하는 잘 다스려져서 그 세상이 마치 꿈에서 본 화서와 같았다.

전설에 의하면 황제는 일찌기 구리를 캐서 솥을 만들었다. 솥이 다 되자 하늘에서 한 마리의 용이 긴 수염을 늘어뜨리고 황제를 맞이하러 왔다. 황제는 그 용을 타고 하늘로 올라갔다. 신하들과 후궁 등 70여 명이 뒤따랐다. 그러나 신분이 낮은 시하들은 용을 탈 수가 없어서 모두 수염에 매달렸다. 용은 하늘로 올라가고 수염은 빠졌다. 이때 황제는 가지고 있던 활을 떨어뜨려 모두 그 활을 끌어안고 울었다. 후세에 그곳을 정호(鼎湖)라고 하고, 그 활을 오호(烏號)라고 했다. 황제에게는 25명의 아들이 있었는데 그 중에서 제후가 되어 성(姓)을 지킨 자가 14명이었다.

이 세 분의 시대를 삼황(三皇)의 시대라 하여 전설 속에다 넣는데, 사람 몸뚱이에 소의 머리라든가, 뱀의 몸에 사람의 머리라는 기록은 족히 신화적 요소라 할 것이다.

황제도 본래는 넷의 얼굴을 가졌다고 전했으나, 공자가 교묘하게 "황제가 네 사람을 파견하여 천하를 분할 통치하였다"고 합리적인 해석을 내림으로써 황제의 신화는 역사 연대로 변하게 되었다.

또 역사 속에서 간혹 특별히 존경할 만한 인물이나 오래 기념하고 싶은 위인이 있을 때는, 그에게 용을 타는 재주가 있었다느니, 어깨 밑에 감추어 둔 날개가 있었느니 하는 식으로 말을 만들어 붙이면서 그 사람을 신격화하는데, 이것은 그 사람이 영원히 자기들 편 사람인 것을 기리는 민중의 기분에서 그리 되는 것이다.

사람 머리에 뱀의 몸이었다는 복희씨의 전설이 꼭 황탄한 이야기만은 아니다. 오히려 그 분의 별칭이 태호(太昊)라는 것, 중국 개벽기의 임금연대가 지나면서 그가 왕이 되었다는 것, 성이 풍(風)씨라는 것, 복희씨를 다른 말로는 포희씨(庖犧氏)라 해서 전하는 것, 용마가 그림을 지고 나왔다는 것이 무엇을 뜻하는가를 찾아내는 일이 중요한 일이다.

복희씨는 본래 이족(夷族)의 사람이었다. 고대인의 성(姓)은 천자가 덕망있는 인물을 제후로 세울 때, 그 선조의 출생지로써 그들 자손의 꼭지가 되도록 준 것이다. 그리고 씨(氏)는 봉(封)해 주는 국토의 명(名)으로써 하게 했다. 그러므로 복희씨의 성이 풍이라고 한 것은 그가 풍 땅의 사람임을 증명함이다. 풍 땅이 어딘가? 구이(九夷)의 하나에 풍이(風夷)라는 것이 있었다. 여기서 내친김에 구이의 강역을 한번 보아 두자. 앞으로도 이족(夷族)의 구획에 궁금증이 또 있을 것 같아서다.

『후한서(後漢書)』에 의하면, "동이(東夷)에 구종(九種)이 있으니 견이(畎夷)·우이(于夷)·황이(黃夷)·백이(白夷)·적이(赤夷)·현이(玄夷)·풍이(風夷)·양이(陽夷)라"했고, 우리 문헌의 민사(民史)에도 "오호츠크해 이남과 제주도 이북은 풍옥한 땅으로 구이(九夷)가 흩어 살며, 초의(草衣)·목식(木食)하고 하소(夏巢)·동혈(冬穴)했다"고 쓰고 있다.

다만 풍이(風夷)를 남이(藍夷)라 하고, 우이(于夷)를 간이(干夷)·우이(嵎夷)라 한 점이 다르나 이것도 문제삼을 것은 아니다. 그러면 이들이 각기 자리잡고 살던 곳은 어딘가?

「구이고(九夷考)」에 "황이(黃夷)는 대황원(大荒原)―아시아 대륙―에 살고, 백이(白夷)는 사막에 살고, 적이(赤夷)는 바닷가에 살고, 현이(玄夷)는 흑수(黑水)가에 살고, 풍이(風夷:藍夷)는 여러 섬에 살고, 우이(于夷)와 양이(陽夷)는 원산(原山)―백두산―의 동남에 살고, 견이(畎夷)·방이(方夷)는 원수(原水)―송화강―서북에 살았다고 설명하고 있다.

결국 현(玄)·황(黃)·적(赤)·백(白)하는 것은, 동·서·남·북의 구획정리에 의해서 붙여진 이름이다. 견(畎)이니 방(方)이니 하는 건 중앙이 아닌 모퉁이라는 뜻일 뿐이다. 과연 중국인다운 표현수법이다.

이것을 오늘 우리들 지식에 맞도록 재정리해 보면, 황이는 그 무렵 아시아 대륙의 중앙 터였던 송화강의 질펀한 들에 살던 부족이었고, 거기를 중심하여 대륙의 동북쪽 바닷가, 곧 사할린이 건너다 보이는 시호테 산맥 일대에 살던 종족을 적이, 다시 찰합이(察哈爾)와 열하(熱河) 부근의 사막에 발붙인 부족을 풍이[남이], 또 두만강·압록강 이남의 반도에 터 잡은 사람들을 양이, 그 동쪽, 그러니까 적이와 황이 중간의 합강(合江) 초원에 둥지를 튼 게 우이, 송화강 서쪽 황이와 백이 사이의 대흥안령 끝부분에 붙은 게 견이, 그리고 흥안령 동남기슭에 얹힌 것이 방이라고 되어 있다.

복희씨가 풍성(風姓)이었다는 것은 요동반도의 요령성(遼寧省) ─
랴오닝성 ─ 에 자리잡았던 풍이의 사람이었다는 뜻이다.

어떤 이들의 생각에 서로 뿌리가 다른 민족들이 어떻게 국경을 넘나
들면서 남의 나라 임금 노릇을 하며, 그쪽 백성이 바보 천치가 아닌 다음
에야 남의 민족의 사람을 임금으로 받들었을 리가 있겠느냐고 의아해 할
지 모른다. 그러나 민족이니 국경이니 하는 금을 긋고 스스로 불편을 만
드는 것은 오늘의 우리들이다. 그 시절로서는 그런 것이 하등 문제 거리
가 아니었고, 사람이 어떻게 하면 천지간에 바로 서서 우주의 질서를 깨
뜨리지 않느냐, 어떻게 해서 천지신명과 조화를 이룰 수가 있느냐만이 문
제였다.

임금질이야 누가 하든 상관이 없었고, 옳은 도덕 옳은 질서로써 백
성을 편케만 하면 그만이었다. 그러므로 복희씨가 중국의 임금 노릇을 해
주었다는 것이 의심될 것은 없으며, 오히려 훨씬 뒷세상에서까지 중국인
들은 우리 쪽 사람을 모셔다가 임금자리에 앉힌 사례가 많았던 것이다.

각설하고, 복희씨를 또 포희씨(庖犧氏)라고도 부른 이유는 본문에
나와 있는 대로 천지신명과 조상신에게 제사 지내는 희생제물을 다룰 줄
알았다는 뜻에서다. 포(庖)는 부뚜막의 칼도마를 말하는 글자이고 희(犧)
는 거기에서 잡은 희생짐승의 의미다.

산꼭대기에다 단을 쌓고 일(日) · 월(月) · 성(星) · 진(辰)의 천지신명
과 산신이 되어 가신 조상신에게 제사를 드리던 이족(夷族)의 문화가 그
당시로서는 중국을 앞질러 있었을 것은 사실이다. 그런 선진문화로 백성
을 가르친 임금이기에, 태호(太昊), 곧 혼붉임금이란 글자를 골라 썼을 것
이다.(太는 혼, 昊는 붉의 뜻)

그 무렵은 중국 사람들도 혼돈의 잠에서 깨어나, 바야흐로 문명살림

을 생각하게 쯤 의식적으로 자란 시절이 아니었을까? 복희씨는 아마도 그런 역사적 요구에서 중국에 들어갔으리라.

용마가 그림을 지고 나왔다는 것은 역(易)의 괘도를 말하는 것인데, 우주의 변역과 인간사회의 길흉화복을 점복으로 풀어내는 비법을 다스릴 줄 알았기 때문이었다. 그 후 하우씨(夏禹氏)가 홍수를 다스릴 때, 거북이 물에서 서(書)를 짊어지고 나왔다는 말과 한 켤레를 이루어 후세에 하도락서(河圖洛書)라고 전한다. 뒷날 문왕(文王)에 의해 완성되는 주역(周易)의 모태가 되는 부분이다.

복희씨 끝에 여와씨를 쓴 것은 같은 풍성(風姓)을 가져서 한 집안으로 보았기 때문일 것이다. 전해지기에는 부부라고도 하고, 혹은 누이란 말도 있다.

신농씨가 '강(姜)' 성(姓)인 것은 강수(姜水)라는 강가에서 났기 때문이다. 복희씨를 목덕(木德)의 왕이라 하고, 신농씨를 화덕(火德)의 왕이라 하여 다음에 쓰며, 헌원씨를 토덕(土德)의 왕이라고 한 것 등은 오행(五行)의 생성원리를 드러낸 것인데, 이로써 보면 이 신화에는 유교의 합리적 숨결이 적지아니 들었음이 간파된다.

사제(蜡祭)라는 제사를 특기한 것은 그 제사방법이나 내용이 그럴 만해서인 것이다. 고대인에게 있어서 제사는 밥 먹고 차 마시는 것만큼이나 흔하고 보편적인 것이지만, 그 제사는 막연한 천지신명의 개념에서 혼울님이라고 하는 확실한 고유개념으로 옮겨지면서 비롯된 것이기 때문이다.

혼울님은 한 울타리의 님, 곧 천지를 만든 조화주로서의 님이다. 혼붉산 둘레의 이족(夷族)들이 환웅이다, 또 무어다 복잡한 이름을 나름나름으로 걸 때에 그들은 혼울님이라는 이름을 붙였을 것이다.

신농씨의 사제는 그 후로 하(夏)에서 가평(嘉平)이라 했고, 은(殷)에서는 청사(淸祀), 주(周)에서는 대사(大蜡), 진(秦)에서는 납(臘) 또는 가

평(嘉平)이라는 이름으로 맥을 잇는다.

또 신농씨가 나무를 구부려서 농경기구를 만들어 냈다든가, 온갖 풀을 맛보아서 의약을 만들었다는 것도 어딘가 산(山)사람의 창조성, 그런 예지의 냄새를 느끼게 한다.

헌원씨에 들어오면 갑자기 문화가 일어나는 것이 보인다. 배와 수레를 만들어서 교통의 문명을 열고, 방패와 창을 만들어 내어 치우와 전쟁을 하고, 또 솥을 만들었다 한다. 그 시절의 솥은 밥을 짓는 도구가 아니라 하늘에 제사를 지낼 때 쓰는 제기였다. 그것이 처음 나온 것이다.

화서라는 이상향에서 즐겁게 노는 꿈을 꾸고는, 그 후로 천하가 잘 다스려져서 꿈에 본 화서를 이룩했다 한 것도 꿈 이야기만은 아니다.

문헌으로 전하는 중국 역사는 황제로부터 시작을 삼는 것이 통념이다. 그런데 신화의 이끼가 두껍게 덮혀 있는 그 인물의 실존을 우리는 어떤 태도로써 이해하고 받아들여야 될까?

황제는 토덕(土德)의 왕이다. 오행의 방위에 있어서 토(土)는 중앙에 해당하고, 오색의 빛깔로는 누런 것에 해당한다. 어떤 문헌의 주(註)에는 누런 것은 황하의 물빛이며 천자의 옷의 빛깔이니 위대한 천자를 표현하여 황제라고 했다고 한다.

또 어떤 문헌에는 그가 젊은 날, 동으로 호붉산 쪽으로 나오다 마침 자부선인(紫府仙人)이라는 도고(道高)한 신선을 만나 그에게서 신선술을 배우고 돌아갈 때는 삼황내문(三皇內文)을 가져갔다고 되어 있다.

치우는 그때의 동창 벗이었다고 한다. 이마가 구리처럼 단단하고 큰 안개를 불러일으킬 줄 아는 이였는데, 황제가 중국에 돌아가서 신농씨 자손의 자리를 뺏는 것을 보고, 옳지 못한 일이라 하여 싸움을 걸었다가 탁록의 들에서 사로잡혔다고 했다.

또 일설에는 당시 지나가 조선의 서남에 있어 남부 대가(大加) ─ 조선 오부(五部)기구 중의 하나 —— 의 관할을 받는 식민지로서 한족(漢族)과 묘족(苗族)이 한 덩어리로 살더니, 헌원씨가 지나족 출신으로 조선인의 힘을 빌어 묘족을 누르고 독립할 터를 마련했기로 뒷 사람들이 공로를 치하해서 조선 오부장관(五部長官)의 칭호를 붙여 황제라 한 것이요, 제곡(帝嚳)과 제요(帝堯)와 제순(帝舜) 등의 제(帝)가 조선의 장관급에 해당함에, 조선의 일개 소민(小民)이었던 순(舜)이 제위(帝位)에 앉았었다 한다.

내막의 진위를 알 수는 없으나, 그 당시의 판도로 보아서는 그럼직도 한 일이요, 진(晉)의 도가(道家) 갈홍(葛洪)이 지은 『포박자(抱朴子)』란 책에도 "지나 신선의 비조인 황제는 백두산에서 신선을 만나 배우고, 삼황내문(三皇內文)을 가져왔다"고 한 것을 보면, 그가 이족(夷族)에게서 신선술을 배워 갔다는 것은 사실일 뿐더러 치우와 얽힌 동문수학의 설도 거짓말만은 아닐 것이다. 화서의 꿈을 꾸고 화서를 이룩했다는 소리나, 용을 타고 승천했다는 데서는 더욱 그러한 심증이 굳어진다.

소호 금천씨(少昊金天氏)

소호 금천씨와 전욱 고양씨, 제곡 고신씨는 제요와 제순을 합쳐 오제(五帝)라고 불린다. 그러나 전욱 고양씨가 종교와 역서를 만들었다는 외에는 이렇다하게 전하는 것이 없다. 그래서 세 분을 한 자리에 묶고 요와 순을 따로 나눈다.

소호 금천씨는 이름이 현효(玄嚚)인데, 황제의 아들이다. 일명 청양(靑陽)이라고도 했다. 임금의 위에 오르자 마침 봉황이 춤을 추며 날아왔다. 그래서 관직 이름에 새 이름을 붙였다.

전욱 고양씨(顓頊高陽氏)는 창의(昌意)의 아들이며 황제(黃帝)의 손자였다. 소호씨의 뒤를 이어 즉위했는데, 소호의 정치가 쇠퇴하면서부터 여씨

(黎氏)를 일컫는 아홉 사람의 제후도 덕을 잃고 도를 어지럽혔으므로, 백성과 신이 섞여 살아서 쉽사리 이것을 구별할 수 없었다.

전욱씨는 이와 같은 난세를 이어받았으므로, 남정(南正)의 관직에 있는 중(重)이라는 사람에게 명해서 하늘에 관한 일을 관리케 하여, 그에게 모든 종교행사를 맡겼다. 또 화정(火正)의 관직에 있는 여(黎)라는 사람에게 지상에 관한 일을 관리시켜 그에게 모든 민정을 맡겼다. 그래서 백성과 신이 서로 범하는 일이 벗고 욕되게 하는 일이 없게 되었다. 또 역서(曆書)를 만들어 맹춘(孟春) — 봄의 첫 달 — 으로, 원(元) — 해의 첫 달이라는 뜻으로 정월을 말함 — 을 삼았다.

제곡 고신씨(帝嚳高辛氏)는 현효의 아들(?, 손자라고 해야 할 듯)로서 황제의 증손이다. 나면서부터 신성(神性)을 갖추고 있어, 갓난아이 때부터 자기의 이름을 스스로 말할 수 있었다. 전욱의 뒤를 이어 즉위하고 박(毫)에 도읍했다.

소호의 정치가 쇠퇴해지자 제후들이 덕을 잃고 도를 어지럽히므로, 백성과 신이 섞여 살아서 쉽게 구분할 수가 없었다는 것은 저으기 의심스런 말이다. 신인지 사람인지를 쉽게 구분할 수가 없었다면, 이 신들은 결국 어떤 특별한 풍속이나 제사의식을 가지고 흘러 온 타고장 사람들이 아니었을까?

전욱씨가 그 풍토의 대를 이으면서 한 관리에게 하늘의 일을 관리케 하여 모든 종교행사를 맡기고, 또 한 사람에게 지상의 일을 관리시켜 민정을 맡김으로 백성과 신이 섞이는 일이 없었다는 것은, 더욱 그들이 특별한 종교를 가진 사람들이었을 것으로 느껴진다.

그 특별한 종교는 자주 하늘의 신과 하늘 소식을 말하는 것이었을 것이다. 그것이 종교적 풍습이 전 생활을 지배하던 시절로서는 백성과 신들의 일로 적힐 만하며, 하늘 신을 섬기는 그들 때문에 바야흐로 땅에 뿌리를 내리기 시작한 원주민들의 생활이 어지러웠을 것이다. 그들 사회의 지배계급들도 어찌해야 좋을지 갈팡질팡했을 것이며, 그래서 하늘 신을 섬기는 사람들과 땅에 속한 백성을 나누어 풍속이 섞이지 않게 했었을 것이다.

이 하늘 신은 삼황임금들의 종교 배경으로 보아서 이족(夷族)의 신일 것은 의심이 없다. 그렇다면 미끈하게 잘 나오던 종교행사가 왜 갑자기 불편해지기 시작했을까?

생각하건대 그들 원주민이라고 해서 하늘 신을 섬기지 않은 것은 아니다. 그 시절에 신을 섬기지 않는 백성이란 어차피 없었기 때문이다. 그러나 그들 원주민은 수만 년 이래 익혀 온 버릇이 다르다. 그 땅에서 태어나 그 땅에서만 붙박이살림을 해 온 탓에, 하늘이 두려워 섬기기는 하면서도 한편으로는 제 땅에 뿌리박으려는 토착성이 서서히 꿈틀거린다.

그래서 하늘을 섬기는 종교와, 백성의 경제살림을 주관하는 정치의 민정(民政)을 나누어서 맡겼을 것이다. 이 하늘의 신과 분리되는 전욱 고양씨 때의 기억은 중국에서 유교가 태어나는 장차의 역사에서 중요한 의의를 갖는다.

여기까지를 대개 선사시대로 잡는다. 본래 삼황오제라고 하여 삼황(三皇)과 오제(五帝)는 따로 말하지만, 역사의 입장에서 볼 때는 여기까지를 대개 어둠의 시대, 아직 인문의 먼동이 트기 전의 선사시대로 보기 때문이다.

03
상고시대

　어느 역사에서나 상고시대라는 한계는 확실한 금을 긋기가 어려운 법이지만 중국 역사도 예외가 아니다. 그러나 대개 문헌이 있는 한도에서 가장 오래된 것이므로 요(堯)임금부터를 상고로 치는 것이 보통이다. 그 래서 제요(帝堯)와 제순(帝舜)의 시대를 상고에 넣어 볼 생각이다.

제요 도당씨(帝堯陶唐氏)

　제요 도당씨는 성(姓)은 이기(伊祁), 일설에는 이름을 방훈(放勳)이라고 도 한다. 제곡의 아들이다. 그는 어질기가 하늘과 같고 지혜가 신과 같아, 사람들이 가까이 접해 보면 그의 성품이 인자하기가 마치 태양을 우러러 봄과 같았다.

　또 사람들이 그를 멀리서 우러러 바라볼 때는 크고 넓어 모든 사람을 덮 기를 마치 구름과 같았다. 그는 평양부(平陽府) —산서성— 에 도읍 했 다. 궁전의 지붕은 띠로 덮었고, 그 끝은 가지런히 자르지도 않았으며, 궁정의 층계는 흙으로 만들었는데 모두 세 층이었다. 그 궁전 뜰에 한 포기 이상한 풀이 났다. 보름까지는 날마다 잎이 하나씩 나고 보름 후부터는 잎이 하나씩 떨어지는데, 작은 달(29일의 달)에는 떨어지지 않고 그대로 말라 버렸다. 그래서 이 풀을 명협(蓂莢)이라고 이름짓고, 이것을 보고 순(旬)·삭(朔)을 알았다.

요임금은 천하를 다스리기 60년에 이르렀는데, 이 동안 실제로 천하가 잘 다스려지고 있는지 그렇지 않은지, 모든 백성이 자기를 천자로 모시는 것을 기뻐하고 있는지 기뻐하지 않는지를 몰랐다. 그래서 측근자에게 물어보았지만, 모두 모른다고 했다. 다시 조정의 여러 신하들에게 물었으나 역시 잘 모른다고 했다.

그래서 요임금은 평복을 입고, 번화한 거리에 나가서 동요를 들었다.

아이들은 다음과 같이 노래하고 있었다.

"우리 만민이 나아감은 임의 지극하심 아님이 없어, 아는 듯 모르는 듯 임의 길을 따르네."

또 한 늙은이가 무엇인가 씹으면서 배를 두드리고 땅을 굴러 박자를 맞추어 노래하고 있었다.

"해 뜨면 일하고 해 지면 잠자네. 우물 파서 물 마시고 밭 갈아 밥 먹는다. 임금의 힘 따위 무슨 소용 있으리."

어느 날 요임금이 화산(華山)에서 놀 때의 일이다. 화의 국경을 지키는 관원이 말했다.

"우리 성천자(聖天子)께 축복을 드립니다. 원컨대 우리 임금 만수무강하시고, 부귀영화를 누리시고, 아드님도 많이 두십시오."

요임금이 관원에게 말했다.

"그건 원치 않는다. 아들이 많으면 걱정이 많고, 부귀하면 귀찮은 일이 많고, 오래 살면 욕되는 것이 많다."

"하늘은 만민을 낳고, 반드시 각기 일을 줍니다. 그러므로 아드님을 많이 낳으셔도 각각 일을 주면 무엇이 걱정이겠습니까? 또 재물이 쌓일 때에는 여러 사람에게 나누어주시면 무슨 귀찮은 일이 있겠습니까? 천하에 도가 고루 펴져 행해지고 있으면 만물과 함께 번영하고, 도가 행해지지 않으면 혼자 덕을 닦아 편안히 있어 천 년을 사시다가 이 세상이 싫어지면 버리고 하늘로 올라가시어 저 흰구름을 타고 한울님께로 가신다면, 무슨 욕되는 일이 있겠습니까?'

요임금이 천자의 위에 오르고서 70년 동안에 9년을 계속하여 큰 홍수가 있었다. 그래서 곤(鯀)이라는 사람에게 명하여 물을 다스리게 했는데, 곤은 9년이나 되어도 아무런 성과를 거두지 못했다.

요임금은 이미 늙어서 정치에 싫증이 났다. 이때 사악(四嶽 : 사방의 큰 산의 제사를 맡아 그 지방을 다스리는 관원)이 순(舜)을 추천했다. 그래서 요임금은 순에게 천하의 정사를 맡겼다. 요임금의 아들 단주(丹朱)는 못난 아이였다. 그래서 요임금은 하늘에 순을 제위에 오르게 할 것을 고하고 순을 추천했다. 요임금이 죽고 순이 즉위했다.

중국의 정통 역사서적은 『상서(尙書)』──『서경(書經)』이라고도 한다──이고, 이 『상서』에 첫 번째로 기록되는 임금이 요임금이다.

그런데 요임금은 실존했던 인물이 아니라 창작된 인물이라는 설이 항간의 식자들 사이에 오간다. 중국 청조의 학자들이 전해 오는 자기네 고전을 면밀하게 검토하고 비판을 가하던 당시, 요임금은 전한(前漢)때 유교의 권위를 세우기 위한 학자들의 작위인물이라는 말을 했기 때문이다.

그들은 황제(黃帝)에게도 같은 구설수를 뿌렸다. 도교가 일어나던 후한시대에 조작된 인물이라는 것이다. 이런 사실을 둘러싸고 꽤 말들이 많다. 모르는 채로 아마 그랬는지도 모른다. 그러나 실존의 유무에 앞서, 그들은 중국 역사에 엄연히 전승되고 있고, 또 중국인과 그들 대륙의 숨결을 이해하는 데 없어서는 안될 인물들인 것이다.

『상서』의 최초 편찬자인 공자도 3,240편의 서(書)를 자료로 모을 때 이것만은 빠뜨리지 않았는데, 설사 그가 제 필요에서 꽂아 넣었다 하더라도 오늘의 중국인들의 맥박 속에 요임금이 생생이 숨쉬며 살아 있는 한 그는 함부로 지나칠 수 없는 인물인 것이다. 적어도 역사는 그렇게 이해되어지는 것이 아닐까?

요임금에게서 느껴지는 것은 인문의 냄새다. 지금까지 신화의 골짜기에서 어물쩡거리다가 갑자기 문명의 도시로 들어선 듯한 느낌이 든다. 하늘백성, 신들, 제사, 구름 위의 소식 따위로 추상적 분위기에서 떠돌다 비로소 대지에 발을 딛고 확실하게 내려섰다는 기분이다. 그러나 아직 지평선 끝에 내려선 것이므로 여기구나 싶을 뿐이지 문제와 궁금증은 남아 있다.

궁전의 지붕은 띠풀로 덮었고, 오르고 내리는 섬돌은 세 층의 흙계단이다. 그것이 임금 사는 궁전이라면 소꿉장난이 아닐까? 날마다 한 잎씩 났다가 지더라는 명협이란 풀도 거기에나 알맞는 동화다.

실제 요임금은 그런 동화 속에서 소꿉장난질같은 임금이었다. 60년이나 나라를 다스리고도 백성들이 자기를 어떻게 생각하는지를 몰라 가만히 평복으로 갈아입고 골목과 들로 다니며 백성 속에서 자기에 대한 논평을 들어야 할 정도였다. 늙은이가 무엇을 씹으며 배를 두드리고 노래 부르더라 했지만, 그 광경의 전말을 상상해 보면 밭두렁에서 들점심이라도 먹고 있는 늙은 농부를 보고 슬쩍 "당신, 우리나라 임금이 누군지 아시오?" 했음직하다. 늙은 농부의 대꾸는 만고에 걸어 두고 싶은 유명한 격양가이다. "해 뜨면 나오고 해 지면 들어가고, 내 손으로 우물 파서 물 마시고 내 땅 갈아 밥 먹는데, 임금이고 뭐고 무슨 소용이냐"는 것이다. 임금의 덕이 백성 속에서 차고 넘쳐서, 백성은 오히려 임금의 은혜를 느끼지 못하게까지 된 것이다.

소꿉놀이의 임금은 속으로 흡족하고 감사했을 것이다. 자기가 자기 있는 줄을 모를 만큼 해 놓은 정치……. 그것은 띠풀로 이엉을 해 인, 세 층계의 흙 섬돌 궁전에서 백성을 위하고 가르치자는 일념만으로 지새운 60년의 일편단심같은 거였다. 그러나 국경의 관원과 주고받는 대화를 보면 변방 요새의 일개 수비병 따위의 이야기가 정도 이상으로 도고하고 고상하다는 생각이 든다.

그렇게 되면 임금 혼자만이 덕 높은 수행자였을 것이 아니라 국민 전체가 그런 수행의 태도로 살았을 것이 당장 느껴진다. 실제로 요임금 때에는 산 속의 선비나 처사들로 요임금 이상의 인물들이 흔해 있었다. 그것은 그때까지의 시대가 오로지 제사와 종교의 시대였다는 이유에서일 것이다. 인생의 의미와 목적을 보다 큰 것, 무한하고 영원한 것에 두던 때의 사람들이었으므로 이 세상 삶을 소꿉장난 정도로 여길 만한 도덕 정신이 서 있었기 때문이었다.

임금이 자기의 정치 공로를 궁금히 여겨 측근의 신하들에게 물어도 모두 모르겠다는 어리숙한 대답이나 할 정도로 무디고 착한 시대였던 것이다. 요임금의 인문시대는 일단 그것을 짚으면서 넘어가야 한다.

제순 유우씨(帝舜有虞氏)

제순 유우씨의 성은 요(姚)라 하고 또 다른 이름은 중화(重華)라고 했다. 고수(瞽瞍)의 아들이요 전욱의 6대 손이다.

아버지 고수는 후처에게 빠져서 그에게서 낳은 아들 상(象)을 사랑하여 순(舜)을 죽이려고 했다. 그런데 순은 부모에게는 효도하고 아우를 사랑하여 화목하기를 힘썼으므로, 부모와 아우는 차차 선도되어 간악한 길에 빠지지 않았다.

순이 역산(歷山) ─ 산서성 ─ 에서 농사짓고 있으니까, 그 지방의 백성은 다 순의 높은 덕에 감화되어 서로 밭두둑을 양보할 만큼 겸양해졌다. 또

뇌택(雷澤) ──산동성── 에서 고기잡이를 하고 있을 때는 그 지방 사람들은 낚시터를 서로 사양하여, 한 사람이 좋은 자리를 독차지하는 일이 없게 되었다. 또 황하 부근에서 그릇을 굽고 있을 때에도 순에게 감화되어 나쁜 물건을 만들어 내지 않게 되었다.

이리하여 순이 살고 있는 곳에는 그의 덕을 사모하여 사람들이 모여들어, 일년이 되면 마을을 이루고, 이년이 지나면 읍이 되고, 삼년이 지나면 도시가 되었다.

요임금은 이와 같은 순의 훌륭한 덕망을 듣고, 그를 밭고랑에서 뽑아 올려 크게 쓰고, 자기의 두 딸을 순에게 시집 보냈다. 딸의 이름은 아황(娥黃)과 여영(女英)이라고 했는데, 순이 살고 있는 위수(嬀水)의 강가에서 결혼식을 올리게 했다.

순은 이렇게 해서 마침내 요임금의 재상이 되고 섭정을 하게 되었다. 그리하여 간신 환도를 쫓아 버리고 공공(共工 : 물을 다스리는 벼슬)을 귀양 보내고 곤(鯀)을 가두고 삼묘(三苗) ──지금의 호남성(湖南省) 일대에 있는 묘족의 나라── 의 제후들을 멀리 추방했다. 그리고 재주와 지혜가 뛰어난 팔원팔개(八元八愷 : 여덟 사람의 선량한 신하)를 등용하고, 아홉 사람 ── 우(禹) · 계(契) · 후직(後稷) · 백이(伯夷) · 용(龍) 등 구관(九官)의 관리 ── 에게 중요한 임무를 나누어 맡기고, 12목(牧 : 인민을 가르치는 관원, 고을의 장관)을 자문기관으로 삼아서 정사를 의논했다. 그래서 천하는 잘 다스려지고, 모두 순임금의 공덕을 기뻐했다.

순임금은 오현의 거문고를 타서 남풍(南風)의 시(詩)를 노래하였다. 그 시는 이러하다.

"훈훈한 남풍, 백성의 성냄을 풀고, 때맞게 부는 남풍, 만물을 기르니, 우리 백성 재물 넉넉하네."

이때 왕의 덕을 치하하는 경성(景星)이 나타나고, 왕의 따뜻함이 산 위에까지 이름을 표시한 경운(卿雲)이 피어올랐다. 백관은 이것을 보고 순임금의 남풍시에 화답해서 노래를 불렀다.

"찬란한 경운이여, 조정의 의식이 아름답다. 해와 달이 빛나고 영원히 빛나리."

순임금의 아들 상균(商均)은 못나서, 순은 우(禹)에게 천자의 지위를 잇게 하려고 하늘에 고했다. 순임금은 그 후 남쪽나라를 순행하고, 창오(蒼悟)의 들에서 병들어 죽었다. 그리고 우(禹)가 즉위했다.

순(舜)을 유우(有虞)라고 한 것은 그의 조상이 우(虞)라는 곳에서 살았기 때문이다. 유(有)자는 뜻이 없다. 우(虞)는 우(于)다. 그것은 순이 우이(于夷)의 사람이었음을 나타낸다. 맹자도 "순은 제풍인야(諸馮人也)라, 이(夷) 땅에서 살다가 이족의 옷을 입고 중원에 왔다"고 했다.

그는 하늘이 알아줄 만한 효자였다. 아버지의 이름은 전해지지 않고 고수(瞽瞍)라고만 했으니 이름이 아니라 치욕스런 욕명이다. 그는 새로 얻은 후처와 거기서 낳은 상이란 아들과 셋이 짜고 순을 죽일 궁리만 했다. 그러나 순은 원망하지 않았다. 들에 나가 일을 할 적에는 하늘을 향해 흐느끼고 울었다. 원망해서가 아니라, 부모와 아우의 사나운 것은 자기의 섬기는 도리가 어딘가 부족하기 때문이라고 생각해서였고, 자기가 사람의 도리를 다하여 부모님과 아우의 마음이 어서 순해지게 해 달라는 기원에서였다.

그래서 밭을 갈면 코끼리가 와서 돕고, 김을 매면 까마귀떼가 도왔다. 요는 그 소리를 듣고, 자녀 9남과 2녀에게 많은 역원과 우양(牛羊), 그리고 창름(倉廩)을 갖추어 가지고 순을 농막에서 섬기도록 했다. 천하의 선비들이 그에게로 돌아가는 자가 많으므로, 요임금은 천하의 대세를 살펴보고서 그에게로 위(位)를 옮겨 주려고 마음먹기에 이르렀다.

그러나 그는 부모의 기쁨을 사지 못하였기 때문에, 마치 궁한 사람이 의지할 곳이 없어 하는 것과 같이 할 뿐이었다. 요는 '이만하면 되었다' 생각하고 마침내 두 딸과 함께 천하를 주어 맡겼다.

그러나 부모의 마음은 아직 변하지 않았다. 어느 날은 순에게 창고의 지붕을 손질하게 하고서는, 사다리를 치우고 창고에 불을 질러 버렸다. 그럴 줄을 짐작한 순은 미리 준비해 두었던 삿갓을 겨드랑이에 끼고 뛰어내렸기 때문에 신명(身命)을 보존할 수가 있었다.

또 하루는 우물을 파게 하고서는, 나오려고 하는데 그대로 묻어 버렸다. 상은 "형을 묻어 버리기로 꾀한 것은 다 내 공적이다. 우양과 곡식창고는 다 부모에게 주고, 방패와 창, 거문고와 활을 내가 갖고 두 형수는 내 잠자리를 돌보게 하련다" 했다.

그런데 상이 순의 집에 가보니, 순은 전과 같이 평상에서 거문고를 타고 있었으므로 의외의 놀라움에 얼른 "형님 생각이 간절해서 왔습니다"하고 부끄러워하자, 순은 "마침 잘 왔네. 너 나를 위해 이 백관들을 좀 다스려 다오"하고 손을 잡는 정도였다. 자기를 죽이려고 한다는 것을 잘 알지만, 양심에 찔린 아우가 경애하는 도리로 둘러대니 순은 정말 믿고서 기뻐한 것이다. 이런 순의 대효(大孝)는 마침내 고수의 마음을 녹여 기쁘게 하고야 만다.

무슨 꿈같은 아득한 이야기지만, 기록으로 전하는 순은 틀림없이 그런 사람이었다. 또 사람들이 아직은 착하고 순박하던 시절이었으므로, 순 같은 사람이 난다는 것이 오늘처럼 어려운 것도 아니다.

순을 그저 평범한 사람으로 평범한 짓을 했을 뿐이다. 그의 생각 속에는 무슨 천하니 인민이니 하는 것이 들어 있지도 않았다. 그저 사람의 아들로서 어버이 마음을 기쁘게 못하는 것만이 근심이고 걱정이었다.

그에게는 자기를 위한다는 생각이나 이웃을 행복하게 해준다는 따위의 생각은 애시당초에 있지를 않았고, 그런 생각이 끼어 들 겨를도 없었다. 역산(歷山)에서 밭을 갈고, 하빈(河濱)에서 질그릇을 굽고, 뇌택(雷

澤)에서는 고기잡이를 하였다는 것부터가 그는 농부였다가, 장인(匠人)이었다가, 장사꾼이었다는 것을 보여주는 이야기일 뿐이다. 어디까지나 평범한 상민이었지, 위대한 꿈을 키운 영웅이 아니다. 그저 스스로 부끄럽지 않은 한몫의 사람이 되는 것만이 소원이었다.

그러나 순의 이런 평범한 생각과 행동거지는 중국 역사 이래 인간으로서 가장 빛나는 귀감이었고, 후세의 성인이라는 공자·맹자가 유교의 이상목표인 덕치주의를 주장할 때마다 내거는 표본인물이었다.

우리는 여기서 앞당겨 생각할 것이 있다. 무엇이 그들로 하여금 순을 그토록 사모하게 했느냐. 그것이 단순한 효자 이야기만은 아닐 것이다. 효도에 관한 것이라면, 중국 천하에 순 이전에도 이후에도 말[斗]로 되고 섬으로 묶어 낼 만큼의 효자 이야기가 있다. 그러나 그들을 착하다고는 했을지언정 순임금에게처럼 성인(聖人)의 칭호가 주어진 일은 없다.

순은 제 한 몸의 효도로써 천하 다스리는 근본을 삼았다는 데에 그의 위대한 점이 있다. 그러나 효도를 하겠다는 것이 자식된 도리라는 정도의 작은 생각만이 아니라 우주도덕과 천지이치에 결합되어서 사는 것이 옳은 삶이라는 생각이 먼저 있었던 것이다.

단순히 부모만을 위한 효도였다면, 부모가 창고에 불을 지를 때 타죽어 주는 것이 부모 마음을 기쁘게 하는 일이었을 것이다. 그것이 어떤 식의 효도가 될지도 모른다. 그러나 순은 부모가 자식을 죽이는 것, 또 자식이 부모 앞에서 죽는 것이 생명의 질서상 있을 수 없다고 생각되어서 구차하게 삿갓을 끼고 뛰어내렸던 것이다.

순같은 이는 그의 부모가 사납고 미련하지만 않았더라면 전혀 세상 표면에 나타나지 않을 사람이었다. 그저 조용히 농사를 짓다가 말았거나, 고기잡이를 해서 생기는 것으로 그날 그날 살다가 때가 되면 구름 한 자락이 걷히듯 그렇게 무심하게 가 버릴 위인이었다. 번거롭게 세상의 명리를 탐해 심신을 들볶을 일도 없었을 것이고, 쓸데없는 욕심을 부려 수고하는 일도 없었을 것이다. 그는 하늘이 자기에게 부여한 것만큼의 성품을 받아 기르다가 돌려줄 때가 되면 온전하게 돌려주자는 생각이었다. 그러니 인간사에 생각이 있을 리 없고 싫고 좋고 따위에서 초월하여 스스로 한가한 사람이었다.

그에게 일이 있다면, 오로지 자기 속에 옹그는 마음자리 하나 다치지 않는 수행을 붙잡은 것 뿐이다. 그런데 불행하게도 소경이니 장님이니 소리를 듣는 엉터리 부모를 만났기 때문에 사람의 눈에 띄게 되었고, 결국 요에게까지 발탁된 것이다.

그러나 한편 생각해 보면, 그때의 중국 역사는 필연 순임금같은 인물이 정치를 맡아야 했고, 그 정치의 바탕은 효이어야 되는 조건이 명령처럼 주어지던 시기였다.

중국 민족은 원래 실질적인 민족이고, 현실적인 민족이다. 그것은 그들이 본래 그렇게 타고나서인데, 요임금 이전까지의 역사는 대개 이족(夷族)의 문화권에서 그들의 제사 지내는 것이나 배워들이고 귀신이나 명산대천에 빌면서 매달리는 신권 중심의 역사였지만, 전욱 고양씨 때 다시 땅으로 돌아가려는 어쩔 수 없는 충동을 느낀 후로는, 이족(夷族)의 제사에서 막연한 회의를 느끼면서 저들 본래의 감수성이 발동된다.

요임금은 그런 때에 나와서 인문을 세웠으나 겨우 터를 잡은 것에 지나지 않았다. 그 터를 더 확실하게 다지고 주춧돌을 놓기 위해서는, 거기에 맞는 그럴 만한 위인이 또 있어야 했다. 거기에 맞아떨어진 사람이 순이다. 그것은 그의 효 때문이었다.

하늘을 쳐다보며 살던 민족이 땅을 쳐다보기 위해서는 이제까지의 관심사가 아닌 새로운 어떤 것이 나와야 할 것은 당연하다. 그 새로운 것은 이제까지 관심해 왔던 것 이상으로 강력한 힘을 가지고 있어서 대지

위에다 영원한 뿌리를 박는 것이어야 할 것이다. 그런데 순이 그것을 보여 준 것이다.

효는 이상의 것이 아니라 현실의 것이다. 하늘의 것이 아니라 땅의 것이고, 막연한 천지신명일 것이 아니라 직접 내 조상 내 핏줄을 챙기는 것이다. 보이지 않는 귀신이 아니라 나와 함께 살아 있는 부모에 대해서다. 그러면서도 그것은 동시적이다. 가장 가까우면서도 멀게 닿아 있고, 작은 것 같은데 큰 것이다. 현실이면서 이상이 들어 있고 개체의 것인 줄 알았는데 전체의 것이다.

이것은 부족국가 규모에 불과한 그 당시의 중국 민족에 있어서 비상하게 환영할 만한 것이었다. 더구나 순은 그의 완벽한 행동규범으로써, 그것이 얼마나 위대한 도덕이라는 것을 실증시켜 주었다.

당연한 일이지만 순의 효에는 끝까지 만족이란 게 없었다. 온 천하 사람들이 크게 기뻐하여 자기에게로 돌아오려고 하는데도, 이것을 보기를 마치 초개같이 하고 있었다. 이것은 순의 마음이 천하인심에 있는 것이 아니라, 자기 속의 닿지 못하는 한 점 아쉬운 데에 있었기 때문이다.

천하의 선비가 자기를 보고 기뻐했지만 그는 기뻐할 줄을 몰랐고, 요임금의 두 딸을 아내로 맞았으나 근심은 여전했다. 부(富)를 말한다면 이미 천하가 그의 것이요, 귀하기로 말한대도 임금의 신분이지만 얼굴을 펴지 못했다. 그의 관심사는 오로지 부모의 기쁨을 사는 것이었다.

그러나 부모의 기쁨을 산 뒤에도 그는 여전히 근심이 있었을 것이다. 이번에는 그의 아버지가 세상으로부터 고수라는 치욕스런 이름을 듣는 것에 마음이 걸리지 않았을까? 아버지의 마음을 사서 기쁘게 했다고는 하지만, 진정한 효도라면 아버지에게 붙어다니는 그 욕된 오명을 벗겨 드려야 할 것이다. 적어도 거기까지는 자기의 할 바다. 그러나 황하의 강물을 막아서기보다도 천하 사람들의 입을 그의 외짝손으로 막기는 어려웠을 것이다. 그것은 천하의 대효(大孝), 대순(大舜)으로서도 어째 볼 수 없는 민중의 신화이기 때문이다.

그렇다고 마음에서 그것을 체념해 버릴 순이 아니다. 그러므로 불가피하게 준비된 이 아쉬운 한 점은 순이 죽는 날까지 닿지 못하고 만 당위였던 것이다. 대효자(大孝子) 순으로서도 닿을 수가 없었던 효의 그 한 점은, 사실은 훗날의 지나 역사를 위해 지나인의 기질이 만들어 낸 북극성 같은 한 점이다. 신화시대같으면 귀신이다, 하늘이다 해서 제단을 쌓고 빌고 한 것을 지혜의 열림을 따라 인간의 손으로 역사를 옮기면서, 효라는 구체적 개념으로 대치해 낸 것 뿐이다. 신권 중심의 역사시대는 바야흐로 인권 중심의 역사로 옮겨지려 하고 있다. 순은 그 일을 위해 끌려 나온 사람이었다.

그는 효를 수행자의 도(道)로써 완성해 내었다. 도였기 때문에 천하의 인민을 쓸어 담는 그릇이 되었고, 어루만져서 간수하는 도구가 되었다. 그 도는 순의 마음 속에서 나온 것이다. 그랬기 때문에 마음의 작용을 따라 본성대로 했을 뿐이지 인위적인 생각을 보탠 적이 없었다. 휑하게 비어 있는 허공처럼 무심하게 본연만을 지켜 내었던 것이 그의 도다.

그것은 자연을 움직여 가는 법칙이었고, 인간 사이의 이성이었으며, 사회적으로는 규범이었다. 이러한 효의 지극한 수행적 다스림은 아마 덕치(德治)보다는 윗길이었을 것이다. 그랬기 때문에 후세의 공자도 "無爲而治者 其舜也與인져(하는 것 없이 해간 이는 순밖에 없었다)"라고 간절한 그리움으로 말했을 것이다.

04
땅의 백성 한족漢族

옛부터 지나 민족은 땅의 백성이고, 땅에 속한 백성이다. 그것만은 그들로서도 대단한 자부심이 있는 터지만, 이웃간에서도 이미 그렇게들 알고 있다. 그만큼 그들은 현실 중심이고, 실질숭상주의다. 허례허식이 없는 것은 아니지만, 그것도 5천 년이나 황하 대륙을 지켜왔다는 문화의 자부심에서 만들어진 과장주의에서 나온 것이지, 본질적으로는 한치의 낭비도 없는 인색과 정확성이 그들을 기르고 있다.

또 그들에게는 어떤 경우에도 희망이 있다. 자포자기라는 것이 없는 민족이다. 언제고 자기 분수라는 것을 알아서 무모한 모험을 하지도 않으며 허황된 유혹에 속지 않는다. 하루 천원을 벌면 백원을 저축하고 백원을 벌면 일원이라도 아껴서 장차의 일에 대비하는 것도 우리네의 투기허영과 욕심을 못 버린 버릇과 다르다.

물론 이렇게 된 데는 최소한 지금까지의 생활과정이 달랐다고 하는 역사 내용상의 차이점이라는 것도 있다. 우리가 끊임없이 외세의 침략에

시달리고, 탐관오리의 착취 풍토에 부대껴 왔다는 비극을 전제할 때, 저들의 역사는 원나라 시절의 한때 고역을 제외하고는 늘 태평성세였다. 정치의 방향과 집권층의 성향을 따라 서민층이 미리 겁을 집어먹던 우리네와는 달리, 정치를 누가 하든, 어떻게 하든 서민층으로서는 크게 상관이 없던 것이 저들의 5천 년의 사회다.

물론 저들에게도 지나친 세금 징수와 권력층의 사리사욕을 위해 다수의 대중이 피땀을 지불해야 했던 구석이 없는 것은 아니다. 그러나 인간의 사회에서는 언제라도 그런 문제와 시비관계쯤은 따르게 마련이다.

다만 우리와 비겨 볼 때 그들의 정치는 대체로 평온했었고, 다소 풍파를 만든다 해도 그것이 결정적으로 희망을 잃게 하는 데까지는 가지 않았다는 사실을 말하자는 것 뿐이다. 또 같은 불행의 상황을 만나도 우리가 천우신조의 요행이나 기다리는 쪽에 가깝다면, 저들은 그것을 인간의 두뇌와 이성으로 붙들어서 끝까지 합리적인 해결책을 모색하는 따위의 습관 차이가 본래부터 다르게 갈려 나왔다는 지적이기도 하다.

사람의 성격이란 것이 어떻게 보면 말을 배우기 전에 형성되어져 나타나는 것처럼, 역사적 특성과 바탕은 역사 이전의 신화기에 이미 결정되고 있었는지도 모른다. 그렇게 볼 때 중국인들의 실질 숭상과 현실 중심의 성격은 그들의 신화 속에서 찾아야 된다는 결론에 이른다. 그러나 전해 오는 신화만으로는 부족할 때 다시 그들 역사의 총체적인 문화를 가지고, 바로 그들이 디디고 있는 땅의 풍토적 특성과 대조시켜서 찾아내야 할 것이다.

나로서 지나 민족의 그런 실질적 특성은 그들의 조상이 황하강변에서 태어나 그 언저리를 생활터로 잡고 뿌리를 내렸기 때문에 된 것이 아닌가 한다. 우선 중화(中華)니 중원(中原)이니 하는 자부심부터가 바로 그 땅의 젖줄과 생명으로 살아온 데서 연유된 것으로 보인다.

인종학적으로 볼 때 지나인은 그 풍토 특유의 종족이다. 가까운 이웃이라도 몽골리언하고는 여러 가지가 다르게 나타난다. 몽고리언이 대체로 단두(短頭)인데 반해서 그들은 장두(長頭)가 많다. 장두와 단두는 단적으로 붙박이와 떠돌이의 차이다. 몽골리언이 떠돌이라면 그들은 붙박이인 것이다.

왜 그런가? 인간의 사회적 살림은 어떤 한 곳에 정착할 때, 정신이 종적으로 곧추서면서 생명 자체가 그런 질서의 뿌리를 내린다. 이런 설명은 관상학적으로 고향을 지키는 사람과 못 지키는 사람의 차이같은 것이지만 얼른 말해 장돌뱅이의 둥글넓적한 얼굴과 토박이 선비의 길쭉한 용모 차이이다. 또 굴곡이 적은 안면은 비슷하지만, 몽골리언의 황량한 황폐감보다는 붙박이들의 안정감이 엿보이고 서리는 기품이 다르다. 다섯 발가락 끝의 새끼발톱이 두 층을 이룬 것도, 그들 체형의 독특한 부분이라면 부분이다.

이러한 형질의 차이는 그 풍토의 특수성이 만든 것이므로 근본문제를 삼을 것은 못되지만, 그들의 특수성과 특질은 그곳에서 발견된 뻬이징 원인[北京原人]과 관련이 있을 것이다.

그 관련이 구체적으로 어떤 것일까? 쉽게 생각할 수 있는 것은 그곳에서 또 하나의 인류가 발생했다는 것과 타고장에서 흘러 와 정착했다는 가정으로 나눌 수 있다. 흘러 왔다면 경로가 있을 터이고, 발생했다면 발생의 섭리 따위가 거론될 것이다. 그러나 결국은 마찬가지이다.

발생론은 자칫 기독교적인 신의 섭리에 의한 창조설을 들고 나오기 쉽지만 섭리라는 것이 반드시 그런 신에게만 소속될 것도 아니요, 우주자연의 생명에는 '저절로 그렇게 되는' 설명할 수 없는 이법(理法)이 있게 마련이다. 이 이법을 인간으로서는 다 모르기 때문에 신을 생각해 왔던 것이고, 생명의 신비를 신에게로 돌려서 창조라고 했던 것인데, 설사 그런 창조설을 수용한다고 해도 생명이 자라고 번식하는 것은 진화 법칙에 의해서이다. 이것을 달리 말하면 생명은 존재도 창조도 아니다. 옳은 인식에 의해서만 그것은 창조되고, 존재되는 것이다.

생각컨대 북경원인은 흘러 들어온 것이 아니라 발생일 것이다. 여름날 쇠똥무더기에서 반딧불이 기어 나오는 것처럼, 혹은 산 속의 우물에 미꾸라지가 생기는 것처럼 황하 언저리의 신령한 기운이 응어리진 곳에서 다른 짐승과 함께 사람의 종자라는 것이 생겨났을 것이다.

그때가 50만 년 전이라고도 하고 혹은 30만 년 전이라고도 하지만, 좌우간 1,2천 년이나 1,2만 년 정도는 아니고 훨씬 오래된 세월 전이었을 것이다. 그 사람들의 뼈, 혹은 그 사람들의 몇 만 년 후의 자손의 두개골 하나가 어찌어찌 썩지 않고 있다가 고고학 위에 나타났을 것이다. 이 두개골이 나온 것은 황하의 원줄기가 아니라, 좀더 북쪽으로 주구점(周口店)과 북경 사이에 실같이 가는 선으로 그려진 융땅강[永定河]의 언덕이다. 구석기 시대의 유물이 간혹 출토되며, 목화와 무명이 생산되는 지대다.

그러니까 초원지대이고 따뜻한 지방이다. 짐승과 섞여서 나무열매나 풀씨를 얻어먹고 살았을 시기이므로, 그들의 생활도 황하의 환경이 주는 것으로 살았을 것은 당연하다. 중요한 것은 그들이 타고장으로 새어 나가지 않고, 강줄기를 따라 점점 넓은 들로 나오면서 그 자리에다 그냥 뿌리를 박았다는 점이다.

더러는 파미르에서 쿤룬산맥[崑崙山脈]을 밟고 들어오지 않았나 하지만, 파미르에서 쿤룬을 넘는다는 건 지나친 억측이고 억단이다. 거기는 도저히 넘을 수가 없는 지역이다.

또 그런 험한 지역을 넘어온 사람들이라면, 그들 원시문화에서 그럴 만한 무엇이 발견되어져야 하고, 특히 신앙면에서 산의 정신이 어린 독특한 것이 있지 않고는 안된다. 그런데 전혀 그런 것이 없다. 처음부터 평화적이고 목가적인 초원의 살림이었음은 그들 선사신화가 말하는 대로다. 문화 측면에서도 근본 뿌리 되는 것은 농경의 살림도구였지, 산을 나타내는 것이 없다.

차차로 살펴겠거니와, 종교적 측면에서도 이족(夷族)의 신앙의 영향을 받았을지언정 자기들의 고유성이랄 게 없다. 또 그들이 흘러들지도 새어나가지도 못했을 것이라는 건 황하가 만드는 호뻬이 평원을 여러 겹 둘러싼 산의 지형조건이 그러해서지만, 이런 추측에 단서가 되는 것은 그들의 언어특질이 그렇게 나타나서이다.

전문적인 이야기야 그 쪽에 임자가 있을 것이지만, 중국인의 언어는 어미가 변화없이 고정되어 있고 접사도 없다. 접사가 없는 언어를 쓴다는 것은 단적으로 그들이 외따로 갇혀서 단절된 생활을 해 왔다는 징표다.

시제가 무시된다는 것도 그들 언어의 한 특징이다. 사람과 사람끼리 나누는 문화의 교역에는 엄정한 시제가 따르는 것이 원칙이다. 그것이 오늘같은 사회에서는 더욱 그렇게 나타날밖에 없다. 그런데 중국어엔 그것이 없는 것이다.

중·일전쟁 당시, 무장한 일본군이 북경을 함락하여 노도와 같이 들이닥칠 때, 북경 성문 앞에 앉아 있던 거지들이 그 꼴을 보고 "만만디 캉캉" 하더라는 소리는 유명하지만, 그렇게 느리고 서두르지 않고 그러면서 결과를 낙관하는 그들의 버릇은 그것을 단순히 대륙적 성격이라고만 규정하기 전에 애당초 시간 따위를 가지고 가(可)니 부(否)니 할 필요가 없던 특수한 공동사회의 습관이 아닐까 싶은 것이다.

문화의 여러 측면을 조사하고 종합하는 객관적인 평이 아니어도 지나인은 자기들을 한족(漢族)이라고 말한다. 그것이 지난날의 쪼개졌던 중원대륙을 한 덩어리로 합쳐서 통치했었다는, 한나라에 대한 그 민족의 향수어린 긍지겠지만, 그보다는 한(漢)이란 글자 속에는 '더욱 크고 강성하다'는 대륙적 힘을 과시하는 현실적 자부심이 더 크게 움직인다.

그들은 스스로 땅의 백성, 땅을 사랑하고 지배하는 민족임을 은연중에 내보이는 것이다. 그것은 신석기 시대까지의 아시아인들 경제방법이 채집이 주된 데 반해, 오직 중국 사람들만이 농경생활을 했었다는 것으로 보아서도 그럴 만한 일이다.

우리가 혼민족이라 하여 하늘 백성임을 자랑할 때, 그들은 땅의 백성인 것이다. 그런데 이 하늘 백성과 땅의 백성이 역사 이전의 시대에 이미 한 마당에서 만나 서로의 문화를 나누고 공공의 살림을 했다는 사실을 알면서 넘어가야 한다.

그것이 어느 때였을까? 역사학자도 고고학자도 언어학자도 확실한 표대를 세우지는 못한다. 그러나 그 시절 살림을 증거하는 출토유물과 토템의 동질성으로 보아서 신석기 말이거나 청동기 초쯤으로 보는 듯하다. 그리고 요동반도와 조선반도로 흘러 든 이족(夷族)보다는 산동반도 쪽으로 들어간 이족이 시간상으로 앞섰을 것이라고 한다. 맞다. 그렇게 보는 것이 전체적 입장에서도 가장 무리가 없다.

파미르에서 해 뜨는 쪽을 보고 나선 무리들이 천산을 거쳐 알타이산맥을 타고 흥안령 산맥에 도착했을 때쯤 해서는 이미 상당히 진보된 생각을 가지고 있을 것이고, 불어난 제 무리의 생활 터를 찾아야 되는 족장들은 이 능선 저 골짜기로 서로 나뉘면서 흩어지기 시작했을 것이다.

그런 무리들 중의 일부가 남북으로 가로막는 흥안령을 타고 넘는 것이 아니라, 그 산줄기를 밟고 물 흐르는 계곡도 더듬으면서 남으로 내려갔을 것이다. 그러면서 요동반도로 흘러 들기도 하고, 어떤 무리는 열하를 건너 처음으로 초원에 발을 디디어 산동반도로 내려가 터를 잡았을 것이다.

그렇게 되면 그들은 응당 그곳에서 토박이 생활을 하는 원주민들을 만났을 것이다. 원주민들과의 사이에 무슨 충돌이 있었을까 없었을까? 복희씨가 죽고 여와씨가 왕이 되었을 때 제후인 공공씨가 축융씨와 싸웠다는 것을 보면, 그 신화가 새로 들어간 이족(夷族)과 원주민 사이에 생긴 모종의 마찰을 의미할지도 모른다.

부주산(不周山)은 주(註)에 중국의 서북쪽에 있는 산이라고만 했으나, 나라라고 해 봤자 부족 살림을 못 벗어난 그때의 형편으로 보아서는 훗날 은나라가 들어서는 터에 있는 어떤 산 정도를 가리킨 것이기가 쉽다. 하늘기둥이 부러져서 자연의 법칙이 파괴되었다고 하는 건, 전쟁이 빚은 후유증이 아니었을까?

아마 그들은 그렇게 해서 서로 만났을 것이다. 그런데 여기서 문제가 되는 것은 그들이 가진 신과 종교상의 차이다. 그때까지 살아온 환경이 다르고 방식이 달랐으니, 자기네의 부족이 믿는 신과 제사의식도 달랐을 건 확실하다.

제사가 다르고 신이 다르다는 건, 고대인들로서 합쳐질 수 없는 관계가 성립된다. 그렇게 되면 싸움이 생긴다. 이런 관계는 서양의 역사, 특히 서양의 종교사를 보게 되면 그들은 그것 때문에 전쟁을 하고 피를 흘리는 일이 허다했다.

그러나 여기는 다행히 동양이다. 신이 다르다고 해서 전쟁까지 할 일은 없다. 왜냐하면 동양과 서양의 종교 특성이나 신에 대한 이해는 처음부터 분명한 차이를 가지고 달리 나타나기 때문이다. 신에 대한 관념과 종교의 형태는, 결국 그들이 몸 붙여 사는 환경의 산물 외에 다른 것일 수가 없다.

가령 열 개의 사과가 생산되는 땅에 열 사람이 산다면 사과는 한 사람 앞에 하나씩 차지가 되므로 일단은 무사하다. 그러나 열 개의 사과에 사람이 열 하나 열 둘이 되게 되면, 한 사람이나 두 사람은 사과를 못 가지게 되므로 소유를 놓고 시비가 생긴다. 그리고 시비는 당연히 강한 자의 승리로 끝난다.

이런 일이 자주 생길 때, 아니 풍토 자체가 그렇게 먹을 것이 넉넉치 못한 조건을 가질 때, 그 풍토의 사람들은 비상하게 먹을 것에 마음을 쓰지 않으면 안된다. 당장에 굶는다는 것 이상으로 무서운 종교는 없다. 배가 고프면 천사도 악마가 되기 때문이다. 그래서 사람들의 관심은 먹이를 찾아서 밖으로만 집중되고 일체의 관심이 밖으로만 집중되는 사이, 자기 속에서 일어나는 생명의 불안, 곧 신앙적 충동도 밖을 쳐다보면서 다스리지 않으면 안되게 되어진다. 그래서 신을 밖에다 설정하고, 그 신에 의해 자기들이 구원될 것으로 믿는다. 이것은 서양사람들의 신에 대한 관념이고 신에 대한 이해다. 그리고 그것이 그대로 종교로 발전되면서 굳어진다.

그러나 동양의 풍토는 처음부터 먹을 것이 문제가 되지 않는다. 중국 황하의 기름진 초원은 특히 그러하다. 사과는 열인데 사람은 다섯, 여섯 꼴이다. 신이 다르면 서로 흩어져서 만나지 않으면 그만이고, 또 신에 대한 이해방식이 먹을 것과 결부되지 않기 때문에 서양에서처럼 전투적일 필요도 없다.

서양에서처럼 유일신이 모든 것을 정복해 버리는 횡포를 부리는 것이 아니라 하늘도 땅도 해도 명산대천도 신으로 믿고 엄숙한 예법으로 대했다. 그것이 발전을 보지 못하고 중국에 유교같은 것으로밖에 나타나지 못했지만, 그 시절로서는 훨씬 뱃속 편하고 평화적인 것이었다.

처음에는 믿는 신이 서로 다르기 때문에 다소 불편하고 거북스럽기도 했을 것이다. 그러나 서로의 문화가 교류되고 인정이 오고 가고 하는 사이, 열등한 쪽의 부족 신은 우월한 부족 신에게 영향을 받기도 하고 흡수되기도 하면서 하나의 종교 형태로 거리가 좁혀졌을 것이다.

실제로 고고학측의 의견이 산동반도와 요동반도, 조선반도의 문화는 같은 것이며, 신앙적으로도 같은 토템권에 속한다고 하는 것이라든가, 언어학자가 조선과 연(燕)·제(齊)의 주민들은 동일한 언어였다고 밝히는 것 등이, 대개 그 시절의 살림이 그렇게 하나로 섞였었다는 것을 시사하는 것이 아닐까?

하늘 민족과 땅의 백성의 만남은 그 당시로서는 피차의 이질감 때문에 그닥 반가운 사이가 아니었을지 모르지만, 어쨌든 필연적이었고 그 관계는 마침내 숙명적인 것이 되어 나타난다.

하늘 민족은 땅의 민족에게 제가 가진 신앙과 창조성과 일체의 재능을 내어 주고 역사의 무대 뒤로 사라져야 된다는 것과, 땅의 민족은 그것을 받아서 흡수하고 소화하여 제 땅에서 뿌리 내려서 제 것을 만들어야 된다는 것은 서로의 숙명이었다. 물론 이것은 그때의 상황과 형편을 헤아릴 때, 각본에 맞춘 듯이 짜여지므로 해보는 소리다.

앞에서 신화가 시사하는 것으로 보아서도 지나의 삼황오제가 이족(夷族)의 사람인 것은 의심이 없다. 또 어두운 지나의 밤중에 그들의 창조성과 예지가 횃불이 되어 역사의 길을 밝혀 준 것도 사실이다. 그런데 그들은 그 후에 더 이상 어쨌다는 후문이 없다. 후문이 없는 것은 제 할 일을 하고 그들 문화 속으로 침몰했기 때문이다. 이유는 처음부터 그들 자신 속에 있었다.

산(山) 사람의 예지와 창조성은 언제나 새로운 상황에서만 빛을 내고 번뜩이는 것이었지, 그것을 한 곳에 고정시켜 뿌리내리는 훈련은 되어 있지 않았다. 그것은 파미르에서부터 지금까지의 생활이 그러했음이다.

예상을 못하는 천재지변과 갑자기 변동되는 산의 기후, 시시각각으로 변하는 일기, 산마다 다르게 나타나는 능선과 계곡의 위험, 앞이 안 보이는 안개와 폭풍우, 그런 속에서 당하는 맹수의 공격이나 식량의 궁핍 따위에 맞서다 보면, 그때그때 대치하는 방법도 자연 달라야 하고 상황을 판단하는 감각도 예민하게 발달해 있지 않으면 안되었다.

그렇게 그들은 떠돌아 왔기 때문에, 마음도 항상 새로운 상황을 따라 움직였고 눈빛도 늘 먼 곳을 향해 탈뿐이었다. 그런 이들이라면 모험과 개척에는 신이 나지만 한 곳에의 정착은 불가능하다. 연속되는 새로운 상황이 없기 때문이다.

그에 비하여 땅의 백성은 다르다. 그들은 줄곧 한 곳에만 붙박아 왔던 습관이 있어서, 그 눈이 먼 곳을 볼 줄을 모른다. 본디 들이란 것이 산만큼 천재지변이 많거나 자연환경의 변화가 자주 있는 곳이 아니다. 그 변화라는 것도 대개는 일정하다.

어느 때가 되면 따뜻하고, 어느 때는 춥고, 홍수가 범람하는 것은 어느 때라는 것이 큰 변화없이 되풀이된다. 그것에 대비하는 방법도 거기서 거기다. 한(韓)의 민족이 비상하게 발달한 창조성과 모험심을 길러 왔다면, 한(漢)의 백성은 게으른 평화와 인내를 길러 왔다고 할 것이다.

그러나 그들의 할 일 없는 부드러움과 끈기 속에는 어떤 것도 수용할 무위(無爲)가 있었고, 일단 수용한 것은 제 땅의 기운으로 길러 버리는 현실성이 있었다. 그것은 무서운 자기화(自己化)의 힘이고 강직성이다. 한민족(韓民族)의 끊임없는 예지와 창조정신은 한(漢)의 숨결과 닿는 순간에 극명한 먼지들이 어둠에 닿아 죽는 것처럼 이미 죽고 있었다.

복희씨가 팔괘(八卦)를 만들어 내고, 결승지정(結繩之政)을 가르치고, 사냥질과 고기 잡는 요령과 혼인의 형식과 제사의 예법을 가르칠 때까지 한(漢)의 어두운 두뇌는 틀림없이 멍청해 있었다.

불의 가치와 구체적인 사용방법을 아는 염제가 농경법과 거기에 쓰는 농경기구와 의약법과 시장법을 가르칠 때까지도 한(漢)의 무딘 것은 쉽게 깨어나는 것 같지 않았다. 그러나 황제에 들어와서는 욕심을 알아 전쟁을 하고, 별자리의 변화를 보면서 그것이 땅의 변화와 어떻게 관계된다는 역산법(曆算法)을 터득하고 있었다. 그리고 이 세상에는 영원히 죽지 않고 살 수 있는 신선법이 있다는 것을 배우면서는 이미 제 발로 설 만한 현실적 힘을 얻고 있었다.

그리하여, 하늘의 소식과 제사법만을 내세우는 하늘 민족에게 일단 회의를 느끼던 것이, 요임금으로 건너오면 확실하게 일체의 인문은 땅의 것, 지상의 현실로 나타내는 것이 보인다. 거기에 대순(大舜)이 나와 이제까지의 보이지 않던 추상개념을 지상의 효(孝)의 개념으로 완성해 주고 떠난다.

이렇게 되면 한(韓)으로서는 할 일이 없다. 제 몫의 연기는 끝난 셈이다. 이제는 그가 무대 뒤로 사라지는 것 뿐이다. 여왕벌이 새끼를 가지면 죽어야 되는 숫벌의 운명이다. 할 일을 마친 한(韓)은 그렇게 사라진다.

한(漢)민족은 순임금의 효를 가지고 유교를 만들어 낸다. 뜻은 하늘에 통하고 있으되 숨만은 대지의 숨줄로 쉬게 되어 있는 것이다. 확실한 현실성, 움직일 수 없는 실질주의가 하(夏) 우(禹)와 상(商) 탕(湯)과 주(周)의 문왕(文王)·무왕(武王)·주공(周公)을 거쳐 착실하게 성장하더니, 마침내 공자가 나와서 그때까지의 역사를 (신화기간을 포함하여) 철저한 인문의 감각으로 회통(會通)을 치고 나선다. 그래서 세상은 그를 성인(聖人)으로 받든다.

그러나 공자가 반드시 성인일까? 그가 우주의 질서와 인간의 도덕을 한 생명의 끈으로 꿴 것은 좋았지만, 그의 인(仁)이니 예(禮)니 하는 도덕이 틀림없이 완벽한 것일까?

05
하왕조 夏王朝

하(夏)와 은(殷)과 주(周)의 세 왕조를 삼대(三代)라고 부른다. 하(夏)부터가 중국 역사에 왕조로 기록되는데, 신화시대의 제사 중심 사회를 인문의 정치체제로 옮겨 내는 과정이 잘 나타난다.

하우씨(夏禹氏)는 성이 사(姒)다. 딴 이름은 문명(文命)이라고도 했다. 곤(鯀)의 아들이요, 전욱의 손자다. 곤은 요임금 때에 홍수를 막으려고 했으나, 성과를 거두지 못했었다. 그래서 순임금은 곤의 아들 우(禹)로 하여금 대신하게 했다.

우는 노심초사 그 일에 열중해서 13년 동안이나 집을 떠나 있었고, 때로는 자기 집 앞을 지나가는 일이 있어도 안에 들어가지 않았다. 평지를 갈 때는 수레를 타고, 강을 건널 때에는 배를 타고, 진흙길에는 진흙썰매를 타고, 산에 올라갈 때는 나무신을 신고 다니면서 조사했다.

그리하여 구주(九州) ─ 그 시대에 중국 천하를 아홉으로 분할했던 것 ─ 에 아홉 개의 물길을 열고, 아홉 개의 늪에는 제방을 쌓아 수해를 막고, 구주(九州)의 산을 측량했다. 우는 그 사업을 순임금에게 보고했다. 순임금도 매우 기뻐하여 우에게 백관을 통솔케 하고 정무(政務)를 맡아보게 해서, 최고의 영예를 주어 그 노고를 위로했다.

순임금이 죽고 우가 뒤를 이어 제위에 올랐다. 우의 음성은 바로 음률에 맞았고, 그의 일거일동은 모두 법칙에 어긋남이 없었다. 마치 준승(準繩)을 왼손에, 규구(規矩)를 오른손에 쥐고 있음과 같이 일푼의 어긋남도 없었다.[준(準)은 수평을 재는 기구, 승(繩)은 먹줄, 규(規)는 콤파스, 구(矩)는 자]

또 한번 식사할 때도 열 번이나 일어나서 정무를 듣고, 이리하여 사람들의 노고에 보답했다. 외출할 때에 죄 지은 사람을 보면 곧 수레에서 내려 그 범죄의 원인이며 경과를 물어 보고는 울면서 말했다.

"요순시대의 백성들은 다 요순의 아름다운 마음을 자기의 마음으로 하고 있었다. 그러므로 범죄가 일어나지 않았다. 내가 천자가 되고서부터는 모두가 저마다 제 멋대로 살아가기 때문에 죄인이 생긴다. 참으로 내가 덕이 없음을 슬프게 생각한다."

중국에는 옛날부터 단술이 있었다. 우의 시대에 이적(夷狄)이라는 사람이 처음으로 술을 만들었다. 우는 술을 마셔 보고서 참 맛있다고 생각했다. 그리고 말했다. "후세에 반드시 이 술로 해서 나라를 망치는 자가 생길 것이다." 그래서 그는 이적을 가까이 하지 않았다.

우는 구주(九州)의 목(牧)에게 금을 바치게 해서 그것으로 아홉 개의 솥을 만들었다. 발을 세 개로 한 것은 삼덕(三德)을 상징한 것이다. 그리하여 이 구정(九鼎)은 신께 제사지낼 때에 썼다. 우임금은 제후와 도산(塗山) 안휘성(安徽省)에서 회합한 일이 있었다. 이때 옥백(玉帛)을 가지고 와서 알현을 청한 제후가 1만 명이나 되었다. (중략)

우임금은 남쪽 여러 나라를 순회하다가 회계산(會稽山) —— 절강성 ——에서 병을 얻어 죽었다.

우임금의 아들 계(啓)는 현명해서 아버지의 업적을 잘 이어받았다. 우임금은 종래의 천자가 해 온 것과 같이, 자기의 후계자로 익(益)을 추천하여 한울님께 고했었다. 그러나 조정의 백관은 다 익에게는 가지 않고 계에게로 모여서 그의 덕을 칭송했다. 그리고 외쳤다. "우리 임금의 아들이다." 그리하여 계가 즉위한 것이다.

이 때 유호씨가 무도해서 바른 도(道)을 어지럽혔다. 그래서 계는 감(甘) ── 협서성 ── 에서 싸워 그를 멸망시켰다.

계가 죽고 그 아들 태강(太康)이 제위에 올랐다. 태강은 여러 나라를 돌아다니며 유람하는 데 세월을 보내고 서울로 돌아오지 않았다. 그 틈에 유궁(有窮)의 임금 예(羿)라는 자가 태강의 아우 중강(中康)을 제위에 오르게 하고, 스스로 정권을 잡아 정치를 마음대로 했다.

이 때 희씨(羲氏)와 화씨(和氏) 두 사람만이 의리를 지켜 복종하지 않았으므로, 예는 왕명이라고 속이어 윤후에게 명해서 두 사람을 토벌케 했다. 중강이 죽고 그 아들 상(相)이 즉위했는데, 예는 상을 몰아내고 스스로 천자의 자리에 올랐다. 그러자 예의 신하 한착(寒浞)이 예를 죽이고 천자의 자리를 빼앗았다.

그런데 상(相)의 비(妃)는 유잉국(有仍國)의 딸로서 그때 임신하고 있었다. 상이 쫓겨나 몸이 위태롭게 되었으므로 그는 유잉국으로 몸을 피했다. 그리하여 거기서 아들 소강(小康)을 낳았다. 소강이 자라서 십리 사방의 땅과 군사 5백 명밖에 못 가졌었지만 하(夏)의 옛 신하 미(靡)를 장수로 삼아서 군사를 일으켜, 마침내 한착을 멸망시키고 제위를 도로 찾아서 우의 사업을 이었다.

소강 다음에 왕저, 왕괴, 왕실, 왕불강, 왕경, 왕근을 거쳐 왕공갑(王孔甲)에 이르렀다. 왕공갑은 함부로 귀신을 믿어 미신에 떨어지고 여색에 빠져서 정치를 어지럽혔으므로, 대우(大禹) 이래의 하나라의 덕(德)도 마침내 쇠해지기 시작했다.

공갑에 이어 왕고, 왕발, 왕이계가 뒤를 이었다. 이계는 이름을 걸(桀)이라고 했다. 그는 성질이 탐욕·잔학하였고 힘이 매우 세어 굵은 쇠사슬을 잡아당겨 펼 수 있었다고 한다. 일찌기 산동성의 제후 유시씨(有施氏)를 공격했을 때, 유시씨는 말희(末喜)라는 절세의 미녀를 바쳤다. 걸왕은 말희를 몹시 총애해서 희의 말이면 무엇이나 다 들어 주었다. 말희를 위해 보석으로 장식한 궁전, 누각을 새로 짓고 사치를 누려 백성의 재산을 짜내었다.

궁중에는 산더미처럼 많은 날고기와 수풀처럼 많은 마른 고기를 쌓아놓고, 혹은 못을 파서 거기다 술을 가득히 부어 배를 띄우는 그런 엉뚱한 놀이까지 했다. 술지게미는 십 리 길이의 제방을 쌓을 수 있을 만했다.

북소리가 울리는 것을 신호로 3천의 궁중 사람들이 일제히 소처럼 엎드려 못의 술을 마셨다. 말희는 이것을 보고 좋아했다. 또 말희가 걸왕에게 비단을 찢는 소리가 듣기 좋다고 하였더니, 왕은 백성에게 날마다 1백 필의 비단을 바치게 하여, 이것을 찢어서 말희를 즐겁게 해 주었다. 그 당시 비단은 제후의 공물로서도 가장 귀중한 것이었다.

이러한 난잡한 행동이 거듭됨에 나라는 산이 무너지듯이 피폐하여, 사람들은 걸왕에게서 떠나갔다. 이 때 탕(湯)이 걸왕을 쳤다. 걸왕은 명조(鳴條)라는 곳까지 달아나 거기서 죽었다.

우(禹)임금을 후세에 하우씨(夏禹氏)라고 부르는 것은 그가 하나라 임금이었다는 뜻보다도 그의 덕치를 사모하는 사람들의 예우에서다. 길 가다 죄인을 만나면 그 범죄의 원인과 경과를 묻고, 자기의 덕 없음을 탄식해 울었다는 것은 그의 솔직한 심정이었을 것이다.

적어도 요나 순같은 이들은 천하를 맡고도 잘 해보겠다는 생각이 없었다. 그저 무위(無爲)로 했고 타고난 천성대로 했다. 그랬기 때문에 천하는 잘 만들어졌고, 바늘 구멍 만큼도 샐 틈이 없었는데 자기는 무언가 잘 해보겠다는 생각을 앞세워 부지런을 떠는 통에 천하는 그만큼 새는 곳이 생기고 시끄러워진 것이다.

범죄의 원인과 경과에서 그것이 드러나고 있었음이다. 이것은 자신이 부덕한 소치다. 선왕의 가르침에 미치지 못하는 죄송함과 안타까움이 스스로의 양심을 괴롭게 한 것이다.

일찌기 우(禹)는 순(舜)으로부터 들은 말씀이 있었다. 『서전(書傳)』의 대우모(大禹謨)편에 "人心惟危 道心惟微 惟精惟一 允執厥中"이라 한 것이 있다. "인심은 거칠고 위태하기 쉽지만, 도심은 오묘하고 정밀한 것이다. 정(精)하고 잡되지 않아 오직 하나뿐인 순일(純一)한 그것에 네 마음을 띄우라"고 했다. 그리하면 천하라 하더라도 다스린다는 생각없이 절로 다스려질 것이라 했는데 그 말씀을 듣고도 실천이 안된 것이다.

우는 구주(九州)에서 바친 금으로 솥을 만든다. 이 구주는 자기가 물난리를 막으면서 천하를 구획으로 나누어서 만든 것인데, 세 가지 덕을 상징해서 솥발을 셋으로 했다 한다. 삼덕(三德)은 선왕들이 전해 왔던 삼신(三神)의 덕인 까닭이다. 그리하여 구정(九鼎)은 삼신께 드리는 제기(祭器)가 되었고, 후세까지 중국 왕실의 보물이 되어 천자의 표적으로 삼은 것이다.

우가 도산(塗山)에서 1만 명의 제후와 회합했다고 하는 것은 순전히 훗날의 사가(史家)가 곡필로 사실을 호도한 부분이다. 바로 그런 점이 중국인의 지나친 자존이며 황당한 과장벽이라고 지적받는 것들이다.

하나라라고 하는 것이 오늘의 산동성 일대를 못 벗어나는 황하 언저리 일부에 묶였던 것이다. 그러므로 우가 치수(治水)를 하던 당시, 그 땅전부를 밟고 다니며 지형을 살펴 토지의 경계를 세울 뿐 아니라 흙덩이의 연하고 거친 것까지를 알아서 세금을 공평하게 매겼다고 하는 정도이다. 그런 나라에 제후가 1만이라는 것은 처음부터 말이 안된다.

우임금의 도산회합의 내용인즉슨, 임금이 되고 나서가 아니라 임금되기 전의 일이었다. 그는 곤(鯀)의 아들이다. 요임금 때에 9년 홍수가 져서 황하의 물이 범람하자 당시에 섭정이었던 순이 곤을 시켜서 치수케 했다는 건 앞에서 본 대로다. 그러나 곤은 실패했다. 그래서 아들인 우를 시켰다. 우는 그때 도산에서 단군의 아들 부루를 만나 비책을 얻어 치수에 성공한 것이다. 그 이야기가 지나인들의 『오월춘추(吳越春秋)』에 실려 있다.

당요(唐堯) 때에 9년 홍수가 져서 당요가 하우(夏禹)를 명하여 이를 다스리라고 했다 우(禹)가 8년 동안이나 공을 이루지 못하고 매우 걱정하여, 남악(南嶽) 형산(衡山)에 이르러 백마를 잡아 하늘에 제사하면서 성공을 빌었다. 꿈에 한 남자가 스스로 현이(玄夷)의 창수사자(滄水使者)라 칭하면서 우에게 말하되, 구산(九山) 동남의 도산(塗山)에 신서(神書)가 있으니 3월을 재계하고 이를 내어보라 한다. 우가 그 말에 의하여 금간옥첩(金簡玉牒)의 신서를 얻어 오행통수(五行通水)의 이치를 알아 홍수를 다스리어 성공했다.

이에 주신(州愼)의 덕을 잊지 못하여, 정전(井田)을 나누어 율도량형(律度量衡)의 제도를 세우며, 도산(塗山)의 이름을 고쳐 회계산(會稽山)이라 하고 —회계는 만나 뵙고 고개를 숙였다는 뜻 —말하되, "그 열매를 먹으면 그 나무 가지를 다치지 말고 그 물을 마시면 흐름을 흐리게 말라. 내가 회계산의 신서를 얻어 천하의 재앙을 구했으니, 어찌 그 덕을 잊을꼬?" 했다. 그런 후 연로하여 탄식하기를 "장차 죽으리니 5월의 후(後)거든, 나를 회계산에 장사하라."

요임금의 9년 홍수는 단군임금의 9년 홍수의 시기다. 『단기고사』나 『규원사화』에도 "단군왕검이 아들 부루를 보내어 하우를 도산(塗山)에서 만났다"는 기록이 있다. 또 어떤 것은 부루가 아니라 이름이 팽오(彭吳)라고 되어 시비거리가 되기도 한다. 팽오는 그때 토지를 맡았던 관원이고 직접 홍수를 다스리기도 했지만, 그러나 그것 때문에 팽오를 주장하는 건 좀 답답한 해석일 것이다.

팽오는 특별한 신이 아니다. 그저 홍수를 다스린 한 관원일 뿐이다. 하필 그만이 큰물을 다스리는 재주가 있었을 것이 아니라 대체로 할 수 있는 일을 그가 직무상 감당해 낸 것으로 보는 것이 옳다.

꿈에 창수사자를 만났다는 건, 그 시절 사람들의 흔한 표현수법이다. 괴력난신(怪力亂神)을 말 못하게 한 공자도 『주역』의 계사편에서 이 대목을 쓰면서는 "河出圖 洛出書 聖人則之"라고 하여 별수없이 신화로 기록한 것이 보인다.

하출도(河出圖)는 복희씨의 팔괘도(八卦圖)를 두고 한 말인데, 그것을 복희씨가 독창적으로 생각해 냈다고 한 것이 아니라, 신화가 전하는 대로 "용마가 황하에서 그림을 지고 나왔다"했고, 낙출서(洛出書)는 하우씨의 오행치수(五行治水)를 말한 것인데 "거북이 낙수에서 글을 지고 나왔다. 성인이 그것으로 궤칙을 삼았다"고 해서 신화를 만들어 버렸다. 시절이 시절이니 만치 그럴 수밖에 없었을 것이다.

주신의 덕을 잊지 못해서 정전법(井田法) 제도를 본뜬다거나, 회계산에 묻히기를 바랐다는 『오월춘추』의 내용을 참작해 보면, 도산 회합이니 회계산의 우연한 죽음이니 하는 것들이 오히려 하우씨의 실상과 얼마나 멀게 왜곡되어 있는가를 알게 할 뿐이다.

하우씨는 원래 동이(東夷)의 여자에게 장가를 든 분이었다. 처가 쪽의 내력을 말하지 않는 유교적 습관 때문에 하우씨 역시 자세한 것은 잘 알 수가 없지만, 누룩으로 술을 잘 빚었다는 이적(夷狄)이 그의 처남이었다는 사실로도 짐작이 된다.

이적은 이름이 아니다. 그저 오랑캐란 뜻의 별칭일 뿐이다. 아마도 그가 발명한 술이 좋은 음식이 아니란 평가 때문에 더욱 이름이 숨겨지고, 그 술로 제사를 지내면서 "群聚飲酒歌舞連日不休"하는 족속들을 그냥 이적이라는 헐값의 이름으로 부르는 동안 그의 이름도 그렇게만 전해졌을 것이다.

단재의 고증으로는 이들 이적(夷狄)의 부락이 도산에 있었는데, 아들 계(啓)를 여기서 얻었을 뿐 아니라, 정전법(井田法) 제도를 본뜨고 죽어서 그곳에 묻힌 것 등이 모두 그곳 이족(夷族)에 대한 존경심에서 나온 것이라 했다.

하우씨는 원래 단군문화를 크게 숭배했었는데, 회계산에서 부루를 만나 물을 다스린 공을 세운 후로는 더욱 그러했다는 것이 그 당시의 종교 분위기나 삼황오제들의 정치풍토로 보아서 옳을 것이다.

하우씨가 죽은 다음 그의 아들 계가 감(甘)에서 유호씨를 토벌한다는 것이 또 한번 그것을 실증해 주는 것이 된다. 토벌의 내용은 유호씨가 무도해서 바른 도를 어지럽혔다는 것인데, 여기의 이 바른 도가 바로 선왕들의 유업을 말한 것이다. 『상서(尙書)』의 감서편(甘誓篇)이 그때의 상황을 자세하게 설명한다.

> 감(甘)에서 크게 싸우실 때, 육군(六軍)의 장(將)을 부르시다. 왕이 이르시되, 애석하구나 육사(六事)의 사람들아. 맹서하여 너희에게 고하노라. 유호씨가 오행(五行)을 따르지 않으며 삼정(三正)을 태기(怠棄)하므로, 하늘이 그 명을 거두시니, 이제 나는 하늘의 벌을 받들어서 행하는지라. 좌(左)가 좌(左)를 다스리지 않으며, 우(右)가 우(右)를 다스리지 않으면 네 명을 받들지 않음이며, 거느림이 그 말을 바른 것으로 않으면 네 명을 받들지 않음이라. 명(命)을 쓰는 이는 조상의 문묘(文廟)에서 상을 줄 것이고, 명을 쓰지 않은 이는 사우(祠宇)에서 죽이되 내 너를 처자마저 죽이리라.

이것은 일종의 선전포고다. 유호씨를 왜 쳐야 되는지, 그가 왜 나쁜지 이유를 댄다. 오행을 따르지 않고 삼정[天·地·人]을 버린다는 것은 이제까지 해 온 선왕(先王)의 도덕에 위배된 것이라고 한다. 그러므로 단순히 그를 미워해서가 아니라, 그가 바른 도를 행치 않았기 때문에 하늘을 대신해서 제재를 가하여 천하에 알리기 위해 공격한다는 것이다.

오행은 복희씨나 하우씨가 역(易)에서 가르친 우주운행의 법칙이고, 삼정(三正)은 신권시대의 역사가 인권으로 옮겨지면서 우주의 주재가 되는 삼신적(三神的) 실체를 천(天)·지(地)·인(人)의 삼재(三才)로 나타내어 종교의 핵심을 분명히 한 것이다. 그런데 유호씨는 이 신성한 법칙을 거슬리었다. 그러므로 가만 둘 수가 없다.

좌가 좌를 다스리지 않고 우가 우를 다스리지 않는다 한 것은, 맡겨진 임무 곧 '명령을 소홀히 한 자'라는 것이다. 명령은 하늘의 뜻이다. 좇는 자도 내리는 자도 오직 바르게 해야만 된다. 그래서 바르게 쓴 자는 조상 앞에서 상을 주겠지만, 거스른 자는 처자까지 죽여버리겠다고 한 것이다. 명령은 절대적이기 때문이다.

이런 부분에서는 삼황오제(三皇五帝) 시대의 신의 위엄이 곧 왕에게로 옮겨져서 왕이 백성 위에 절대자로 군림해야 할 이유를 여실하게 드러내는 것이 보인다.

그런 후에 훨씬 세월이 지나자, 이 왕의 권위를 실추시킨 인물이 나타난다. 왕공갑이다. 함부로 귀신을 믿어 망령된 미신에 떨어졌다 했다. 이것은 귀신의 권위 앞에 엎드리던 미개한 시대의 버릇을 겨우겨우 인권 중심으로 옮겨, 새 역사의 장을 개척해 준 선왕들의 노고에 반기를 드는 고약한 행위이기도 하다. 그게 벌써 망할 짓이다.

06
은왕조殷王朝

　　은나라의 성탕은, 성은 자(子)요 이름은 이(履)였다. 그의 조상 설(契)은
제곡의 아들이다. 설의 어머니는 유융씨(有娀氏)의 딸 간적(間狄)이었다.
어느 날 한 마리의 제비가 날아와서 알을 떨어뜨리고 갔다. 간적이 그것을
주워서 먹었더니 설을 잉태하였다고 한다. 설은 요순시대에 사도에 임명되
어 상(商) —— 하남성 —— 에 봉해지고 임금으로부터 자(子)라는 성을 받았
다. 그로부터 소명, 상사, 창약, 조어, 명, 진, 미, 보정, 보을, 보병, 주임, 주
규의 12대를 지나 천을(天乙)의 대에 이르렀다. 이 천을이 끝이다. 서울을
박(亳)에 정했다. 이것은 조상 제곡이 도읍한 자리를 이은 것이다.
　　탕(湯)은 사람을 시켜 공물을 보내서 신(莘)이라는 곳에 있는 이윤(伊尹)
이라는 어진 사람을 초청했다가 나라의 걸왕에게 추천했다. 그러나 걸왕은
이윤을 채용하지 않았으므로 이윤은 상에 돌아와 탕을 섬겼다.
　　걸왕에게 간한 관용봉이 처형되었으므로 탕은 신하를 보내서 조상했다.
걸왕은 노하여 탕을 불러다 하대에 있는 옥에 가두었다가 얼마 안가 석방
했다. 어느 날 탕이 외출했다. 그런데 사냥꾼이 그물을 사방에 쳐 놓고 새

가 걸리기를 빌고 있었다. "하늘에서 내려오는 거며, 땅에서 나오는 거며 사방에서 날아오는 거며 모두 내 그물에 걸려라."

탕은 이것을 보고 "아, 저러다가는 새의 씨가 마르겠구나" 하고 몸소 삼 면의 그물을 걷어 버리고 빌었다. "왼쪽으로 가려는 자는 왼쪽으로 가라. 오른쪽으로 가려는 자는 오른쪽으로 가라. 다만 하늘의 명을 좇지 않는 자 만이 그물에 걸려라."

제후들은 이 이야기를 듣고 말했다.

"탕의 덕은 백성에게 뿐만 아니라, 금수에게까지 미친다."

탕은 이윤을 재상으로 삼아서 마침내 걸을 토벌하여 그를 남소로 추방 했다. 천하의 제후들이 탕을 천자에 추대했다. 탕이 천자가 되고 나서 7년 동안 가뭄이 계속되었다. 태사(太史) ── 천문을 맡은 관원 ── 에게 그 까닭 을 점쳐 보게 했더니 태사는 말했다.

"아무래도 사람을 희생으로 바쳐 빌지 않으면 비가 오지 않겠습니다."

탕왕은 머리를 가로 저었다.

"내가 비를 비는 것은 백성을 위한 것이다. 기어코 사람의 몸을 희생으로 써야 한다면 내가 희생이 될 것이다."

그리고 스스로 재계하고 손톱을 깎고 머리털을 자르고 장식이 없는 흰 수레에 흰 말을 매어 타고 흰 띠를 두르고 스스로 희생이 되어 상림(桑林) 의 들에 나가 스스로를 꾸짖는 여섯 조항의 말을 하늘에 아뢰었다.

"제가 한 정치에 절제가 없이 문란해졌기 때문입니까? 백성이 직업을 잃 고 곤궁에 빠져 있기 때문입니까? 제 궁전이 너무 화려하기 때문입니까? 여 알(女謁) ── 대궐 안에서 정치를 어지럽히는 여자 ── 이 성해서 정치가 공 정하지 못하기 때문입니까? 뇌물이 성행해서 정도(正道)를 해치고 있기 때 문입니까? 참소하는 말로 인해 어진 사람이 배척당하기 때문입니까?"

그 말이 채 끝나기 전에 큰 비가 내려서, 이 비는 수천 리의 땅을 적시었 다. 탕왕이 죽었다. 태자 태정(太丁)은 일찍 죽었으므로 아우 외병(外丙)이 즉위했다. 2년만에 외병이 죽고 다시 그 아우 중임(仲王)이 즉위했다. 4년으로 또 중임이 죽고 태정의 아들 태갑(太甲)이 즉위했다. 그러나 태갑은 어둡고 어리석어서 재상 이윤이 태갑을 동궁―별궁―에 가두었다.

태갑은 3년 동안 선왕(先王) 중임의 복을 입고 나서 크게 깨달아 잘못을 뉘우치고 자신의 부덕함을 책했다. 그래서 이윤은 태갑을 서울 박으로 모셔왔다. 그로부터 태갑은 덕을 잘 닦았으므로 제후가 다 와서 복종했다.

태갑에서 옥정, 태강, 소갑, 옹기를 지나 태무(太戊)가 제위에 올랐다. 이 즈음 박에는 흉한 징조가 있었다. 그것은 대궐 뜰 안에 한 그루의 나무가 서서 그 줄기에 뽕나무와 닥나무가 함께 자라고, 이것은 하루 동안에 자꾸 자라서 저녁 때는 한 아름이나 되었다. 이척이 태무에게 간했다. "어떠한 요괴라도 덕을 이기지는 못합니다. 덕을 닦으십시오." 태무는 그의 말을 좇아 선왕의 덕을 잘 닦았다. 그랬더니 요사한 나무는 이틀만에 말라서 죽었다. 그리고 은나라의 덕은 다시 왕성해져서 천하는 태평하게 되었다. 후세에 왕 태무를 중종(中宗)이라고 일컬어 공경했다.

태무에서 중정, 외임을 지나 하단갑(河亶甲)에 이르러 홍수를 피해 상(相) ― 하북성 창덕(彰德) ― 으로 도읍을 옮겼다. 그 후 조을(祖乙) 때에 다시 경(耿) ― 산서성 영제(永齊) ― 으로 옮겼지만 이곳도 홍수로 파괴되었다. 조신, 옥갑, 조정, 남경, 양갑을 지나 반경의 대에 이르러 도읍을 경에서 박으로 옮기자 은나라는 다시 융성하게 되었다.

반경에서 소신, 소을을 지나 무정(武丁)에 이르렀다. 무정이 어느 날 밤, 열이라는 훌륭한 신하를 얻는 꿈을 꾸었다. 꿈에서 깨어난 무정은 열(說)이라는 사람을 널리 찾았다. 당시 열은 서미(胥靡)―가벼운 죄인―에 복역하여 부암(傅岩)이라는 곳에서 길닦이를 하고 있었다. 무정은 곧 열을 불러다가 재상으로 삼았다.

어느 날 무정이 조상 성탕(成湯)의 제사를 지내고 있는데, 한 마리의 꿩이 날아와서 솥귀에 앉아 울었다. 무정은 두려워서 자기를 반성하기에 힘썼다. 그 후 은나라는 도(道)가 퍼져 나라가 흥하고 번영했다. 무정이 죽었다. 고종(高宗)이라고 존칭했다.

무정에서 조경, 조갑, 늠신, 경정을 지나 무을(武乙)에 이르렀다. 무을은 무도한 천자였다. 인형을 만들어 가지고 그것을 천신(天神)이라고 부르고 다른 사람으로 하여금 그 인형을 대신하여 도박을 하게 해서 놀았다. 그리하여 천신의 대리가 지면 천신을 욕하고는 기뻐했다. 또 가죽 부대를 만들어서 그 속에 피를 가득 넣어 높은 곳에 매달아 놓고 이것을 활로 쏘아 맞추고는 하늘을 쏘아 맞추었다고 했다. 어느 날 사냥을 나갔다가 갑자기 심한 천둥이 일어나서 무을은 벼락을 맞아 죽었다.

태정, 제을을 지나 제신(帝辛)에 이르렀다. 그의 이름은 수(受)인데, 호를 주(紂)라고 했다. 주는 언변이 능했고 행동이 민첩했으며 맨손으로 맹수를 쳐서 죽일 수 있는 완력이 있었다. 그리고 간악한 지혜가 발달하여 어떠한 간언도 반박해서 꼼짝 못하게 물리칠 수 있었고, 교묘하게 말을 잘 꾸며대서 자기의 잘못을 합리화시켰다. 처음으로 상아로 젓가락을 만들게 했다. 기자(箕子)—그의 숙부—가 이것을 보고 탄식하며 말했다.

"상아로 젓가락을 만든 이상, 앞으로는 토기에 음식을 담지 않고 옥배(玉杯)를 만들어서 쓸 것이다. 옥배와 상아 젓가락을 쓰는 이상, 이번에는 채소나 콩잎의 국을 먹거나, 짧고 굵은 베옷을 입거나, 검소한 집에서 살지 않을 것이다. 비단옷을 아홉 겹으로 겹겹이 입을 것이요, 높은 대(臺)에 높고 큰 궁전을 짓고, 모든 것을 옥배와 상아 젓가락에 어울리게 할 것이다. 이와 같이 한다면 천하의 보배를 다 거둬들여도 모자랄 것이다."

주(紂)왕이 유소씨를 쳤을 때, 유소씨는 항복하는 표적으로 달기(妲己)라는 절세 미인을 주왕에게 바쳤다. 주왕은 그를 몹시 총애해서, 달기의 말이라면 무엇이든지 들어주었다. 주왕은 세(稅)와 조(租)를 과중하게 매겨서 녹대(鹿臺)의 보물전에는 재보가 가득하고, 또 거교(鉅橋)의 창고에는 곡식이 가득히 찼다. 사구(沙丘)—별궁—의 정원과 누각은 넓히고 고쳐 지었다. 술을 부어 못을 만들고 고기를 매달아 수풀을 이루어 밤을 새워 가며 주연을 즐겼다.

이러한 형편이었으므로 백성은 모두 왕을 원망하고 제후 중에는 반란을 꾀하는 이도 생겼다. 그래서 주왕은 형벌을 무겁게 했다. 곧 구리로 둥근 기둥을 만들어서 기름을 칠하고 이것을 시뻘겋게 핀 숯불 위에 걸쳐놓고 죄인으로 하여금 그 위를 건너가게 했다. 달기는 이것을 보고 크게 즐거워 했다. 이 형벌을 포락지형(炮烙之刑)이라고 이름 지었다. 주왕은 이처럼 몹시 포악하고 음탕하므로 서형(庶兄)인 미자(微子)가 자주 간했지만 그는 들은 체 하지 않았다. 그래서 미자는 주에게서 떠나가 버렸다.

비간(比干)——황자(皇子)——도 주왕의 반성을 촉구하기 위해 사흘 동안 계속 간했다. 주는 노했다. "내 듣건대 성인의 가슴에는 구멍이 일곱이 있다고 하더라" 하고 그의 가슴을 칼로 도려내어 무참한 최후를 마치게 했다.

기자(箕子)는 미친 사람 행세를 하고 종들 틈에 끼어 숨어 살았는데, 그만 주에게 붙들리고 말았다. 은나라 태사(太師)——악관(樂官)——는 예악과 제사만이라도 보존하려고 악기와 제기를 가지고 주(周)나라로 달아났다.

주후(周候) 창, 구후, 악후의 세 사람이 주(紂)의 삼공(三公)이 되었다. 주왕이 구후를 죽이므로 악후가 간했다. 주왕은 노하여 악후도 죽여서 두 사람의 시체를 마른 고기로 만들었다. 이것을 본 주후 창은 주의 무도함을 탄식했다. 주는 창을 잡아서 유리(羑里)——하남성 탕음(湯陰)——의 옥에 가두었다. 창의 신하 산이생(散宜生)이 미녀와 진기한 보배를 구해서 주에게 바쳤다. 주는 크게 기뻐하여 창을 놓아주었다.

서백(西伯)에 임명된 창은 자기의 영토로 돌아와 한층 덕을 닦았다. 많은 제후들이 주를 배반하고 창에게로 왔다.

창이 죽고 그의 아들 발(發)이 뒤를 이었다. 발은 제후를 이끌고 주를 쳤다. 주는 목야(牧野)——하남——에서 패하고, 보석으로 수놓은 옷을 입은 채 불 속에 뛰어들어 자살했다. 이리하여 은나라는 멸망했다. 기자는 그 후 주나라로 가는 길에 은나라의 폐허를 지나갔다. 궁전은 파괴되고 보리와 수수가 무성했다. 목을 놓아 울고 싶은 심정이었지만 주나라 세상이 되어 번창하고 있는데 울 수도 없었다. 흐느껴 울고 싶어도 그것은 부녀자의 짓이라 그럴 수도 없었다. 그래서 기자는 '맥수(麥秀)의 노래'를 지어 자신의 감회를 하소연했다.

"보리는 파랗게 자라 빛나고 수수는 기름져 탐스럽구나. 그 아니 교활하여 나를 멀리 물리쳤거니." 이 노래를 들은 은나라 백성은 그 조상의 덕을 사모하고 모두 눈물을 흘렸다. (중략)

중국의 고대왕조 중에서 현재 실증적으로 확인되고 있는 최초의 왕조는 은(殷)이다. 은왕조의 시조가 되는 성탕(成湯)은 처음 왕이 될 때부터 국호를 은으로 한 것은 아니다. 상(商)이라고 했다. 그의 12대 조상인 설(契)이 요순시대에 사도의 직분으로 상에 봉해진 일이 있어서다.

그렇게 보면 은의 조상이 중국 역사에 처음 나타난 것은 설로부터라고 할 수 있다. 이 상이란 국호가 은으로 바뀌는 것은 반경(盤庚)이 왕이 되고부터라고 하는데, 구구한 이설이 많다.

그런데 시조인 성탕은 왕위를 물려받은 왕이 아니라 하(夏)나라를 섬기다가 군사를 일으키어 하나라를 빼앗아 왕이 된 것이다. 이것은 그때까지는 없었던 일이었다. 신하로서 임금을 몰아냈다는 것은 천명을 받은 천자에게 거역한 것이므로, 곧 하늘을 거역한 것이 된다. 그 몰아내는 이유가 어디에 있었든 일단은 역사를 뒤바꾸는 큰 사건이었고, 당시로서는 감히 상상할 수도 없었던 혁명이다.

천하로서도 이미 걸을 인정않던 터이기는 하다. 걸이 스스로 말하기를 "나는 하늘의 명령을 받고 천자가 되었다. 그러므로 나의 수명과 부귀도 하늘의 해와 함께 영원한 것이다"라고 큰 소리를 하고는 있어도 민심은 오히려 "저 해와 함께 우리도 죽자(是日害喪)" 노래하여 대세는 기울어지던 판국이다.

그런데도 정작 탕이 걸을 친다고 하는 데서는 생각이 많았을 건 틀림없다. 그의 피 속의 감각은 하늘을 두려워해서 제사나 지내는 것으로

길들여져 있었고, 또 신하의 한 사람으로서 천명(天命)에 대든다는 데에
대한 겁도 먹고 있을 뿐더러 하늘에만 의지해 온 천하백성이 어떻게 생각
할 것인가도 염려스러웠기 때문이다.

　그 무렵의 탕의 심정이나 기분을 『상서(尙書)』의 탕서편(湯誓篇)에
서는 이렇게 쓰고 있다.

　　왕이 이르시되, 오너라 너희 뭇 군사야. 모두 내 말을 들어라. 나 소자(小
　子)가 감히 난을 일으키는 것이 아니라, 걸의 죄가 많거늘 하늘이 명하시어
　베히시느니라. 이제 너희가 스스로 말하되 걸은 우리를 사랑하지 아니하
　여, 우리 수확하는 일을 폐하고 하(夏)를 망치려 한다 하나니, 내 너희의 중
　언(衆言)을 듣건대 걸이 죄 있거늘, 내 상제(上帝)를 두려워하는지라, 감히
　바로잡지 않을 수 없음이라. 너희 모두 나 한 사람을 도와 하늘의 벌을 극
　진히 하라. 내 너희에게 보답을 크게 주리라. 너희 내 말을 믿으라. 내가 식
　언(食言)하지 아니하리라. 너희 내 맹서를 좇지 않으면, 내 너희를 처자까
　지 죽이어 용서할 바를 두지 아니하리라.……성탕(成湯)이 걸을 남소(南巢)
　에 내치시고 부끄러운 마음을 내시어 이르시되, 내 내세(來世)에 나로써 구
　실을 삼을까 저어하노라.

　이 탕왕의 맹서하는 말에서 나타나는 것은, 우선 걸을 치려는 자기
의 행위가 천명에 의한 정당방위임을 강조한다는 점이다. 그러므로 자기
의 생각과 태도는 천명으로 된 것이며, 그것이 천명인 것은 너희들의 평
소 생각과 불만 속에 이미 드러나는 그것이요, 천명을 받들어서 하는 자
기의 혁명에 적극 지지하고 힘써 줄 것을 바란다는 것이다.

　그러면서도 한편으로는 군주의 위엄과 절대성을 들어없는 교활한
인간의 의지를 읽을 수 있다. 자기의 혁명사업이 성공만 되면 후한 보상
을 하겠다는 것이다. 결코 약속을 안 지키는 따위의 식언은 없으리라고

강조한다. 그리스 신화에 신들이 툭하면 티그리스강이나 올림푸스산을 걸어 맹서하는 것과도 비슷한 장면이다.

순수한 천명만이라면 거기에는 제사와 계시가 있을 것이지, 인간의 권위나 의지는 낄 틈이 없을 것이다. 이것은 하늘에 제사나 지내 오던 우주의 질서법칙이 인간의 도덕과 가치기준으로 옮아오는 과정에서 만들어지는 불가피한 인간의 심리적 표현이다. 그래서 성탕이 혁명을 성공시킨 후, 후세에 나와 같은 자가 나와서 나의 일을 전례로 핑계삼지 않기를 바란다고 꺼려 부끄러워 한 것이다.

제사에서 점복으로

탕왕이 한번 혁명의 기치를 내걸고 정벌에 나서자 천하의 인민이 그를 다투어 환영했다는 것은, "처음 정(征)함을 갈(葛)로부터 하시어, 동으로 정(征)하심에 서이(西夷)가 원망하며, 남으로 정(征)하심에 북적(北狄)이 원망하여 이르되 어찌 홀로 우리는 후(後)에 하시는고 하며, 가신 곳의 백성들은 집안이 서로 경하하여 이르되 우리 임금을 기다렸다. 이제 우리는 소생하리라" 했다는 것으로 보아서도 알 수 있는 일이다.

그러나 탕은 천명에 의한 혁명을 해 냈음에도 마음 한 구석에는 어딘가 불안하고 개운치 못한 것같은 그을음이 어룽지고 있었다. 그것은 하늘의 제사를 땅 위의 현실로 나타내는 데서 오는 막연한 두려움이 숨쉬기 때문이었다. 물론 그런 심리적 리듬과 미세한 운명을 그가 확실하게 알고 있는 것은 아니다. 그저 무엇인지 모르게 다가서는 불안한 느낌이었을 뿐이다.「탕고(湯誥)」를 통해서 그것을 읽어보자.

걸(桀)이 덕을 멸하고 헛된 위엄을 지어 이로써 음학(淫虐)을 너희 백성

위에 편즉, 너희 만방 백성이 그 흉길(凶吉)을 만나 씀바귀와 독을 참지 못하여, 천지귀신(天地鬼神)께 모두 고하니 하늘의 도는 선(善)을 복(福)하시고 음(淫)을 화(禍)하시는지라. 재앙을 하(夏)에 내리시어, 이로써 그 죄를 밝히시니라. 이러므로 나 소자(小子)가 하늘이 명령하신 맑은 위엄을 가져 감히 놓지 못할 것이므로, 검은 숫소를 써 상천(上天)과 신명께 밝혀 하(夏)의 죄를 청하고, 원성(元聖)을 함께 힘을 모아 너희로 더불어 명(命)을 청하노라. 상천이 진실로 하민(下民)을 도웁는지라.…… 이에 내 죄를 천지에 얻을는지 알지 못하여 전율하고 두려워 장차 심연에 떨어질 듯 하노라. 무릇 우리가 세운 나라는 법도 아닌 것을 좇지 말며, 일락(逸樂)에 나아가지 마라. 각각 네 떳떳함을 지켜, 이로써 하늘의 아름다운 명(命)을 받들라.

너희가 선을 두면 내가 감히 가리지 못할 것이요, 허물이 내 몸에 이르러서는 감히 스스로 용서치 못할 것이니, 선택하심은 상제(上帝)의 마음에 있나니라. 너희 만방에 죄가 있음은 나의 부덕에 있고, 나 한 사람의 죄 있음은 너희 때문이 아니라. 오호라, 이 때에 서로 정성스러움이 있어야만 또한 좋은 끝이 있으리라.

천하의 허물은 오히려 임금의 것이거니와, 임금의 죄는 개인적인 것이지 천하에 책임이 없다고 한 말은, 요새 세상의 인기주의에서 나온 것이 아니라 진실로 천지의 이치되어 가는 것이 그러하기 때문이다.

임금된 자는 백성의 꼭대기에 서는 자이다. 그 사람 성격의 변덕스러움이나 신경질 따위의 사소한 분위기는 그대로 해를 가리는 구름같은 것이어서 가깝게는 그 측근자들에게 영향을 주지만, 점차적으로 천하에 미쳐 마침내 천하로서도 짜증스럽고 불편해지게 되는 것은 어쩔 수 없는 노릇이다.

또 여기서 상천(上天)이니 상제(上帝)니 하는 것이 하우(夏禹) 때까지의 한울님 사상과 같은 것이면서도, 인간의 의지 쪽으로 많이 당기어진

개념이라는 데 주의할 필요가 있다. 탕(湯)의 혁명선서에서 이미 그런 것처럼 삼라만상과 우주를 통으로 생각해 온 지금까지의 제사의식이 인간의 뜻과 욕심에 의해 나누어지고 찢기는 것을 느끼게 됨과 같은 것이다.

그러나 그런 것들이 어느 날 갑작스럽게 나타나는 것은 아니다. 역사의 진보는 소걸음처럼 느린 것이어서 점차적으로 쌓이고 모여, 그것이 회전되어서 마침내 나타나게 되는 것이다. 탕왕이 죽고 나자 그의 손자 태강이 즉위해서 그 결과는 한번 나타났다가 고쳐지지만, 거기까지 가기 전에 탕왕이 비를 비는 것을 볼 필요가 있다.

위의 내용에 나타나는 바, 무려 7년이나 가뭄이 계속되었다고 했다. 요임금 때의 9년 홍수에 비례하는 7년의 가뭄이다. 천문을 맡아보는 태사의 점괘는 사람을 희생으로 바쳐야 될 것으로 나타났다. 하필 천문을 보는 태사가 점을 친다는 것도 그렇지만, 사람을 희생으로 바쳐야 된다는 것도 당연했을 일이다. 인간의 의지가 우주의 법칙을 흐렸기 때문이다. 그래서 탕왕이 자기를 몸소 돌아보고, 부덕했던 여섯 가지 조항의 꾸짖는 말로 하늘에 아뢰었다. 법칙의 막힌 것이 풀렸으므로 마침내 비는 왔다.

그런데 우리는 여기서 한 가지 재미있는 사실을 짚으면서 넘어가야 된다. 후세의 공자가 유교를 완성하고 그 수행의 무리를 일컫는 말로 '선비'라 했거니와, 이 선비라는 말은 사실은 무당의 무의식(巫儀式)을 나낸 데서 유래하고 있다는 점이다. 유(儒)자가 그것이다. 이 글자는 사람이 [人] 비를 빌기 위해[雨] 띠풀을 깔고[一] 그 위에 앉아 있는데[ㆍ], 그 앞에 다른 사람들이 여럿 늘어 서 있는[而] 것을 형상화한 것이다. 이것은 탕임금이 상림의 들에 나가 자기를 희생으로 바칠 때의 풍경이다.

선비라는 말은 결국 유교가 차지했지만 근본 뜻은 인간의 의지를 붙드는 것이 아니라 하늘의 의지를 붙드는 데서 나온 것이다. 이 선비가 훗날에 와서 귀신을 말 못하게 했다는 것은 역사의 아이러니가 아닐까?

그런데 한번 떠임을 받아 높은 자리에 앉게 되면 사람은 제 속의 욕심에 속게 마련이다. 탕이 죽고 나자 어질고 덕망있는 사람을 찾는 대신, 따져 보지도 않고 그 직계 손이 그 자리에 앉는다. 그 사람이 죽고 나자 다시 그 아우가 대신한다. 이렇게 눈 어두운 짓을 하면서도 반성이 없다. 하(夏)나라의 멸망도, 원인은 그들 왕실의 직계에 의한 무리한 욕심에서였지 다른 것이 아니다. 하왕조를 뒤엎은 혁명을 했던 사람의 자손들이 그것을 모를 리가 없다. 그런데 그 전철을 그대로 밟고 있는 것이다.

밝지 못한 태갑이 임금이 되니, 인간의 욕망과 충동을 앞세워 못난 짓이나 했을 건 당연하다. 하늘을 잊어버리고 조상의 성덕(聖德)도 잊었다면, 그 사람에게 남은 건 어차피 사치한 생활과 방탕한 술자리였을 것이다. 생명은 승화가 아니면 타락이다. 제자리 걸음의 정체란 없는 법이다. 특히 문물을 움켜쥔 인간의 생명은 더욱 그런 법이다.

왕이 능히 변(變)치 못하신대 이윤이 이르되 불의를 익히어 나쁜 버릇이 성품을 만드니, 나는 불순(不順)에 익지 않게 하기 위해 동(桐)에 궁(宮)을 지어 선왕께 친근케 하여, 경계하여 세상에 혼미치 않게 하리라. 왕이 동궁(桐宮)에 가 근심에 사시어, 능히 마침내 덕을 믿으시다.

이윤이라면 탕과 함께 혁명을 했던 뛰어난 인재다. 선왕이 가고 어두운 태갑을 섬기면서 그가 방일하여 나쁜 버릇에만 탐닉하고 있으므로, 보다 못해 탕왕의 가까운 동(桐)에다 궁(宮)을 짓고, 거기서 죽은 중임의 복을 3년 입도록 했다. 말하자면 연금이다. 그러나 세상은 이윤이 딴 마음을 품어서라고 생각지는 않았다. 그만큼 이윤은 드물게 어진 인물이었다.

언제나 즉시로 묘(廟)가 보이는 곳이라, 그 때마다 선왕의 일을 생각해서 스스로 반성하는 마음이 나도록 하기 위한 것이다. 그리고 꾸준히

간하기를 쉬지 않았다. 이윤의 애씀은 헛되지 않아, 태갑도 3년상의 복을 벗었을 때는 마침내 덕에 힘쓰는 군주가 될 수 있었다. 『상서(尙書)』의 태갑편(太甲篇)에 있는 말이다.

인간의 욕망은 하늘과 땅을 한 점 먹줄로 놓아서 꿸 때, 그 관계 속에서만 올곧게 선다. 태갑의 어둠과 어리석음은 그 관계의 이탈에서 빚어졌던 것이다. 그것을 밝게 증거하는 것이 마음을 고친 태갑이 이윤에게 하는 말에서 잘 나타난다.

왕이 손에 절하고 머리를 조아려 이르시되, 나 소자(小子)는 덕에 밝지 못하여 스스로 불초(不肖)에 이르러 욕망으로 법도를 패하며, 방탕으로 예를 패하여 이로써 허물을 몸에 부르니, 하늘이 지으신 재앙은 오히려 가히 피하거니와 스스로 지은 재앙은 가히 도망하지 못하나니, 기왕에 스승의 훈계를 등져 그 처음에 능치 못하나, 거의 광구(匡求)한 덕을 힘입어 그 마침을 도모하나이다.

이윤이 다시 왕께 고하였다.

오호라, 하늘은 친함이 없으시어 능히 공경하는 이를 친하시며, 백성은 떳떳이 생각함이 없어 인(仁)이 있는 데를 생각하며 귀신은 떳떳이 흠향함이 없어 능히 정성스러운 데 흠향하나니, 천위(天位)가 어려우니이다. 덕이면 다스리고 덕이 아니면 어지러운지라. 치(治)와 더불어 도(道)가 같으면 흥(興)치 아니함이 없고, 난(亂)과 더불어 일이 같으면 망(亡)치 아니함이 없나니, 종(終)과 시(始)에 그 같이 하는 바를 삼가하는 이는 밝음을 밝히신 임금이니이다.

이윤이 하늘과 백성과 귀신이 본래로 정해진 데가 있어서 ─ 떳떳함이 있어서—그곳에 돌아가는 것이 아니라, 높낮은 데가 없이 공경하고 인(仁)하고 정성스러우면 바로 그곳에 돌아간다고 한 말은, 결국 덕을 닦으라는 말이요, 그래서 천자의 지위가 어렵다 한 것이다.

태갑의 불초함도 부덕(不德)에서 온 것이지만, 그가 마침내 유종의 미를 거둔 것도 바로 이윤의 바람을 구한 덕을 힘입었음이다.

삼황오제는 천지를 내 한 몸으로 생각했으므로 새삼스럽게 덕(德)이니 도(道)니 할 일이 없었다. 그러나 차차로 인지(人智)가 열려 사람이 이것 저것을 분별해서 생각하게 되고, 인간의 존재가치를 유독 특별한 것으로 인식하게 되면서부터 덕을 강조하는 경향이 뚜렷이 나타나고 있다. 강조한다는 것은 그만큼 멀어지고 있거나 이미 멀어져 있기 때문이다. 그리고 그 덕을 나타내고 붙잡으려는 방식도 옛날의 제사방법과는 달리 직감적이면서 치열해지는 쪽으로 나오고 있다. 이것이 반경의 천도(遷都) 사건을 통해 잘 나타난다. 제사 대신에 점(占)이 나왔다는 것이 그것이다.

하늘이 상(商)나라를 사사로이 어여삐 여겨 권세를 준 것이 아니라 오직 순일한 덕(德)을 도운 것이며, 상(商)이 아랫 백성에게 억지로 구한 것이 아니라 백성이 저절로 순일한 덕에 돌아와서 천하의 대세가 결정됐다는 이야기, 하늘은 지금도 좋은 징조와 나쁜 조짐을 그 덕 있고 없음에 나타내고 있다는 이야기는 반복되지만, 그 속에는 어딘가로 근본에서 멀어지고 있는 듯한 느낌이 점점 뚜렷이 나타난다.

단(壇) 쌓는 제사보다 마른 거북 껍질에 나타나는 길흉의 점괘를 읽는 것이 쉽고 간편한 것처럼, 제왕의 덕도 숨가쁘게 강조는 되면서도 하늘 마음에서 인간의 심장 쪽으로 옮겨지는 동안 점점 얇고 강퍅하게 느껴지는 것이다. 그리고 무엇보다 백성이 제 생각을 갖는 것이 보인다.

반경은 은(殷)의 17대 임금이다. 원래 상(商)은 박이 수도였으나, 형편상 수도를 여러 번 옮기다 조을(組乙)에 이르러 경으로 수도를 삼게 되었다. 그런데 반경의 대에 홍수가 덮쳐서 또 다시 천도를 않으면 안되게 되었다. 그래서 원래 있던 박으로 옮기려 한 것이다. 이것이 무려 다섯 번째의 천도이다.

반경은 생각 생각하다가 우선 점부터 쳤다. 길(吉)이다. 옮기라고 한다. 그러나 백성은 쉽게 들으려 하지 않으므로 천명에 의한 것이라고 설득을 할밖에 없다. 가까운 설득은 조정의 벼슬아치들로부터다. 그들이 여론을 만들고, 또 실제 가진 것이 많은 자들이므로 옮기는 일을 귀찮게 여겨서다.

오너라 너희 무리야. 내 너희에게 말씀하노니, 너희의 (대책없는) 생각을 버려주기 바라며, 눈 앞의 편안함만을 생각지 말라……옛 우리 선왕이 너희 할아비와 너희 아비로 함께 편안하며 함께 힘쓰시니, 내 감히 (도에 어긋나는) 아닌 벌을 움직여 쓰랴. ……이제 내 너희를 명하노니, 한결같음을 굽게 할까 두려워하노라. 너희 명(命)을 하늘에 맞아 잇노니 내 어찌 너희를 위협하리오. 너희를 받들어 기름이니라.

천도에 신물도 났겠지만, 실제 경은 그만하면 좋은 수도다. 그래서 안 가려는 생각들이 많다. 그러나 홍수가 휩쓸고 간 수도를 복구하는 것보다는 옮기는 편이 낫고, 장차의 일을 봐서도 그것이 나을 것 같다. 우리는 선조 때부터 즐거운 일도 함께 즐거워하고, 괴로운 일도 함께 괴로와했다. 내가 결코 도에 어긋나는 것을 요구하는 것이 아니라, 천의(天意)에 의해서다. 점에도 나와 있다. 이렇게 가르치고 깨우쳐도 끝까지 왕명(王命)을 배반한다면 벌주는 것도 부득이한 일이다.

이렇게 어르고 달래어 마침내 백성과 함께 신도읍지에 천도했다. 그러나 불평을 내놓는 자는 아직 많았다. 이미 현실에 뿌리를 박은 백성이다. 옛날 제사나 지내던 때와는 같을 수가 없다.

　　……너희에게 내 뜻을 고하니, 너희를 죄(罪)치 않으리라. 너희도 함께
성내어 나 한 사람을 참소하는 말로 명(名)하여 좇지 말라.……이러므로 나
한 사람이 그 꾀를 폐하는 것이 아니라 착함을 씀에 지극하며, 각각 점(占)
을 어기는 것이 아니라 이 큼을 크게 하려 함이니라.

　　사뭇 애원이고 사정조다. 이렇게 되면 점(占)이 그들 위에 군림하는
목적이 아니라 그들을 통솔하는 데 필요한 방편이 될 위험이 있다. 격하
인 것이다. 그러나 제사 시절에 비해 그렇다는 것이지, 아직 방편은 아니
다. 방편이 되는 것은 『주역(周易)』이 정리된 이후의 일로 공자를 기다려
서야 된다. 아직은 메마르다 해도 천하에 덕이 쓰이고 있고, 덕이 모자라
는 군주는 덕을 쌓기에 애쓰고 있었다.

　　무정이 꿈을 꾸고 열(說)—說은 悅이다. 열이라고 읽는다—을 얻
었다는 것도 아직은 세상이 좋은 세상이기 때문이다. 무정은 부끄럽지 않
게 덕치를 했던 고종(高宗)이다. 그에게 기용된 열은 부암이란 곳에서 남
의 부역을 대신해 살면서 밥벌이를 하던 은둔자였다. 그래서 그를 부열이
라 부른다. 『신선통감(神仙通鑑)』이란 책에는 부열의 이야기가 좀 색다르
게 씌어 있다.

　　은나라 20대 임금인 무정이 신해년 봄에 꿈을 꾸었는데, 동왕공이 나타
나 하는 말이 "나는 동북녘에 있는 혼 붉산의 신선이다. 마침 곤륜산에 모
임이 있기로 너희 땅을 지나가고 있다" 한다. 무정이 동왕공에게 어진 신하
를 가리켜 주기를 부탁했더니, 그가 한 사람을 지정해 주어 나라 일을 돕게
하였다.

하나의 부열이 눈에 띈 것은 그렇게 숨어사는 다른 부열이 많다는 이야기다. 그 부열이 고종에게 발탁되어서 한결같이 내세운 것도 오직 덕이었다. 천자가 덕을 닦을 때만 천하의 백성은 제 직분에 충실하게 된다고 가르친다. 그래서 고종은 덕을 닦기에 부지런을 피운 임금이지만, 순 이후 우와 탕의 덕이 얇아지듯 어쩔 수 없는 허점을 드러내는 것이 보인다.

고종이 조상 탕의 제사를 지내는 날 꿩 한 마리가 솥전에 앉아 운다. 솥은 제기(祭器)다. 우(牛)·양(羊)·시(豕)의 삼생(三牲)을 쪄서 솥에 넣어 바치는 정중한 예다. 그런데 그 솥전에 들꿩이 앉았다는 것은, 은나라 사직터가 장차 들꿩의 밭이 될 것이라는 무서운 조짐이다(태무 시절에 대궐 뜰에서 뽕나무와 닥나무가 함께 자랐다는 것도 같은 징조다). 그러나 동시에 제사를 받은 탕임금이 현재의 군주에게 무엇인가를 말하고 있는 것이기도 하다.

마침 조기(組己)라는 신하가 임금에게 그 원인을 들어 말한다. "탕왕의 제사를 다음날까지 거듭해서 지내는 것이 이유입니다. 자신과 친함을 느껴 지나치게 한다는 것은 치우친 것입니다. 치우친 것도 임금된 자의 덕일 수 없습니다" 했다. 옳게 본 것이다. 고종은 성탕을 특별히 사모해서 제사를 이틀째로 지냈던 것이다.

은(殷)·한인(韓人) 동족설

은나라의 유적지가 고고학 위에 올라오면서 은은 산동반도, 요동반도, 조선반도와 함께 동일한 종족으로 보려는 것은 그 방면의 학자들로서 의견이 일치하는 터다. 소위 예·맥의 새의 토템이라는 것이 그것인데, 고고학적으로는 흑도문화와 연결이 되는 모양이다.

그들은 예·맥이 삼황오제 중의 한 분인 소호씨(少昊氏)에 속하는 동일 민족이며, 동일 지역에서 후에 순(舜)과 은(殷)민족 및 한 계통의 민족집단인 예·맥이 출현했다고 말하고, 예·맥과 은인(殷人)을 동원(同源)으로 규정한다.

이런 주장을 먼저 들고 나오는 것은 중국의 저명한 고고학자들이다. 또 이들 주장은 은허의 발굴에서 점점 확연하게 드러나고도 있다. 살핀 바 문헌이 은(殷)은 소호씨의 후예가 아니라 제곡(帝嚳)의 후예라 했는데, 어쨌거나 결국은 같은 이야기의 반복일 것이다.

우리는 은의 문화에서 어딘가 산의 문화, 산의 창조성같은 것이 들어 있음을 직감한다. 제사의식에서 점(占)을 계발해 내는 지혜라든지, 꿈에 본 사람을 찾아다가 재상을 삼았다는 허황한 이야기, 제사 솥전에 꿩이 날아와 계시를 주었다는 것, 천신을 만들어 놓고 도박을 하다가 벼락을 맞아 죽었다는 따위가 어딘지 우리 쪽의 느낌과 통한다.

근본을 더듬으면 중국 역사 자체가 신화 투성이의 역사라는 감이 잡힌다. 산에서 쏟아져 나온 산 사람들이 그들 문명 초기의 주역이었기 때문일 것이다. 그러나 중국 사람들은 그런 모든 것을 철저하게 자기들 감각으로 소화해서 뿌리 박아 버리는 어쩔 수 없는 업(業)을 지니고 난 사람들이다. 그래서 산 사람들의 신화, 산 사람들의 예지와 문화를 착실히 자기들 것으로 길들여 버린 것이다.

은나라만이 아니라 하나라의 역사에도 산 사람들의 생명력과 창조성은 번뜩인다. 그 위로 올라가면 더 말할 것도 없다. 그러나 하필 은나라를 문제삼는 것은 산 사람들의 자손이 직접 전승해 온 왕조이기 때문에 산의 정기, 산의 입김이 더 진하게 남아 있고 원형대로 보존되어 있다는 강점을 가져서다. 그러나 발굴되는 고고학의 유물에 기대를 걸어서 해보는 소리지 저들의 문헌에 기대를 걸어서는 아니다.

저들 문헌은 자기네 입맛에 유리한 것만을 적는다. 어쩌다 색깔이

다른 상황이 눈에 띄면 그것을 그대로 적는 것이 아니라, 질겁을 해서 사정없이 저희들의 틀거리에 맞추어 버린다. 그것이 공자 이후 내리내리 이어 온 버릇이다.

저들은 제 부끄러운 것을 숨기고 역사를 쓴다.(爲中國諱恥) 또 저는 높이고 남은 깎는 것을 원칙으로 한다.(肯鞱而陋夷狄) 저는 자세히 말하고 남은 간추려 말한다.(詳內略外) 이것이 저들 사가(史家)들의 습관이다. 그래도 공자 그 사람만은 좀 달랐지 않겠느냐고 생각하는 이가 있을지 모른다. 착한 생각이다. 그러나 공자 그 사람이 누구였는지 내친김에 살펴보자.

공자가 『춘추』를 지을 때의 이야기다. 당시 240년의 노(魯)나라 역사에는 여섯 명의 임금이 피살되거나 쫓겨나거나 한 사실이 있었다. 그러나 그는 『춘추』에 그 사실을 한 자도 기록하지 않았다. 그런 식으로 주(周)나라 일도 기분에 내키지 않으면 일체 덮어 버렸다. 노나라는 그의 조상나라이고, 주는 그가 재건해 보고 싶은 이상의 나라인 까닭이다. 존경하는 사람, 가까운 사람, 어진 사람의 일은 감추는 것이 그가 정의하는 유교의 예법이었기 때문이다.

이런 공자의 일방적인 윤리는 삼황오제 시절을 지나오는 동안 엄청나게 쌓였을 신화를 제 입맛대로 고치고 깎아 없애고 했으리라는 건 어렵지 않은 추측이다. 은왕조의 기록도 분명 그렇게 고쳐졌을 것이다. 그래서 출토유물에서 나타나는 은왕조의 독특한 개성을 한족(漢族)들의 감각으로 처리된 역사문헌에서는 건질 수가 없는 것이다.

그런데 여기 원문에 기자와 비간의 이야기가 실려 있다. 기자라면 옛 조선 역사에서도 진위(眞僞)가 논의되었던 인물이다. 이제 그들을 더 듬어서 은의 자손이 그 뒤로 어떻게 되어 묻혀 가는지 알아보도록 하자.

『서경(書經)』 상서(尙書)의 미자편(微子篇)을 보면, 그는 주(紂)의 음란과 포악무도한 정치를 보면서, 자기네 나라가 망한다는 것을 미리 근심하고 있었다. 그래서 어느 날, 기자와 비간을 불러 앉히고 장차의 일을 의논한다. 그들은 다 같은 왕족이다. 촌수를 가린다면 미자는 주의 이복형이고, 기자는 숙부였고, 비간은 당숙뻘이다. 그러나 나이를 말하면 미자가 연상이고 또 왕족의 직계 혈통이다.

미자가 이렇듯이 이르시되, "부사(父師)와 소사(小師)야, 은나라가 혹 사방을 다스려 바루지 못하리니, 우리 할아비 이르러 위에 벌려 계시거늘, 우리가 술에 빠져 주정하여 그 덕을 아래에서 어지럽혀 패하노라." 그리하여 자기는 셋 중 연장자지만 걱정만 했지 꾀가 없다. "들길을 걸으며 열조(列祖)를 생각하나 아득할 뿐이다. 그러니 어떻게 하면 좋은가?" 기자가 말했다.

"당신(왕자) 말대로 하늘은 상(商)을 버렸다. 애당초 우리는 주가 덕 없음을 알고 왕의 자리에 당신 미자를 추천했지만, 의견은 쓰여지지 않고, 그 전말을 알고 있는 주는 당신 의견은 무엇이든지 일부러 쓰지 않는다. 우리는 일어나서 그 재앙을 같이 받아야 된다. 신분상 책임을 피할 수가 없어서다. 나는 상(商)이 망할 줄은 알지만, 그것 때문에 누구의 신하가 될 생각은 없다. 그러나 당신은 나와 다르다. 조상의 제사를 받들어야 할 책임이 있다. 그러니 어서 이 자리를 피해 안전한 곳으로 도망쳐 주기 바란다."

비간이 무슨 말을 했다는 기록이 없는 걸 보면 그는 시종 잠잠히 듣고만 있었던 모양이다. 그러면서 자기의 할 바를 마음에 정하고 있었을 것이다. 그 후 기자는 거짓 미쳐서 종이 되고, 비간은 가슴을 찢기고 심장이 도려내져서 죽고, 미자는 도망하여 뒤에 주(周) 무왕(武王)으로부터 은(殷)의 제사를 잇도록 송(宋)나라에 봉해진다.

미자도 그의 개인 생각같으면 기자처럼 미쳐 버리거나 비간처럼 장렬하게 죽고 싶었을지 모른다. 그러나 개인적 의견을 갖기 전에, 도덕의 질서에 따라 명분을 행사하는 것이 대장부의 할 바다. 미자는 그렇게 생각했을 것이다.

그러나 그 훗날의 역사가 전하는 것을 보면, 미자의 송나라는 두고 두고 주(周)나라 후예들의 안주감으로 씹힌다. 어리석은 것, 되다가 만 것은 모두 송나라 사람들 짓으로 돌려지고, 세상물정에 어두운 사람들의 우화도 송나라 것으로 돌려 버린다. 거기에는 주나라 사람들의 고의적 횡포 내지 불순한 지성의 함정이 있음이다. 그것이 미자의 송나라, 아니 빛나는 문화를 남겨 준 은(殷)나라에 대한 주의 예우였다.

07
주왕조周王朝

주나라 무왕(武王)은 성이 희(姬)요 이름은 발(發)이니 후직(后稷)의 16
대 손자다. 후직은 이름을 기(棄)라고 했다. 기의 어머니는 강원(姜嫄)이니
제곡의 제1부인이었다.

강원이 어느 날 들판에 나갔다가 거인의 발자국을 보고, 어쩐지 마음에
끌리어 그 발자국을 밟고서 기를 낳았다. 그러나 이것은 불길한 아이라 하
여 길가에 내다 버렸다. 그랬더니 지나가는 소와 말이 피해 가고 밟지 않았
다. 이번에는 산중 수풀 속에다 버리려 하였다. 마침 그때 산에 사람들이
많이 있었다. 다시 옮겨다가 이번에는 개천의 얼음 위에 놓아두었다. 그랬
더니 새들이 날아와 날개를 펴 덮어서 따뜻하게 해주었다. 이것을 본 강원
은 아마도 신의 아들인가 보다고 생각하고 마침내 안고 돌아왔다.

기는 어릴 때부터 어른다웠다. 생각하는 것이 어른다웠고, 노는 데도 풀
이나 나무 심기를 좋아했다. 어른이 되자 곧잘 땅을 살펴보고서 무엇이 그
땅에 알맞는가를 연구했다.

그리하여 백성들에게 농사를 가르쳤다. 그는 도당(陶唐)·유우(有虞)·

하(夏)의 3대 동안에 출세하여 농사(農師)가 돼서 태(邰)——섬서성 상주(商州)——에 봉토를 받았다. 성을 희(姬)로 정하고 호를 후직이라고 했다.

후직이 죽고 그 아들 불굴(不窋)이 뒤를 이었다. 이 무렵 하(夏)나라의 정치가 쇠퇴하여 불굴은 그 벼슬을 잃고 융적(戎狄)의 나라로 도망갔다. 불굴이 죽고 그 아들 국(鞠)이 뒤를 이었다. 국이 죽고 그 아들 공류(公劉)가 뒤를 이었다. 공류는 후직의 업을 닦아 농사지도에 힘썼으므로 다시 백성들은 모두 친근해졌다.

공류가 죽고 그 아들 경절(慶節)이 뒤를 이어 빈(豳)——섬서성 빈(邠)——에 나라를 세웠다. 경절의 다음에 황복·참불·훼유·고어·인어·공손조를 지나서 고공단보에 이르렀다. 북쪽 오랑캐 훈육——흉노——이 쳐들어 왔으므로 빈을 버리고 칠수(漆水 : 沮水)를 건너 양산(梁山)을 넘어서 기산(岐山) 기슭에 이르러 자리를 잡았다. 빈 지방의 사람들은, 고공단보(古公亶父)는 어진 사람이다, 그를 잃어서는 안된다 하고, 늙은이를 부축하고 어린 아이를 업고서 모두 고공의 일족을 뒤따랐다. 그뿐 아니라 부근의 여러 나라들도 다 그에게 귀순했다.

고공의 맏아들은 태백(太伯), 둘째는 우중(虞仲)이라고 했다. 그 후 고공의 비(妃) 태강(太姜)이 끝의 아들 계력(季歷)을 낳았다. 계력은 태임(太任)에게 장가들어 창(昌)을 낳았다. 창이 날 때 성인이 날 징조가 보였다. 형 태백과 우중은 아버지 고공이 계력을 세웠다가 나중에는 창에게 왕위를 잇게 하려는 생각을 가지고 있음을 알고 형만(荊蠻)——오(吳)——으로 가서, 그곳의 풍습을 따라 머리를 깎고 몸에 문신을 하여 끝의 아우 계력에게 자리를 양보했다.

고공이 죽고 계력을 지나 창이 뒤를 이었다. 그가 서백(西伯)——문왕(文王)——이다. 서백은 덕을 잘 닦았기 때문에 제후가 모두 귀복했다. 그 즈음 우(虞)와 예(芮) 두 나라 사이에 땅의 경계로 해서 분쟁이 일어나 좀처럼 해결이 나지 않았다.

두 나라 제후는 서백에게 해결해 줄 것을 부탁하려고 주나라로 갔다. 국경을 넘어 들어서니, 논밭을 갈고 있는 농민들이 밭두둑을 서로 사양하고, 백성의 풍습은 모두 어른을 존경하여 지극히 겸손했다. 두 제후는 이것을 보고 부끄럽게 생각했다.

"우리가 다투는 것은 주나라 사람들이 수치로 여기는 일이다." 그들은 서백을 만나 보지도 않고 자기 나라로 돌아가서 땅을 서로 사양하면서 살았다고 한다.

한남(漢南)―한수(漢水)의 남쪽―에서 서백에 귀순한 나라는 40여 국에 이르러 모두 말했다. "서백이야말로 천명을 받은 임금이다." 당시 천하의 3분의 2는 서백에 속해 있었다.

이때 여상(呂尙)이라는 사람이 있었다. 동해(東海)―동하(東河)라고도 함―사람이다. 늙고 가난하여 강에서 고기를 낚으면서 주나라까지 유랑해 왔다. 서백이 사냥을 나가려고 점을 쳐보니 그 괘는 이러했다.

"용도 아니요 이무기도 아니며, 곰도 아니요 큰 곰도 아니며, 범도 아니요 표범도 아니다. 잡는 것은 패왕(覇王)을 보필할 신하다."

과연 그 날 서백은 위수(渭水)의 북쪽에서 여상을 만났다. 그와 이야기를 해보고 서백은 크게 기뻐하며 여상에게 말했다.

"실은 선왕 태공께서 항상 후세에 반드시 주나라에 성인이 찾아온다, 그의 힘으로 주나라는 번성할 것이라고 하셨는데, 당신이 바로 그 성인인가 봅니다. 우리 선왕께서 당신을 바란 지 이미 오래입니다."

이리하여 서백은 여상을 태공이 바란 군자란 뜻으로 태공망(太公望)이라 존칭하고 자기의 수레에 함께 태워가지고 돌아와서 스승으로 모시고, 사상보(師尙父)라고 하여 존경했다.

서백이 죽고 아들 발(發)이 대를 이었다. 이가 곧 무왕이다. 무왕은 일찌기 동방에 대해 자기 군사의 위세를 보이고자 사진(査津)까지 군사를 이끌고 나갔다. 무왕이 황하를 건널 때, 흰 물고기가 배 안으로 뛰어들어왔다. 왕은 허리를 굽혀 고기를 잡아서 신에게 바치고 제사지냈다.

강을 다 건넜을 때, 불덩이가 무왕의 진중(陣中)에까지 이르자 한 마리의 새빨간 까마귀가 되어 '백(魄 : 안정된다는 말)'하고 울었다. 이 때 아무 기약도 없이 이곳에 모인 8백여 명의 제후들이 모두 입을 모아 부르짖었다. "주(紂)를 치자." 그러나 무왕은 "지금은 아직 그 때가 아니오"하고 군사를 이끌고 돌아왔다.

주왕은 점점 더 포악이 심해졌다. 그래서 무왕은 마침내 주를 치기로 결정하고 서백의 위패를 전차(戰車)에다 모시고 출전했다. 이 때 백이(伯夷)와 숙제(叔齊)는 무왕의 말 고삐를 잡고서, "무왕이여, 당신은 선친께서 돌아가시고 아직 복(服)도 마치지 못한 상중(喪中)인데 싸우다니, 그것을 효도라고 할 수 있겠습니까? 또 신하의 신분으로 군주를 죽이다니, 인(仁)이라고 하겠습니까?" 라고 말렸다.

좌우가 그를 베려고 했지만, 태공망이 그들을 말렸다. "이 사람은 의사(義士)다"하고, 호위하는 사람을 붙여 물러가게 했다. 이리하여 무왕은 은나라를 멸망시키고 천자가 되었다.

그리고 증조부 고공(古公)을 태왕(太王)으로 공계(公季)를 왕계(王季)로 추존하고 서백에게 문왕(文王)의 칭호를 추증했다. 천하의 백성은 다 주나라를 천자의 나라로 추대했다. 그러나 다만 백이·숙제의 두 형제만은 주나라의 신하가 되기를 부끄러이 여겨 주나라의 곡식을 먹지 않고, 서산(西山)──수양산(首陽山)·산서성 주부(州府)──에 들어가 고사리를 뜯어먹고 겨우 배고픔을 참으며, 노래로 그 심경을 나타내었다.

"서산에 올라가 고사리를 뜯네. 사나움으로 사나움을 대신하고 부끄러움을 모르네. 신농(神農) 우하(禹夏)가 홀연히 사라지니, 어디로 돌아갈꺼나. 아아! 어디로 갈꺼나. 다한 명(命)이여─" 이리하여 두 사람은 굶어 죽었다.

무왕이 죽고 태자 송(誦)이 섰다. 그는 성왕(成王)이라고 한다. 성왕이 아직 어렸기 때문에 주공(周公)이 섭정의 자리에 앉아 대신 정치를 했다. 이 때 관숙(管叔)·채숙(蔡叔)이 유언비어를 퍼뜨리어 "주공은 성왕을 위하지 않는다"하고 무경(武庚)을 받들어 모반을 일으켰다. 무경은 주(紂)의 아들

녹보(祿父)이니, 무왕이 은나라를 멸망시키고 그 후계자로 봉한 사람이다.

그래서 주공은 동정(東征)하여 무경과 관숙을 죽이고 채숙을 추방했다. 성왕이 장성하자, 주공은 섭정을 그만두고 정사를 성왕에게 돌려주었다.

일찍이 무왕은 호경(鎬京)을 영조(營造)하고, 이것을 종주(宗周)라고 하여 서도(西都)로 삼았다. 그는 다시 낙읍(洛邑)에 성을 쌓으려고 했으나 이루지 못하고 죽었다. 성왕은 무왕의 뜻을 이어 낙읍에 도읍을 만들려고, 먼저 소공(召公)으로 하여금 대궐 자리를 정하게 한 다음 뒤이어 주공을 보내 성을 쌓았다. 이것을 동도(東都)라고 한다.

낙읍은 전국의 중앙에 자리잡고 있어서 사방의 여러 나라에서 공물을 바치기에 편리한 위치였다. 왕은 서도(西都)에 거처하고, 제후의 조견(朝見)은 동도(東都)에서 행했다. 주공과 소공은 성왕을 도와 좌우의 보좌역이 되어서, 천하를 둘로 나누어 섬(陜)——하남성——에서부터 서쪽은 소공이, 동쪽은 주공이 각각 관할했다.

교지(交趾)——안남국(安南國)의 서쪽——의 남쪽에 월상시(越裳氏)라는 나라가 있었다. 성왕 때에 그 사신이 통역을 거듭하여 멀리 주나라에 와서 상서로운 흰 꿩을 바치고 이렇게 말했다.

"저는 임금의 명령을 받아 사신으로 왔습니다. 3년이나 계속해서 하늘에 폭풍이며 장마의 재앙이 없고, 바다에 노도와 격랑의 조짐이 없어, 생각하건대 이것은 중국에 성인이 나서 천하를 다스리기 때문일 것이니, 고마운 일이라고 가서 사례하고 오라는 명령을 받고 왔습니다."

주공은 성왕의 어진 덕에서 온 것이라 하여, 그 흰 꿩을 조상의 영전에 바치고 보고했다. 월상국의 사신은 가는 길을 찾을 수가 없어 주공이 변거(軿車) 5대를 주었다. 이것은 지남거(指南車), 곧 바늘이 항상 남쪽을 가리키는 수레였다. 사신은 이 수레를 타고 부남(扶南)——지금의 타일랜드 지방——임읍(林邑)을 거쳐서 해안선을 따라 1년 만에 귀국했다. 주공이 지남거를 준 것은 멀리 있는 나라들로 하여금 조공을 오게 해서 사방을 평정하려는 때문이었다.

선왕이 죽고 아들 강왕(康王) 교가 대를 이었다. 성왕과 강왕의 두 시대를 통해 천하가 태평하여, 형법이 있었건만 40여 년 동안이나 이것을 쓸 필요가 없을 정도였다.

강왕이 죽고 아들 소왕(昭王) 하(瑕)가 왕위를 이었다. 소왕은 남쪽을 순행하여 초나라에 이르렀는데, 아교를 칠한 배를 탔다가 물에 빠져 죽었다. 목왕 만(滿)이 왕위를 이었다. 이때 조보라는 자가 있어 말을 부리는 기술이 뛰어났으므로 왕에게 총애를 받았다. 얼마 후 왕은 여덟 필의 준마를 얻었으므로 조보로 하여금 말을 몰게 하여 천하를 두루 다녀서, 이르는 곳마다 자기의 수레바퀴와 말 발자국을 남겨 놓으려고 했다.

왕은 일찌기 서쪽을 순행할 때 세상에 널리 알려진 선녀 서왕모(西王母)와 요지(瑤池)에서 주연을 벌여 흥겹게 놀면서 돌아갈 것을 잊고 있었다.

이 틈을 타서 서(徐)나라의 언왕(偃王)이 난을 일으켰다. 조보가 왕의 어자(御者)가 되어서 말을 달려 돌아와 일단 난을 진압하였다. 그리고 초나라에 명하여 서나라를 치게 했다. 그리하여 서나라는 패했다. 그 후 왕은 견융(犬戎)을 토벌하려고 했다. 채공(蔡公) 모보(謀父)가 간했다.

"선대의 주상들은 덕을 빛내시고 병력으로 억누르려고는 하지 않으셨습니다. 견융의 군주는 우리에게 복종하고 있는데, 그를 치면 반드시 실패합니다."

목왕은 듣지 않고 견융을 토벌했다. 그리하여 흰 이리 네 마리와 흰 사슴 네 마리를 잡아가지고 돌아왔다. 그 후부터는 먼 나라에서는 조공이 오지 않았고, 제후들도 화목하지 못했다. 목왕이 죽고, 아들 공왕 예호가 왕위를 이었다. 공왕이 죽고 아들 의왕 난이 대를 이었다. 의왕이 죽고 아우 효왕 벽방이 계승했다. 효왕이 죽고 아들 이왕 섭이 계승했다. 이 때는 이미 왕의 권위가 떨어져서, 왕이 자리에서 내려와 제후를 만나 보는 형편이었다. 그래서 초나라가 처음으로 왕이라 참칭하기에 이르렀다.

이왕이 죽고 아들 여왕(厲王) 호(胡)가 왕위에 올랐다. 여왕은 포악무도해서 백성을 괴롭혔으며 교만하고 사치했다. 그래서 백성은 왕을 좋게 여기지 않았다. 왕은 위(衛)나라 태생 무녀(巫女)를 시켜 왕을 욕하는 자를 살피게 하고, 무녀가 고발한 자는 모두 죽였다. 백성은 두려워서 서로 길에서 만나도 말이 없이, 다만 눈으로 인사하고 원한을 말하게 되었다. 왕은 기뻐했다. '내 위엄으로 백성의 비방은 없어졌구나.'

어떤 사람이 왕에게 간했다.

"그것은 다만 억지로 백성의 입을 틀어막은 것 뿐입니다. 백성의 입을 막는 것은 강물을 막는 것보다도 더 나쁜 결과를 가져옵니다. 강물을 막으면 반드시 둑이 터져서 많은 사람의 목숨을 해칩니다. 하물며 백성의 마음을 내리누르는 해독은 한없이 깊고 큰 것이라고 생각합니다."

그러나 왕은 이 말을 듣지 않았다. 그로 말미암아 백성들은 무리를 지어 모반을 일으켰다. 왕은 서울에 있을 수 없어서 체——산서성 평양(平陽)——로 달아났다.

그 후 주공과 소공 두 재상이 협력해서 나라를 다스렸다. 이 동안을 공화(共和)라고 했다. 이렇게 14년을 지나 여왕은 체에서 죽고, 아들 선왕(宣王) 정(靜)이 왕위를 이었다. 선왕은 어진 사람을 등용하고 유능한 사람을 우대했다. 그 중에서도 소목공·방숙·윤길보·중산보 등 어진 사람들이 왕을 잘 보좌했다. 선왕은 이들과 함께 나라 안 정치와 외교에 힘썼으므로 왕의 덕화가 다시 행해져서 주나라 왕조는 중흥했다.

선왕이 죽고 그 아들 유왕(幽王)·궁열(宮涅)이 왕위에 올랐다. 옛날 하후씨(夏后氏) 때 두 마리의 신룡(神龍)이 대궐 뜰에 내려와 말했다. "우리는 포(褒)나라——하(夏)와 동급의 나라. 섬서성에 있었음——의 두 선군(先君)이다." 그래서 왕이 이 이상한 일을 점을 쳐보게 했더니 용의 거품을 받아두면 좋을 것이라 한다. 그래서 왕은 공물(供物)을 차려 놓고 용에게 그 연유를 말했다. 그러니까 용은 사라져 버리고 용의 침만 남았다.

이것을 그릇에 담아 단단히 봉해 두었다. 그 정기는 하왕조를 지나 은나라에 전해지고, 은나라가 망한 뒤 주나라에 전해졌다. 주나라 여왕(厲王)이 처음으로 그 그릇을 열었더니 용의 거품이 흘러내려 금시에 도마뱀이 되었다. 동녀(童女)가 도마뱀에 부딪쳤다. 그랬더니 그 여인은 임신하여 계집아이를 낳았는데 겁이 나서 아이를 버렸다.

주(周)의 선왕(宣王) 때가 되어 거리의 아이들이 이런 동요를 불렀다.

"산뽕나무 활과 기초의 화살통을 파는 장사치, 주나라를 망치네, 주나라를 망치네."

마침 그 무렵, 그것을 팔고 있는 부부가 있어서 왕은 곧 잡아 들이라 했더니, 그들은 놀라 달아났다. 달아나다가 밤에 길에서 울고 있는 어린 계집아이를 보고 불쌍히 여겨 그 아이를 주워 가지고 포나라로 갔다.

유왕 때가 되어, 포나라 사람으로 왕에게 죄를 지은 자가 있었다. 그는 여자를 왕에게 바쳤다. 이 여자를 포사(褒姒)라고 이름지었다. 유왕은 포사를 총애했다. 그런데 어떻게 된 일인지 포사는 도무지 웃지를 않았다. 왕은 어떻게 해서든지 그의 웃는 얼굴을 보려고 갖은 방법을 다 써 보았지만 그녀는 영 웃지를 않았다.

원래 유왕은 제후들에게 외국이 공격해 오면 봉화를 올릴 터이니, 군사를 이끌고 와서 도와 달라고 약속을 받아 두었다. 어느 날 왕은 아무 이유도 없이 봉화를 올렸다. 제후들이 일제히 군사를 이끌고 달려왔다. 그러나 적은 아무데도 없었다. 포사는 이것을 보고 처음으로 크게 웃었다.

유왕은 신후(神姤)——정비(正妃)——와 태자 의구를 폐하고 포사를 정비로 삼아서, 그의 아들 백복을 태자에 봉했다. 의구는 어머니가 난 신(申)나라로 달아났다. 왕은 의구를 찾아내어 죽이려고 했지만, 끝내 찾아내지 못했다. 왕은 노해서 신나라를 치려고 군사를 일으켰다. 신후(申候)는 견융(犬戎)을 이끌고 와서 도리어 왕을 공격했다. 왕은 봉화를 올려 제후의 군사를 불렀으나 아무도 도우러 오지 않았다. 마침내 유왕은 여산(驪山)——섬서성 서안부(西安府)——의 산기슭에서 견융에게 피살되었다.

그래서 제후들은 의구를 세워서 주나라를 잇게 했다. 그가 평왕(平王)이다. 평왕은 주나라의 서울 호경이 견융의 나라에 너무 가까이 있어서 위험하다고 생각하고, 동도(東都)인 낙읍(洛邑)——후에 낙양(洛陽)——으로 옮졌다.

이제 주나라 왕실은 쇠미하여 제후 중 세력이 있는 자는 약한 나라들을 자꾸 병탄(倂呑)하게 되었다. 그리하여 제(齊)·초(楚)·진(晋)이 이때부터 차차 강대해졌다. 평왕 49년은 노(魯)나라 은공(隱公) 원년(元年)인데, 공자가 『춘추』를 쓰기 시작한 것도 이 해다.

평왕이 죽고 태자의 아들 환왕(桓王) 임(林)이 뒤를 이었다. 환왕이 죽고 아들 장왕 타(佗)가 뒤를 이었다. 장왕이 죽고 아들 이왕 호제가 계승했다. 이때 제(齊)의 환공(桓公)이 처음으로 제후의 패자가 되었다. 이왕이 죽고 아들 혜왕 낭이 위에 올랐다. 혜왕이 죽고 아들 양왕 정이 뒤를 이었다. 이때 진(晋)의 문공 중이(重耳)가 패자가 되었다.(B.C 631년) 양왕이 죽고 그 아들 경왕 임광(任匡)이 섰다. 경왕이 죽고 그 아들 광왕 반(班)이 섰다. 광왕이 죽고 아우 정왕 유(瑜)가 섰다.

이즈음 초의 장왕은 육혼의 융(戎)을 토벌하고 나서 낙읍에 머무르고 있었는데 사신을 보내어 솥의 무겁고 가벼움을 물었다.(천자를 넘어뜨릴 의사를 보임) 대부 왕손만(王孫滿)이 그 사신을 맞아 응대했는데, 의연한 태도로 그를 물리쳤다.

정왕이 죽고 아들 간왕 이(夷)가 뒤를 이었다. 이때 오(吳)가 처음으로 왕이라 참칭했다. 간왕이 죽고, 아들 영왕 설심(泄心)이 섰다. 공자는 이때 탄생했다.(B.C 552) 영왕이 죽고 아들 경왕 귀(貴)가 섰다. 경왕이 죽고 아들 도왕 맹(猛)이 계승했다. 서제(庶弟)인 자조(子朝)가 맹을 죽였다. 진인(晋人)이 자조를 쳐서 경왕 개(丐)를 세웠다. 공자는 이때 세상을 떠났다.(B.C 479) 경왕이 죽고 아들 원왕 인(仁)이 섰다. 원왕이 죽고 아들 정정왕 개(介)가 뒤를 이었다. 정정왕이 죽고 아들 애왕 거질(去疾)이 대를 이었다. 아우 숙대가 애왕을 공격하여 죽이고 스스로 왕이 되었다. 그가 사왕(思王)이다. 끝의 동생 외가 또 사왕을 공격하여 죽이고 스스로 왕이 되었다. 그가 고왕(考王)이다. 고왕이 죽고 아들 위열왕 오(午)가 섰다. 이때 진(晋)의 위씨(魏氏)·한씨(韓氏)·조씨(趙氏)가 처음으로 제후가 되었다.

주나라는 동천(東遷)하여 이제까지 대를 내려왔는데 점점 더 힘이 쇠퇴해졌다. 제후는 마음대로 군사를 일으켜 세력을 늘리려고 항쟁했다. 이후부터를 전국시대라고 한다.

위열왕이 죽고 아들 교가 섰다. 그가 안왕(安王)이다. 이때 제나라의 전씨(田氏)가 처음으로 제후가 되었다. 안왕이 죽고 아들 희(喜)가 섰다. 그가 열왕(烈王)이다. 열왕이 죽고 아들 편이 섰다. 그가 현왕이다. 이 무렵에 와서 제후는 다 왕이라 참칭했다. 현왕이 죽고, 아들 정(定)이 섰다. 그가 신정왕이다. 신정왕이 죽고 아들 연(延)이 섰다. 그가 난왕이다. 난왕 59년에 제후와 합종하여 진(秦)을 공격하니, 진의 소왕은 도리어 주나라를 공격했다. 난왕은 패하여 진나라에 항복했다. 진왕에게 몸을 낮추고 고개를 숙여 죄를 사과하고, 모든 영토를 진왕에게 내어놓았다. 진왕은 이것을 받고 난왕을 주나라로 돌려보냈다. 얼마 안되어 난왕은 죽고 주나라는 아주 멸망했다.

주나라는 천자가 되기 무려 37대였다. 하(夏)가 멸망했을 때 구정(九鼎)이 은나라에 옮겨지고, 은나라가 멸망하고는 주나라에 옮겨졌다. 주나라 성왕은 이 솥을 낙읍에 모셔놓고 나라의 기초를 든든히 했는데, 그는 주나라의 수명(壽命)을 점치게 했더니, 그 괘는 왕위를 계승하기 30대, 햇수로 7백 년이라고 나왔는데 실제로는 그 햇수를 넘어 867년이었다.

황하는 섬서성 중부에 이르러 동북으로 꺾여져 하이뻬이[華北] 대평원으로 흘러 들어간다. 주나라는 그 꺾인 부분에서 번영했다고 볼 수가 있다. 그들 조상인 고공단보가 훈육의 난을 피해 기산에 이르렀는데, 피난 전에 같이 살았던 빈 지방 사람들이 그를 사모하여 그와 함께 살았기 때문에 사실상의 주나라 기반은 거기서 시작되었던 것이다.

기산은 섬서성 기산현의 동북쪽, 그 남쪽에 주원(周原)이라는 들이 있고 고공은 거기서 살았다. 훗날 무왕이 천자가 되어 국호를 주(周)로 한 것도 그래서이다. 그런데 우리는 주(周) 역사의 내면으로 들어가기 전에, 그것을 전하고 있는 『서경(書經)』의 입장부터 밝혀 둘 필요가 있다.

왜냐하면 『서경』이 아니면 4대 ── 요순(堯舜), 하(夏), 은(殷), 주(周) ── 의 역사와 문물에 대해서 달리 알 길이 없는데도, 근래에 들어와서 고전에 대한 새로운 비판이 일어나면서 『서경』 자체에 대한 논란이 있었기 때문이다. 원래 『서경』은 고문상서(古文尙書)와 금문상서(今文尙書)의 두 종류가 있다. 그런데 이러한 논란의 실마리는 청조(淸朝) 말에서 민국(民國)에 이르는 학문적인 근대화 초엽 과정의 일로서, 특히 『서경』에 대한 분석과 비판이 가혹할 만큼 엄정하게 다루어지면서부터였다.

그 결과 금문상서가 신빙성이 있고 고문상서가 후세의 위작(僞作)이라는 결론이 내려졌다. 고문상서는 전한(前漢)의 경제(景帝) 때에 노공왕(魯共王)이 자기 궁궐을 넓히기 위해 공자의 옛집을 헐다가 우연히 그 벽 속에서 얻어낸 것이고, 금문상서는 진시황의 분서(焚書) 당시의 박사(博士) 복생(伏生)이란 자가 공자가 새겨서 만든 상서(尙書)를 몰래 흙벽 속에 감추었다가 한실(漢室)이 다시 융흥하면서 빛을 보게 된 것이다.

비판자들의 말에 의하면, 은의 말기까지는 글자가 없었고, 있었다 해도 간단한 점복서(占卜書) 뿐이었으니 역사기록이 있을 리 없다는 것이다. 그래왔는데 공자가 구전되는 것을 처음 편찬했을 것이고, 본격적인 편찬작업은 대개 전국시대 초기의 일일 것이라 한다. 그럴 듯한 견해이고 설득력도 있는 말이다.

그러나 그런 학자들의 주장이 변통없이 그대로 다 맞는 것은 아니다. 후래의 학자가 그런 주장을 어떻게 번복할지도 모르는 일이고, 당장에 은허지(殷墟地)의 발굴이 나타나면서 요(堯)・순(舜)・하(夏)・은(殷)시대를 묵살하던 그들 의견의 일부가 수정되거나 양보를 해야 할 입장에 있는 것이다.

그렇다고 『서경』이 전하는 내용을 그냥 곧이곧대로 다 믿자는 것도 아니다. 적어도 은나라 초기까지는 글자가 없었다는 것과, 공자가 그때까지 구전되어 온 역사를 처음으로 편찬했다는 점, 그리고 그의 사상적 후예들이 본격적인 편찬작업을 할 때 공자의 버릇을 물려받아서 첨삭을 얼마나 많이 했을까도 참작해 두어야 한다. 또 실제 『서경』에서는 그렇게 보이는 대목들이 여러 군데인 것도 사실이다.

그러나 우리는 『서경』 내용 중 당시에 실재하지 않은 것이 들어 있다고 해도, 일단은 그것을 쓸어잡아서 믿어 줄 필요가 있다. 역사 속의 사실이 아니라 하더라도 그것은 그것대로의 소용처가 있기 때문이다.

아다시피 동양사회의 역사는 서양과 달라서 정치·경제·사회면의 현실세계와 수양·도덕·윤리면의 정신세계를 하나로 합쳐 온 데에 그 위대성이 있다면, 유교의 『서경』은 특히 그것을 중시해 온 역사생명의 숨줄을 가지고 있다.

사관(史觀)이 아닌 관념적인 것, 이상적인 것이 뒤범벅이 되어 들어 있는 것을 안다. 실상과 허상이 섞인 것도 사실이다. 그러나 역사에 있어서 무엇이 허상이고 무엇이 실상인가, 무엇이 사실(事實)이고 무엇이 관념인가를 묻게 되면 결국은 하나라는 답이 나온다. 역사는 오직 뜻으로 본다 할 뿐이다. 사실을 보는 것이 아니라 진실을 보는 것이기 때문이다.

가령 조선 5백 년의 역사를 사실적인 입장에서 본다 하면, 우리는 정확하게 5백 년의 시간을 다시 필요로 하게 되고 그 시간 속에다 지나간 사건의 하나하나를 현장검증처럼 재현시켜야 될 것이다. 실제로 있었던 것만큼 그대로를 보는 것이 사실이어서다.

그러나 진실에서 본다 하면 그럴 필요가 없다. 단 한 시간, 아니 단 십분 속에 이야기 몇 마디로 조선 5백 년의 역사를 충분히 꾸려낸다. 그러자면 관념이 섞이게 되고, 거짓말이 섞이게 되고, 신화가 섞인다. 그러나 그 속에서 서로는 분명한 것을 나누어 가지고 일어선다.

사실(史實)은 사실(事實)을 말하자는 것이지만, 그러나 실(實)은 나타나지 않는 법이다. 실(實)이 나타나서 현실이 되었다면 그 현실은 껍데기 뿐이요, 실(實)은 벌써 저만큼 간 뒤다. 사람들은 현실을 실상(實相)인 줄 알지만 현실이야말로 허상(虛相)이다. 그러나 실(實)은 어차피 상(相)을 통해서만 나타나기 때문에 허상은 또 실상이다.

이런 관계에서는 없는 것을 만들어 내는 것이 정말 있는 것이요, 사실(事實)은 실(實)이 죽어 사실(死實)이 될 때, 실재하는 사실(史實)로서 완성이 된다. 그러므로 관념만이 영원한 사실(事實)이다. 『서경』은 즉 사실(史實)인 것이다.

『서경』은 중국 역대 왕조에서 대대로 치국(治國)의 귀감이 되었을 뿐만 아니라, 선비와 학자들의 사고기저가 되어 왔다. 그들의 정치관과 도덕주의가 항상 『서경』으로부터 비롯되었던 것이다. 『서경』의 기록을 온전하게 믿어 두자는 소이가 이러해서다.

무왕(武王)의 혁명

주나라 역사에서 첫 번째 임금은 무왕이다. 그러나 세상에서는 주(周) 문왕(文王)이라고 하여 무왕 앞에 문왕을 들어얹는다. 그것은 주나라 터를 세우고 뼈대를 얽는 데서 문왕이 큰 비중을 가진 때문이다.

문왕은 어진 임금이었다. 은나라 제후가 되어 주(紂)를 섬길 때, 중국의 아홉 주 가운데서 여섯 주의 제후가 문왕에게 귀복했다는 것을 보아도 그의 인품과 덕망을 짐작케 한다. 그는 태어날 때부터 붉은 새가 붉은 책을 물고 와서 산실에 앉는 상서로운 조짐이 있었다. 어려서부터 생각이 깊고 하는 짓이 달랐다. 전해 오는 성인의 행실을 사모하여서 덕을 잘 닦

았지만 특히 문덕(文德)이 깊어서 후세에 문왕(文王)이라는 시호를 받을
정도였다.

그는 역(易)을 좋아했지만 점에도 능했다. 그가 섬기는 주(紂)는 그
소문을 듣고 문왕을 옥에 가두었다. 무려 7년의 옥고였다. 그러나 문왕은
체념하지 않았다. 도마뱀과 지네가 우글거리는 옥 안에서 아직 못다 정리
한 역(易)을 정리하기에 여념이 없었다. 그때까지의 주역은 아무런 설명
도 없는 괘(卦)만이 전해지고 있어서 특별한 전문가가 아니면 응용할 수
없는 생짜배기였다. 그래가지고는 사회대중에게 보편화될 수 없었다. 문
왕은 거기에다 괘사를 다는 중이었다.

전하는 말에 그에게는 백읍고(伯邑皐)라는 어진 아들이 있었다. 이
아들이 주(紂)에게 붙잡혀서 떡으로 변해 옥중의 문왕에게로 배달되었다.
하룻날은 문왕이 문득 비감한 생각이 일어나기에 육효(六爻)를 뽑아 점을
쳐보니 아들의 고기로 만든 떡조각이 자기를 향해 오는 중이었다. 점(占)
손을 던지고 통곡을 하다가 눈물을 거두는데, 떡을 든 사신이 옥문 밖에
닿았다. 말인즉슨 어제 임금께서 북악에 사냥을 나갔다가 살찐 사슴을 얻
어서 고기 떡을 만든 것인데 특별히 하사하시는 것이니 맛보라고 한다.
기가 막히는 노릇이었지만 먹지 않으면 아비마저 죽일 것이다. 이렇게 생
각한 문왕은 주(紂)가 있는 북녘을 향해 사배(四拜)를 한 다음 그 고기떡
을 태연하게 먹어 주었다.

그 꼴을 본 사신은 속으로 웃고 돌아갔고, 그것 때문에 문왕은 풀려
나왔다. 그러나 사신을 보낸 후에 목구멍에 손가락을 넣어 토해 내니, 석
점의 고기조각들은 땅에 떨어지면서 흰 토끼로 변해 동토(東土)를 향해
달려갔다고 했다. 이것은 그때의 주(紂)가 어떤 임금이며 문왕이 어떤 인
물인가를 증명하고 싶은 사람들의 기분으로 된 전설일 것이다.

그때까지의 천하나 정치는 수완과 더불어 기술의 문제가 아니라, 어

느 쪽이든 어질고 덕망있는 이가 있으면 민심은 자연히 그 쪽으로 쏠려서 돌아가던 시절이었다. 아들의 고기를 씹으면서 설움을 참던 아비의 독한 심정과 어린 백성을 위해 개인의 처지를 돌아보지 않던 옥중생활을 들으면서, 천하의 선비들은 동정 반 탄복 반으로 문왕에게로 돌아오고 있었다.

문왕이 주나라 터를 닦는 데 결정적인 역할을 한 이는 여상(呂尙)이었다. 여상이야말로 문왕의 두뇌였고 손과 발이었다. 태공망(太公望)이란 호는 족히 그에게 주어질 만했던 것이다.

그런데 『제태공세가(齊太公世家)』나 『여씨춘추(呂氏春秋)』에 의하면 그는 우리 쪽의 사람으로 되어 있다. 그의 직계 조상인 백이(伯夷)——백이·숙제의 백이가 아님——는 순(舜)임금 때 질종(秩宗)의 벼슬에 있던 사람이다. 또 『사기』에서는 말하기를 "태공망 여상은 발해 사람으로서 동이(東夷)의 선비인데, 그는 처사(處士)요, 은사(隱士)며, 신선도인이다. 주나라 무왕이 그를 재상으로 삼았다가 뒤에 스승으로 삼고, 나중에 아버지로 높였다. 태공망은 무왕에게 신도(神道)의 상(常)과 병법과 오음율(五音律)——궁(宮)·상(商)·각(角)·치(徵)·우(羽)——를 가르쳐서 빛나는 주무(周武)시대를 만들게 했다"고 했다.

그 외에도 백이는 염제 신농의 후예라든가, 백이의 예법 다스리는 공적이 뛰어나서 여(呂) 땅에 봉해졌다는 등 조상에 대한 구구한 설들이 많이 있다. 그러나 본래 중원 사람이 아니라 동이족(東夷族)으로서 흘러든 사람임을 말하는 것 외에는 특기할 만한 것이 없는 내용들이다.

태공은 본래 산의 피를 받은 우리 쪽의 사람이었던 것이다. 이족(夷族)으로서 중원땅에 들어가 아무런 먹은 맘 없이 그쪽 사람을 섬겼다면 얼핏 이럴 수가 싫겠지만 세상은 아직 맑던 시절이어서 인의(仁義)와 도덕을 따라 흘러다니는 인심이었지, 민족이나 국경을 나누려는 집착이 없었다.

맹자도 순임금과 문왕의 덕을 묶어 말하기를 "순은 동이(東夷) 사람이요, 주나라 문왕은 기주에서 났으니 견이와 가까운 서이(西夷) 사람이다. 동이와 서이의 거리가 1천여 리요, 순임금과 문왕의 시대가 1천여 년이 다르지만, 두 분이 뜻을 얻어 중원에 임금 노릇을 한 것은 다 같은 이치요, 앞 성인과 뒷 성인의 법도도 오직 하나다" 했다. 이것 또한 통계와 기술에 의한 정치가 아니라, 도덕과 예법이 중심되던 그 시대 형편을 전제해서 말한 것이다.

우리는 이때까지 나타난 여러 사실을 통하여 중원을 통치해 온 저들 정신 바탕에는, 산(山)사람들의 창조성과 예지가 그 이면에 모종의 섬유질로 깔려 있었다는 걸 다시 한번 확인하면서 넘겨야 된다. 그것이 우리들의 자부심인 동시에 소명감도 될 것이기 때문이다.

이후로부터는 역사의 키가 전혀 저들 손으로 옮겨진다. 옮겨지고 나서의 역사 장르는 분명 달라지는 것이 나타난다. 신화나 제사를 버린 생명은 개체이거나 전체이거나 간에 절름발이 반쪽이라는 것도 함께 보여질 것이다.

희창(姬昌)이 죽자 아들 발(發)이 대를 이어 서백(西伯)이 되었다. 그는 은나라에 압력을 가하고, 제후들의 마음도 타진해 볼 겸, 맹진의 들판에서 열병식을 한다. 중앙에 창(昌)의 위패를 문왕(文王)이라 해서 모시고는 "태자 발은 덕이 없는 소자(小子)이오나 선공(先公)의 덕으로 그 뒤를 이어 여기에 상벌(賞罰)을 분명히 해서 그 공을 정하겠나이다" 하고 맹세했다.

예상했던 대로 반응은 좋았지만 그는 기회를 뒤로 미루었다. 주(紂)의 포악무도가 극에 이를수록 천하는 그에게로 기울어져 혁명이 쉽기 때문이었다. 그런 얼마 후에 기회를 잡은 발은 다시 맹진의 들판에서 제후들의 군사와 함께 합세했는데, 군사는 4만 5천이었다. 여기서 그는 선전

포고를 한 다음 주(紂)를 향해 공격했다.

그 포고문의 내용은 탕(湯)이 걸(桀)을 칠 때 하던 것과 비슷한 것이었다. "군사를 일으키는 것은 나라를 위해서이고 인민을 위해서이지, 왕자(王者)로서 권위를 떨치겠다는 생각에서는 아니다. 지금 주(紂)는 바야흐로 계집에 빠져 술과 사치로 일을 삼으며, 방자하고 거만하여 하늘과 귀신을 섬기지도 않으며, 이런 무도함을 고칠 생각도 없다. 그러므로 나 발(發)이 천명을 받아 이를 벌하노니 좌우군사들은 분발할지어다. 상과 벌이 분명히 있을 것이다" 했다.

주(紂)의 군사는 70만이었지만 처음부터 사기를 잃고 있었다. 발의 군사와 맞닥뜨리자 창을 거꾸로 쥐고 길을 터 주는 정도였다. 그리하여 발의 혁명은 순조로왔고, 그는 일개 제후에서 주(周)의 천자로 떠임을 받았다. 그런데 무왕이 혁명을 하려 할 때, 말고삐를 붙들고 만류하는 사람이 있었다. 이들이 만고에 의사(義士)로 전하는 백이(伯夷)·숙제(叔齊) 형제다.

공자도 이들을 평해 "어짊을 구해 어짊을 구한 진정한 어진 사람이요, 의리가 높고 끝없이 착한 성인이다" 했다. 옛날 중국의 학자들도 의리를 따라서 세상을 물리친 이는 백이·숙제에 앞설 이가 없다고 해서 선비의 지조를 말할 때는 한 사표로 내세우곤 했다. 그런데 이들을 과연 어떤 근본의 사람이라고 해야 옳을까? 후세로 오면서 엉터리 붓대가 가필(加筆)되어 그들의 진면목은 베일 속에 감춰져 버렸다.

백이와 숙제는 본래 고죽국(孤竹國)의 왕자였다. 고죽국은 염제(炎帝)의 자손인 이족(夷族)들이 세웠다고 전하는데, 오늘의 영평부(永平府) 부근에 있던 조그만 고을로서, 백이·숙제가 아니었다면 역사에 그냥 묻혀 갈 뻔한 정도의 나라였다.

고죽국 임금에게는 3형제의 아들이 있었다. 그런데 무슨 생각을 했던지 왕은 죽으면서 큰 아들 백이를 젖혀 두고 둘째인 숙제로 하여금 자기 자리를 대신하게 했다. 아버지가 죽자 숙제는 형 백이에게 자리를 사양하였다. 형을 두고 아우가 임금이 된다는 것은 의(義)가 아니라해서였다. 그러나 백이는 백이대로 아버지 뜻을 받드는 것이 옳다 하여 숙제를 왕위에 앉히려고 하였다. 이렇게 서로 권하고 양보하는 일이 시일을 두고 결정되지 않자, 두 사람은 결국 셋째에게 왕위를 주어 버리고 자기 나라를 떠나 버렸다.

그리하여 두 사람은 여기 저기를 떠돌다가, 문왕이 어질다는 말을 듣고 주(周)로 찾아가는 중이었다. 그러다가 무왕의 혁명군과 마주친 것이다. 그러나 천하를 눈앞에 두고 손바닥 위에 올리느냐 마느냐의 입장에 있는 무왕이 그들의 말을 들어 줄 리는 만무했다. 그들은 결국 의롭지 못한 주나라 곡식을 먹지 않으려고 수양산(首陽山)에 들어가 유명한 채미가(採薇歌)를 남긴 채 굶어 죽었다. (황해도 해주 수양산에 백이·숙제의 사당이 있대서, 백이·숙제가 거기서 죽었다고 하는 것은 그 전말을 몰라서다. 그들은 썩어빠진 선비들이 생각하는 것처럼 지나인도 아니었고, 은나라의 충신도 아니었다. 그들로서는 다만 옳지 않은 것에 더럽혀지기가 싫어, 스스로 절개를 지켰을 뿐이다. 그런 높은 의를 사모하여 그의 사당을 후래인들이 해주 수양산에 세워 기념한 것이다)

그들은 기자와 서로 만난 적은 없지만 같은 시대 사람이었고, 기자보다도 더 절개가 굳은 사람들이었다.

홍범(洪範)

무왕의 혁명은 단순한 정권교체의 의미를 넘어서 신권 중심의 역사가 인권 중심의 역사시대로 전환했다고 볼 수 있는 이정표적인 사건이다. 다시 말하면 은(殷)시대까지의 천(天)사상이 제사를 중심한 천명결정론

(天命決定論)의 숙명론이었다면, 주(周) 이후로부터는 그것에서 탈피하여 인간 노력의 가능성의 길, 즉 도덕주의로 진보되어 나타나는 것이 보인다. 이런 합리주의적인 천명사상은 주공에게서 현저하게 나타나고, 그것이 뒷날의 공자에게로 이어지면서 결정적으로 유교를 완성하게 되지만, 그러기 전에 기자가 무왕에게 말한 홍범(洪範)에서도 이미 그것이 들어있다.

인간의 두뇌 진화라는 것은 참으로 어쩔 수가 없는 것인 모양이다. 은나라 시절의 사람에게서 벌써 이런 규모있는 정치제도와 민본주의의 진보된 의식이 나온다는 것은 확실히 혁신이란 생각이 들어서다. 이것은 좋게 말하면 인간 이성의 승리겠지만, 부정적으로 본다면 완전무결하던 인간에서 완전치 못한 인간쪽으로 넘어오는 전락의 한 과정이라고도 할 수 있다.

그러나 아직까지는 어떤 신화적인 여운, 제사와 점을 통하여 우주의 근본생명에 돌아가려고 하는 이미지는 남아 있다. 일차원적인 성현의 정신세계가 이차원적인 성악(聖惡)의 시대로 들어가는 것을 우선 홍범을 통해서 읽어보자.

열이요 또 세 해에 왕이 기자(箕子)를 방문하시다. 왕이 이르시되 오호라, 기자야, 하늘이 가만히 아래로 백성을 펴시어 거처를 도와서 서로 협화(協和)케 하시니, 나는 옳은 규범──이륜(彝倫)──의 정할 바를 알지 못하노라. 기자가 이에 말하되, 내가 들으니, 옛적에 곤(鯀)이 큰 물을 가로타 그 오행(五行)을 어지럽게 한대, 제(帝)께서 이에 성내시어 홍범구주(洪範九州)를 주시지 않으니, (이것은) 떳떳한 법(法)──이륜(彝倫)──을 패한 바라. 곤이 죽고 우(禹)임금이 뒤를 이어 일어나신대, 하늘이 우임금께는 홍범구주를 주니 (비로소) 옳은 궤칙──이륜(彝倫)──을 펴신 바라. 처음

하나는 이르되 오행이요, 다음 둘은 이르되 공경하되 오사(五事)로써 함이요, 다음 셋은 농사에 팔정(八政)으로써 함이요, 넷은 협(協)합을 오기(五紀)로써 함이요, 다섯은 세움을 황극(皇極)으로 함이요, 여섯은 다스림을 삼덕(三德)으로써 함이요, 일곱은 이르되 밝힘을 계의(稽疑)로써 함이요, 여덟은 생각함을 서징(庶徵)으로써 함이요, 아홉은 누림을 오복(五福)으로써 하되 위험함은 육극(六極)으로써 함이니라.

첫째, 오행은 수(水)·화(火)·목(木)·금(金)·토(土)를 말한다. 천지간의 만물은 이 다섯 가지로 생성되고 또 소멸된다. 그래서 우선은 이것을 알아야 된다고 한 것이다. 오행은 각기 특성이 있다. 수(水)는 불면서 내리는데 짠맛 성분이 있고, 화(火)는 불꽃으로 오르는 것인데 쓴맛[苦]을 지녔고, 목(木)은 굽으며 곧은 것인데 신맛[酸]을 짓고, 금(金)은 좇아서 바꾸어지는 데 매운맛[辛]을 가졌고, 토(土)는 심고 거두는 것으로 단맛을 머금은 것이다.

둘째, 오사(五事)는 나라를 다스리고 사람을 다스리는 데 필요한 조건들이다. 일왈(一曰) 용모이니 남을 상대할 때 공손히 하여 상대가 저절로 엄숙히 되도록 하고, 이왈(二曰) 언어로써 바른 도(道)에 입각하여 평화를 깨는 일이 없도록 하고, 삼왈(三曰) 시(視)니 사물을 밝게 보아 행동의 근본을 세움과 동시에 현명히 하고, 사왈(四曰) 듣는 것으로 상대의 의견을 분명히 듣고 총명하게 판단하여 선견지명을 갖도록 할 것, 오왈(五曰) 생각함이니 깊이 생각하고 많이 생각하여 그 속에 덕과 지혜를 갖추도록 해야 한다.

셋째, 국가 운영을 위해 여덟 가지의 중요한 사항이 있다. 일왈(一曰) 먹는 것이고, 이왈(二曰) 금전이고, 삼왈(三曰) 제사다. 하늘과 땅과 조상에게 제사지내는 걸 소홀히 할 수 없음이다. 사왈(四曰) 사공(司空)으로, 토지와 인민을 통괄하는 관원을 제도적으로 만들어 두어야 하고, 오왈(五曰) 사도(司徒)니 국민의 교육질서와 예법을 정하는 부서의 일이고, 육왈(六曰) 사구(司寇)로 사법권과 경찰권 담당의 임무다. 칠왈(七曰) 빈(賓)이니 밖에서 오는 손님을 접대하는 일이다. 제후들의 교제와 천자가 제후의 내조(來朝)를 받을 때 필요한 격식 절차 등이 이에 해당한다. 팔왈(八曰) 사(師), 즉 군대다. 언제 외국의 침략을 받을지 모른다. 항상 정예군을 양성해 두지 않으면 안된다.

넷째의 오기(五紀)는 세(歲)와 월(月)과 일(日)과 성진(星辰)과 역수(曆數)다. 일년을 봄·여름·가을·겨울의 사계로 나누고 달과 날을 정하여 국민으로 하여금 계획을 세우도록 하고, 별자리를 잘 살피어 기후의 변동에 주의할 것이며, 이것을 토대로 책력을 만들어 농사와 여타한 기업에 지장이 없도록 할 것이다

다섯째의 황극(皇極)을 세운다 함은, 황(皇)은 큰 것을 말하고 극(極)은 바른 도를 뜻한다. 임금된 자가 덕이 부족하여 스스로의 양심에 찔리는 짓을 하게 되면, 천하는 치우치는 일이 많게 된다는 뜻이다. 도에 어그러지는 짓인 줄을 알면서도, 무리를 지어 작당하여 마음에 들지 않는 사람을 배척하는 비덕(比德)이 속출하게 되고, 형벌을 받을 것까지도 없는 경범자가 흉악범이 될 것이다. 그러므로 임금된 자는 늘 낯빛을 부드럽게 하여 멀고 가까운 사람의 구별을 두지 말아야 된다. 지위가 높은 자라 하더라도 잘못하게 되면 사사로운 용서를 두지 말고, 비천한 자의 말이라도 도(道)에 맞으면 높이 사야 된다. 그렇게 되면 천하가 저절로 부(富)해지고, 오복(五福)이 국민에게 고루 돌아갈 것이다.

여섯째는 국정의 집행에 갖추어야 될 덕(德)이 셋이 있다고 했다. 삼덕(三德)은 정직과 강(剛)과 유(柔)다. 이것은 나라의 형편이나 국민의 분위기가 늘 일여(一如)한 것은 아니므로 사세에 따라 필요한 수단이다. 예

컨대 세상이 평화롭게 다스려지고 큰 말썽이 없을 때는 정직을 주로 할 것이다. 그러나 방자한 마음을 가진 자가 세력을 얻어 세상을 흐리게 할 경우에는 강극(剛克)하게, 즉 확고한 자세를 가다듬어 부정과 잘못을 바로잡기에 힘을 다하면 처음 된 데에 돌아올 수 있다. 그리고 세상이 착해서 서로 화목할 때는 집권자도 역시 착한 마음을 갖는 것이 무리가 없다. 평범한 듯하나 놀라운 말이다.

일곱째, 밝힘을 계의(稽疑)로 한다는 것은 의심되는 일을 점쳐서 천의(天意)를 살피라는 뜻이다. 아무리 사람이 꾀해서 최선을 다해도 이루어지지 않는 것이 있는 법이다. 그럴 때는 거북점을 치거나 시초점(蓍草占)을 쳐서 결과가 어떨 것인가, 혹은 그 일을 할 것인가 말 것인가를 결정해야 한다. 전쟁이나 기타 국가적 사업을 경영하는 데는 반드시 점을 치는 것이 그 당시의 원칙이었기 때문이다.

여덟째의 서징(庶徵)은 뭇조짐, 혹은 뭇징조라는 뜻으로 자연현상에 선악의 징조가 나타나는 것을 관찰하여서 임금된 자는 자기반성의 거울로 하라는 것이다. 이 조짐에는 대체로 여섯 가지의 관찰대상이 있다. 비의 상태와 햇빛의 알맞음, 더위와 추위, 바람 그리고 시(時)니, 시(時)는 이런 자연변화의 상태가 순일하고 고르지 못하다든가, 때 아닐 적에 이상현상을 보이는 어긋난 상태를 가리킨다. 그것이 제대로 잘 되어 나가면 임금이 허물이 없지만, 그렇지 못한 경우에는 반성할 여지로 지목되었다. 사람의 생각과 행동이 바르면 하늘이 반드시 보살피니, 하늘이 보살피도록 덕을 닦아야 한다. 그래서 자연현상의 변화는 점괘 이상으로 조심스러웠던 것이다.

마지막 아홉째, 오복(五福)을 누리고 육극(六極)을 피하라고 했으니, 오복은 수(壽)와 부(富)와 강녕(康寧)과 유호덕(攸好德 : 덕을 좋아함)과 고종명(考終命 : 일생의 계획을 세움)이다. 인민은 이 다섯 가지만 갖추어지면 아무 불만이 없고 복된 생활을 누릴 수가 있다. 이 생활이 보장되도록 국민을 선도해 주어야 한다. 그 다음 육극은 인생에 미치는 재앙을 말한다. 하나는 흉단절(凶短折)로 재난을 만나 죽는 것을 흉(凶)이라 하고, 나이 60 전에 죽으면 단(短)이라 하며, 30 전에 죽는 것을 절(折)이라 한다. 둘째는 질병이고, 셋째는 근심이고, 넷째는 가난함이며, 다섯째는 악함이며, 여섯째는 약함이다.

이런 일은 어느 정도 개인이 타고난 것이라 임금으로서도 어쩔 수 없는 일이기는 하지만, 임금된 자는 이런 사람일수록 적자(赤子)같이 아껴 보살피고 감쌀 책임이 있다고 했다.

홍범은 옛날 하우씨가 도산(塗山)에서 단군임금의 아드님을 만나서 얻어 간 오행(五行)의 신서(神書)를 말하는 것이다. 그런데 거기서 이런 놀라운 현실사상과 정치이념을 발췌해 냈다는 것은 그들의 의식이 이미 땅에 뿌리를 내렸다는 이야기다. 물론 훗날의 맹자가 펴낸 왕도정치에 비하면 아직 순박한 티를 벗지 못했지만, 순박한 만큼 깊게 음미할 맛이 나고, 음미하는 동안에 우주와 삼라만상에 통하는 생명의 온기가 아직은 느껴진다.

다음에는 주공(周公)을 통해서, 지금까지의 천명(天命)사상이 본격적으로 어떻게 달라지며 무엇을 강조하여 어느 방향으로 역사의 배를 몰아가는지 살펴보자.

주공(周公)의 인문도덕

아마 주나라 역사를 통하여 주공만큼 큰 일을 하고 간 위인도 없을 것이다. 그는 형 무왕이 은나라를 뒤엎는 혁명을 할 때도 숨은 실력자였지만, 정작 무왕이 가고 나서 국정이 난감하게 되었을 때 그가 어린 조카를 도와서 얽어 놓은 틀거리가 그대로 8백여 년의 주나라 기반이 되었다고 해서 지나칠 것이 없는 인물이다.

공자만한 사내가 일생 주공을 사모하여서 주공이 살았던 주나라를 재흥시켜 보려는 게 평생 소원일 정도였다면, 그것이 반드시 문치상(文治上)의 공적만이어서일까? 아니다. 주공이 살았던 시대는 공자시대 이상의 난국으로, 좀체 수습될 것 같지 않은 사회적 문제들이 몹시 복잡하게 얽히고 있었다. 그런 현실을 주공은 그다운 감각과 안목으로 처리하고 건넜기 때문에 공자가 반했던 것이다.

혁명은 계획대로 되어서 천하가 주나라 것이 되었다고 하나, 은나라 풍습과 문화에 젖어 있는 백성들이 그리 쉽게 주의 정권에 속복하려고 하지만은 않았다. 특히 은나라 녹을 받던 선비들의 지조는 턱없이 굳센 것이어서 좀체 굽혀들지 않을 성싶었다. 해야 될 일은 끝없이 많고, 어디를 가든지 일거리는 쌓였는데 무왕은 덜컥 혼자 가 버렸다.

섭정이 된 주공은 그 짐을 혼자서 져야 될 판이었다. 거기에 또 반란까지 일어났다. 그것도 다른 사람도 아닌 손아래 세 아우들이 주(紂)의 아들 무경을 세워서 은나라 사직을 회복해야 되겠다는 것이었다. 그 경위는 이러했다.

무왕이 천하의 제후들과 회맹하여 주(紂)를 치자, 주는 녹대에 불을 지르고는 그 불에 타 죽었다. 그에게는 무경이란 아들이 있었다. 혁명이 끝나자 무왕은 무경에게 땅을 잘라 주면서 은의 제사를 받들도록 했다. 그것은 은의 조상에게 드리는 당연한 예우였던 것이다. 그러나 마음이 놓이질 않아 관숙과 채숙·곽숙의 세 아우에게 그의 행동을 감시하도록 감독관으로 붙여 주었다.

그런데 그 감독관 아우들이 신하로서 임금을 배반한 것이 불의하다 해서 오히려 무경을 세워 난리를 획책한 것이다. 사태는 심각했다. 더구나 그들은 이웃 산동성 일대에 있는 채이(采夷)와 회이(淮夷)·우이(嵎

夷)들에게 응원까지 요청했으므로 쉽게 결판이 날 것 같지 않은 형세였다. 주공은 손수 군사를 독려해서 이들을 꺾었지만, 무려 6년이나 걸린 싸움이었다. 아직 미자(微子)를 봉하기 전의 일이었다. 그때 주공이 성왕(成王)을 대신하여 발표한 선전포고 내용을 보면, 그가 어떤 생각을 가지고 주나라의 역사를 만들어 갈 것인가가 잘 나타난다.

임금이 이렇듯이 이르시되 마땅한지라. 너희 많은 나라와 어사(御事)들에게 대도(大道)를 고하리라. 선왕이 우리에게 크게 보배로운 거북껍질을 남기신 것은 하늘의 밝음을 잇게 하심이니, 점괘의 명령을 보건대 큰 어려움이 서토(西土)에 있을지라. 은나라 사람이 은혜를 저버리고 아국(我國)을 해롭게 하니, 선왕도 도우리니 그들을 멸하여 아울러 점괘를 길(吉)케 하리라. 오호라 진실로 일으켜 움직이면 홀아비와 과부가 (먼저) 불쌍하나, 나의 하는 일은 하늘의 부리심이니, 나의 몸에 책임을 던지시며 사명(司命)을 씌우시니, 나 어린 사람은 내 스스로 어찌할 수 없음이라.

……오호라 펼지어다. 너희 여러 나라의 임금과 신하들아, 나라가 상쾌해지는 것은 명석한 이로써 되는 것이라(爽邦由哲). 또 옆 사람이 상제(上帝)의 명을 밟아 (우리를) 도울 줄 알며, 또 하늘이 (우리의) 정성을 도우심이니, 네 어찌 감히 법을 바꿀 줄 몰라서, 하늘이 주나라에 재앙을 내리시어 가까운 사람끼리 집을 다투게 하는고. 하늘이 은나라를 상(喪)하심이 추수에 나선 농부 같거든, 내 어찌 나의 밭이랑을 아끼랴. 하늘이 전(前) 선왕(先王) 때보다 (우리를) 아름답게 하려 하시나니, 그 점괘를 극진히 하여 좇지 않을까 보냐. 이러므로 내가 너희와 함께 은나라를 치노니 점을 믿어 의심치 말고 대적하라.

은나라를 치는 것이 천명으로 강조되는 것은 전례로 보아 당연하다. 그러나 이 천명 속에는 천명이 시켜서라기보다 천명을 끌어내어 당위를 삼으려는 인간의 숨결이 더 가쁘게 헐떡거리는 것이 느껴진다.

적어도 지금까지는 천명의 전달자이던 것이 무엇인가로 당위를 만들면서 대행자로 군림하고 있는 것이다. 지금까지의 정치가 아직은 하늘 중심이고 신권 중심이었으나, 이 사건을 계기로 분명한 매듭을 지으면서 인권주의로 옮아와 버렸다는 것이다.

이런 주공의 확고한 태도는, 그가 섭정을 그만두고 성왕(成王)의 정치권력으로부터 떠날 때 젊은 왕을 위해 일러준 훈계에서 한층 선명하게 비쳐 나온다.

주공이 이르시되, 오호라 군자는 무일(無逸)로 처소를 하나이다. 이제 검스러운 자리를 이으신 왕은 누대(樓臺)의 구경과 지나친 연회(宴會)와 쓸데없는 놀이며 사냥질 따위를 절제하는 것으로 법(法)하시어, 만민의 공물(供物)을 바르게 하소서. 임금이라 하여 하루쯤이라는 생각으로 즐겨하지 말으소서. (그것은) 백성의 법 받을 바 아니며, 하늘의 순(順)할 바도 아니라, 시대의 사람이 크게 허물을 본받으리니, 은왕 주(紂)의 음란함과 같으시어, 주덕(酒德)에 빠지지 말으소서.……걸(桀)의 악덕은 선성(先聖)의 규범을 본받지 아니하고, 오직 폭덕(暴德)한지라 후(後)가 없으니이다.

또한 성탕(成湯)이 오르시어 상제(上帝)의 빛나신 명(命)을 크게 다스린 것은, 쓰신 삼공(三公)이 능히 직분을 다하며, 쓰신 삼준(三俊)이 능히 덕(德)에 어질어 엄히 생각하며 크게 법(法)하여, 그 상읍(商邑)에 법칙이 됨으로소이다.……문왕(文王)이 그 택(宅)의 마음을 능히 하시어 능히 상사(常事)와 사목인(司牧人)을 세우시되, 어질고 덕망 높은 이로써 하시더이다.

문왕은 명령과 형벌과 하늘의 재앙을 겸한 바가 없으시고, 유사(有司)인 목부(牧夫)를 이에 쓰며, 어기는 이를 가르치시니이다.……오호라, 나 단(旦)은 이미 사람에게 받은 아름다운 말씀으로 모두 어린 왕께 고하노니, 이제부터 문자(文子)·문손(文孫)은 그 형벌과 재앙을 그르치지 마시고, 오직 정(正)으로 이에 다스리소서. 옛 상인으로부터 또한 우리 주(周) 문왕(文王)이 정사(政事)를 세움에 입사(立事)와 목부(牧夫)와 준인(準人)을 능히 두시며, 능히 말미암아 잇닿으시니 이에 다스리게 하시니이다. 나라는 정사를 세움에 간사한 사람을 쓰지 아니 하나니, 덕(德)에 순치 아니한지라. 이에 나타나서 세상에 있지 못하리이다.

이제로부터 정사를 세우심에, 그 간사한 사람으로 말으시고, 그 길사(吉士)로 하시어 힘써 우리 국가를 돕게 하소서.

무일(無逸)은 방일(放逸)할 수 없다는 뜻이다. 유사(有司)·목부(牧夫)·상사(常事) 같은 것들은 임금이 사사로이 거느리는 크고 작은 벼슬의 직책을 말한 것이다. 본래 주(周)나라의 봉건제도라는 것이 씨족을 기반으로 한 국가를 구축한 것인데, 그러자니 거기에는 씨족윤리를 중심으로 하는 특수한 가족제도가 만들어지게 되어 있다.

이 가족제도는 부자(父子) 중심의 종적인 윤리체계가 먼저 필요하게 되고, 그것을 국가도덕으로까지 확대해 나가는 데는 거기에 구색을 맞추는 가신(家臣)이란 것이 따르게 되어 있다. 한 가정의 살림일 것이 아니라 국가적 살림이기 때문에, 내다보는 것이 크고 돌아보는 것도 많아지는 까닭으로다.

동시에 거기에는 한 개인의 수양과 인품의 향내가 천하의 백성에게 고루 미쳐야 될 무서운 정신의 알갱이가 전제된다. 가신은 그런 수행을 돕는 정신적 의짓대가 되기도 하고, 더러는 그 수행의 도를 펴 나가는 데 필요한 손발이 되기도 한다. 그것은 반드시 중앙에 있는 임금만일 것이 아니라 지방에 있는 제후나 장관으로서도 필요했다. 그러다 보니 그 풍속이 사회적인 제도로 굳어지게 되었지만, 사목인(司牧人)이니 그 택(宅)이니 하는 것이 다 그런 것을 가리킴이다.

주공은 성왕(成王)을 향해 앞 시대의 성탕이나 문왕같은 어진 임금들이 다 그렇게 해왔으니 당신도 그 제도를 본따서 아래로 명령을 내릴 경우나 누구를 벌 줄 경우, 또 천재지변에 맞서야 할 경우에도 거기에 필요한 적임자에게 맡길 일이지, 일일이 참견하고 간섭하지 말라 한 것이다.

또 임금은 하루쯤 재미나는 일로 소일을 하고 호강을 해도 괜찮겠거니 하는 생각을 내서, 경치 구경을 간다거나 술자리를 열어 한가한 짓을 하지 말라고 경고한다. 이것은 걸(桀)의 경우를 보아서도 망하는 짓일 뿐이다. 어디까지나 하늘에 달린 것이 아니라 사람에게 달린 것이라는 것, 사람이 꾀를 내어 지혜롭게만 해 가면 걱정할 것이 없다는 취지의 설득작전이다.

얼핏보아 주공은 두 개의 얼굴을 가진 듯이 보인다. 그는 하늘을 믿고 귀신을 섬기는 데 있어서 누구보다 분명한 태도와 확고한 신념을 가지고 있었지만, 그것이 밖으로 나타날 때는 목적에서 수단으로 의미가 바꾸어지는 것이 그의 표현에서 두드러지게 지적되고 있어서이다.

이것은 그가 처했던 어수선한 정치적 상황보다 그런 시대를 가로타서 넘어야 될 선견지명을 가진 자의 부득이한 정치적 제스처로 해석되는 점이기도 하다.

은나라 사람들은 귀신을 믿는 데 너무 젖어 있어서 주(周)의 인문 문화가 아직 생소하게 느껴지는 편이었다. 구습적인 여러 제도를 개혁하고 새로운 국민기풍을 세우는 것을 보면서, 지금까지 자기들의 정신터였던 무속(巫俗)의 동굴에서 무엇인가 눈부신 햇빛을 가진 주나라 체제의 복판에 나서는 데 대해 겁을 먹고 있었다.

그래서 주공은 현재의 서울 호경(鎬京)이 장차의 도읍터로 알맞은 곳이 아닌 것을 알고, 국토의 중심부에 있는 낙읍(洛邑)으로 일단 행정부의 일부를 옮기었다. 그것은 선왕(先王) 무왕이 생각했던 바이기도 했지만, 주공은 주공대로 가진 생각이 있어서, 그곳의 지형과 산수조건을 면밀히 살핀 다음 점을 쳐보고 토목공사를 일으켜서 도읍 꼴을 만들어 낸 것이다.

그런 후에 호경은 소공에게 맡겨 두고, 자신은 직접 낙읍으로 옮겼다. 그곳 주민들에게 새바람을 넣자는 속셈에서였다. 낙읍으로 이주시키기로 지목된 사람들은 당연하게 은나라 선비들과 그 쪽 백성들이었다. 그러나 그들은 낯선 주의(主義)·제도와 문명에 좀체 발을 들여 놓으려고 하지 않았다.

그렇게 되면 주공은 그들의 천명사상 위에다 당위적인 설득을 퍼부어서라도 기필코 동원해야겠다는 반강제적인 생각을 낼 밖에 없다.

……너희 선비들아, 우리 소국(小國)이 감히 은나라의 명(命)을 취함이 아니라 하늘이 어지러운 너희를 싫어하여 우리를 도우시니, 우리가 위(位)를 얻은 것이라. 내가 들으니 하(夏)나라가 음일(淫泆)하여 원명(元命)을 폐하시어 벌을 내리심으로, 네 선조 성탕(成湯)을 명하시어 하나라를 혁명하게 하셨다. 그런데 너희도 뒷 임금[後嗣]들이 음란하여 밝은 도와 백성의 곤궁을 돌보지 않아, 상제(上帝)께서 보전치 않으시어 큰 상(喪)을 내린 것이다.

왕이 이르시되, 옳다 너희 뭇 선비에게 고하노라, 내 이러므로 너희를 낙읍에 옮기어 거(居)함은 나 한 사람의 덕을 만들어 편안히 함이 아니고 천명(天命)이니 어기지 말라. 내 감히 너희를 천읍(天邑) 상(商)에서 구함은 내 긍휼히 함이나 내 (지은 바) 허물이 아니고 천명(天命)이시니라.

……왕이 이르시되, 은나라 뭇 선비들아, 너희에게 고하노라. 이제 내 너희를 죽이려는 것이 아니라고 다시 명령하노라. 이제 짐(朕)이 큰 고을을 낙수(洛水) 물가에 지음은 내 사방에 백성을 세우는 것이 아니며, 누구든지 승복하여 주나라 신하로서 순순히 하려 한 바라. 너희 그곳에 너희 땅을 두며, 너희 일터와 쉴 곳을 편히 하였느니라. 네 능히 명령을 좇으면 하늘도 불쌍히 여기시려니와, 네 좇지 않으면 땅을 두지 못할 뿐 아니라 나 또한

하늘이 벌을 네 몸에 두리라. 왕이 이르시되, 이렇게 말씀함은 너희의 거 (居)할 바를 위해서이니라.

"왕이 이르시되" 하는 말투는 주공이 섭정이기 때문에 왕의 권위를 빌어서 말했기 때문이다. 어찌 보면 엄포와 공갈이 섞인 이 타이름 속에서 천명을 찾는다는 것은 다소간 무리라는 생각도 든다. 진정한 천명이라면 순수하고 간절해서 억지로 잡아 끌지 않아도 저절로 움직여질 것이다.

그런데 성왕이란 임금이 그리 타고난 현명은 아니었던 듯 싶다. 그는 옛 은나라 태갑같은 임금이었고, 그런 면모가 다분히 보이기도 한다. 태갑에게는 이윤이라는 어진 신하가 있었기 때문에 그의 가르침, 그의 사람을 기르는 덕화에 힘입어서 태갑은 나중에 좋은 임금이 될 수 있었거니와, 성왕 역시 그 당시 사면초가같은 상황에서 주공이 아니었더라면 주나라의 기반을 잡기는 어려웠을 인물이다.

주공은 낙양으로 은나라 유민을 이주시키고 행정기구의 일부를 옮길 무렵, 무경을 비호해 나선 아우 관숙들의 모함에 걸리게 되었다. 그들은 유언비어를 퍼뜨려, "주공이 성왕을 섭정하는 것은 임금과 사직을 위해서가 아니라 자기의 야심이 있기 때문이다. 그래서 어린 임금을 달래서 도읍터까지를 새로 마련했다. 본디 혁명이란 것부터가 그에게서 조작된 엉터리이다. 우리는 옛 은왕조를 다시 세워야 한다" 하고 가뜩이나 침울해 있는 은나라 선비들을 들쑤셔 내었던 것이다.

어린 아우들이 태양같이 높아가는 주공의 인기와 주나라 선비들의 존경심, 그에 따라다니는 국민들의 대세를 시기하여서 만들어 낸 모함이었다. 그러나 소문은 날개돋힌 듯이 퍼져 나가서 마침내 성왕의 귀에까지 들어가게 되었고, 처음에는 반신반의하던 성왕도 나중에는 의심스런 눈으로 주공을 대하게 되었다. 그러나 주공은 당황하지 않았다. 구차한 변명으로 그러니 저러니 밝히려 들지도 않았다. 그저 조용히 섭정을 사임하고는 동쪽으로 나가 한가하게 쉬고 있었다.

그런데 그 2년째에, 가을에 접어들면서 하늘이 크게 우뢰하고 번개 치면서 바람이 불어 잘 익은 나락들이 넘어져 수확을 기대할 수 없게 된 천재지변이 일어났다. 성왕과 그 신하들은 근심이 되어서, 모두 고깔 쓰고 엄숙한 자세로 금등(金縢)에 글을 내어 보게 되었다. 금등은 작은 상자에 금자물쇠가 달려 있어서 붙은 이름인데, 특별한 경우가 아니면 열어 보지 말라는 주공의 엄명이 있었다.

그것이 생긴 연유는 이러했다. 주공이 아직 무왕을 섬길 때의 일이다. 은나라를 이긴 지 두 해만에 왕이 중병으로 눕는 중대한 사건이 있었다. 그때 무왕의 혁명을 성공적으로 이끌어 온 여상(呂尙)이 아우이자 일급 참모인 주공과 소공을 불러 앉히고, 선왕의 영전에 단(壇)을 쌓아 점을 쳐서 무왕의 병이 나을 것인지 어쩔 것인지 알아본 다음 후사를 알아보자는 심각한 발언을 했다. 소공도 그것이 좋겠다고 했다.

그러나 주공은 이런 일로 선왕(先王)을 괴롭게 하는 것보다 자기에게 한 생각이 있으니, 이번 일은 자기에게 맡겨달라고 했다. 그는 이 일에다 제 신명을 바칠 결심을 한 것이다. 그리고 혼자 되어서, 자기들의 맨 윗조상과 고공단보와 문왕을 생각하여 정결한 자리에 세 개의 단(壇)을 묻은 다음, 그 앞에 규(珪)를 잡고 서서 무왕 대신에 자기 생명을 대신해 달라는 뜻을 고했다.

이제 원손(元孫)이 악하고 사나운 병을 만났으니, 선조(先祖) 세 임금은 원손의 책임을 하늘에 두어 계시니, 단(旦)으로써 원손의 몸을 대신하소서. 나는 능히 어질고 재주 있어 귀신을 섬기려니와 원손의 재주는 단(旦)에 미치지 못하기로 귀신을 섬기지 못할 것입니다. 선조의 뜰에 천명을 펴시어,

자손을 아랫 땅에 정하시니, 오호라 하늘이 내리신 원손의 보명(寶命)을 떨치지 말으시어 선조도 영구히 돌아가 의지함이 있게 하소서. 이제 큰 거북에 나아가 천명을 점(占)하리니, 내 뜻을 허락할진대, 내 선조에게로 돌아가 예법으로 섬기려니와, 만일 허(許)치 않을진대는 나의 정성과 예법마저 거두리이다.

위협이라 해야 할지 어리광이라 해야 할지, 주공의 천명에 대한 관점과 생각은 인간의 뜻에 의해서 천명도 결정되어져야 된다는 지나치도록 대담한 것이었다. 이제까지 천명은 하늘과 인간의 관계에서 하향의 질서이기만 하던 것이 처음으로 상향의 윤리로써 요구되어진 것이다. 이것은 천(天)과 인(人)이 수평의 관계로 설정되는 자리요, 사람과 하늘이 둘이 아닐 수도 있다는 커다란 혁명의지다.

그런데 점괘는 길(吉)로 나왔다. 무왕도 곧 병에서 일어났다. 주공의 큰 뜻이 천지신명께도 통해진 것이다. 옆에서 이 일의 시종을 지켜보며 기록한 가신에게 주공은 그것을 상자에 넣고 금자물쇠를 채우게 한 다음 일체 발설치 못하게 했다.

그러나 하늘의 미쁘하심인가, 귀신의 감동인가? 대신 죽겠다고 한 주공은 아직 건재하고 있었다. 그렇게 쉬고 있는 2년 동안 유언비어가 끊임없이 나돌아 사태가 험악한 데에 이르자, 주공은 안되겠다고 생각했던지 치효(鴟鴞)란 시를 써서 성왕에게로 보내었다.

올빼미야, 올빼미야/ 내 자식을 빼앗았거든 내 둥우린 헐지 마라/ 알뜰살뜰 길러 내던, 어린 자식 불쌍하다/ 하늘 흐려 비 오기 전, 뽕 뿌리를 벗겨다가 창과 문을 엮었더니, 사람들이 쳐다보며 얕보다니, 이 무슨 말/ 이 두 손을 바삐 놀려, 갈대 이삭 뽑아다가 하루 모고 이틀 모고, 입부리도 병들었네/ 내가 쉴 곳 없었기에/ 내 날개는 늘어지고, 내 꼬리는 맥빠졌네/ 내

둥우리 위태롭게 비바람에 흔드나니, 슬픈 울음 절로 나네.

시의 내용에서 나타나는 바이지만, 올빼미는 다른 새의 새끼를 찍어 먹는 나쁜 버릇을 가진 새다. 그런 아우들의 비방이 괴롭기도 했겠으나, 일편단심 나라 일만 근심하고 있는 그로서는 더 이상 보고 있을 수만 없는 사태라고 판단되어 자기 변명 겸 글조각을 보낸 것이다.

성왕은 비로소 금등의 글이 있다는 것을 알고, 주공을 섬기던 대부(大夫)와 집사(執事)들에게 물으니 그런 일이 있다 한다. "정말이니이다. 슬프다, 공(公)의 명령이기에 우리 감히 말하지 못하였도소이다." 그래서 신하들과 함께 고갈 쓰고 상자를 개봉한 것이다.

성왕은 마침내 금등의 글을 잡고 울어 "점치지 말라. 옛적부터 공은 충성되고 어질었거늘, 나 어린 사람이 미처 알지 못하였더니, 이제 하늘이 위엄을 움직여서 덕을 밝히시니, 나 소자(小子) 공을 친히 맞는 것이 우리나라 예법에 또한 마땅하니라." 이리하여 성왕은 주공을 맞아들였고, 하늘은 넘어진 곡식들을 다시 일으키어 풍년을 이루었다고 했다.

주공의 천명사상은 민본주의와 맞통한다. 그는 천명이니 천의니 하는 것을 민심의 움직임과 민중의 동태에서 찾았지, 막연한 추상개념으로 해석한 적이 한번도 없었다.

그에게도 제사나 점복에 관한 것은 물론 있다. 큰 거북에 나아가 천명을 묻는다거나 단을 쌓고 자기 생명을 대신 바치겠다고 한 것은 그대로 정성을 다한 제사의식이고 점괘였지, 추호도 거기에 다른 뜻이나 감정이 틈입하고 있던 것이 아니다. 그러면서도 그에게는 늘 구체적인 현실이 있었다. 그는 현실을 개척하기 위해 천의를 물었고, 현실에 서서 천명과도 타협할 수 있는 주술적 능력자였다. 바로 그 점에서 주공은 선사이래 그때까지의 중국의 역사 전체를 가지고 골라 낼 수 있는 주술세계의 독자적인 인물이었을 뿐만 아니라, 바로 중국의 역사 전체를 기다려서 얻은 승리적 인물이었다.

　　주공이 있으므로 해서 중국인은 비로소 확실한 땅의 백성이 될 수 있었고, 그때까지의 모든 제사의식과 천(天)의 사상을 분명한 제것으로 소화해 내게 된 것이다. 그런 의미에서 주공은 영원한 기념비적 존재지만, 그러기 때문에 그 인물의 전체 풍모를 드러낸다는 것은 좀체로 될 수 없는 불가능일 것이다.

　　그는 우리로서는 알 수가 없는 인물이다. 우주와 삼라만상에 통하는 순일한 생명의 시계바늘을 가지고 있던 점에서는 지고의 무당(巫堂)이면서, 그 생명을 인간의 도덕으로 함축시켜 인문의 역사를 개척한 것으로는 위대한 종교가다. 그런 한편으로는 역사를 뚫어 본 예지라든가, 사람을 다루는 수완이나 재능에서 능란한 정치가요, 교활한 여우라는 칭호를 걸어 주어 나쁠 것이 없다.

　　오늘날 중국인이 가지고 있는 현실수완이나 인문의 도덕정신은 땅에서 자라 온 그들의 근성으로 보아 필연적인 확실성이라고도 할 것이다. 그러나 그 확실성 속에는 주술적인 것이 거세되면서 주공적(周公的) 천명(天命)을 잃어버린 비극이 처음부터 개재되고 있었음이다.

　　주공은 우리가 주술적 생명을 되찾지 못하는 한 영원히 알아내지 못할 역사 속의 한 점 화석이거나, 불가사의한 빗돌로 남을 것이다. 그리고 그런 결과를 만들도록 역사의 키를 돌려놓은 중대한 실수를 중국인은 공자로부터 시작해서 찾아야 할 것이다.

08
공자의 유교 완성

공자가 주공을 사모했던 것은 처음부터 그의 인문주의에 있었다. 무엇보다 은나라의 감당할 수 없는 무풍(巫風)을 쇄신하고, 귀신 중심의 천명사상을 인간 중심의 천명사상으로 바꾸어 빛나는 주나라 문화의 기반을 확립한 데에 감탄을 금치 못한 것이었다.

사실 주공이 중국 역사 전체를 가지고 건져낼 수 있는 유일한 인물이었다고 한다면, 그 사람의 한 생각 한 마디의 말은 그대로 중국의 역사 전부를 대표하는 것으로 말해져야 할 것이다.

그렇다면 주공은 당초부터 은나라 사람들의 천명사상이나 질탕하게 먹고 마시는 제사의식에 남모르는 혐오를 가졌던 것으로 볼 수가 있다. 그것은 뒷날의 혁명 후에, 아우인 강숙(康叔)을 은나라 자손들이 많이 사는 위(衛)나라에 제후로 보내면서, "그곳 사람들은 술에 탐닉하는 악습이 창궐해 있으니, 그것을 뿌리 뽑으라"는 교훈을 주는 것으로도 알 수 있거니와, 본래 이족(夷族)들은 술·노래를 좋아하여 제사 때만 되면 연일음

주 군취가무(連日飮酒 群聚歌舞)하는 습성을 가진 사람들이다.

그것이 주공 같은 인물의 눈에 꼴사납게 보였을 건 사실이고, 그것 때문에라도 백성을 바로 가르치기 위해서는 세상을 고쳐야겠다고 생각했음직한 일이다.

그러나 주공은 은나라 사람들의 제사와 거북 껍질을 태우는 귀신점을 무시하고 있던 것은 아니었다. 무시하긴 커녕 누구보다 그것을 깊게 이해하고 바로 알았기 때문에 훗날 그의 시대가 되었어도 그것만은 버리지 않았고, 그 자신 궁극적인 일을 결정할 때는 항상 제사와 점을 행사했던 것이다.

그러나 은나라 사람들 같은 생각에서가 아니라, 훨씬 진보적이고 개화된 관점을 가지고 제사든 점이든 분명히 한 것이다. 공자도 그런 점이 옳게 보였던 것이고, 주공에게 깊이 반해 버린 것도 일단은 그것에서부터라고 할 수 있다.

그러나 주공의 제사나 점은 후세에 전해지는 것처럼 그렇게 간단명료하기만 했을 것이 아니라, 보다 복잡한 의식과 이해하기 어려운 주술 따위가 많이 쓰여졌을 것이다. 제사나 점은 일반적인 의식과 다르다. 우주와 삼라만상에 변재해 있는 하나된 내적 생명에 이르자는 것이므로, 거기에는 특별한 언어나 표현동작이 따를 것이 당연하다. 생명의 근원으로 회귀하는 신령스러운 자의 특별한 의식을 어찌 우둔한 자의 표피적인 상식으로 알 수가 있을까?

생각하건대 주공의 무의식(巫儀式)을 명료한 상식으로 함축해 낸 것은 공자 그 사람이었을 것이다. 그는 뿔을 고쳐 소꼴을 만들 생각을 한 것까지는 좋았는데 결과적으로 소를 죽여 놓은 셈이었다.

복희씨가 창출한 역(易)의 팔괘(八卦)를 문왕이 괘사(卦辭)를 만들고 주공이 효사(爻辭)를 지었다고 하는 건 세상의 통설이다. 그런데 공자가 계사전에서 감탄하여 말하기를 "즐겨서 완미(玩味)할 것은 효(爻)의 사(辭)다"하여서 주공의 것을 특별히 좋아한 것으로 전하고 있다.

공자에 의해 정리되는 유교적 윤리관과 도덕정신은 그가 『주역』에서 문왕과 주공이 남긴 괘사·효사에다 소위 십익(十翼)을 부연해 넣으면서 완성되었다고 할 때, 『주역』의 세계관·인생관은 주공의 설을 기초했으리라고 보는 것이 타당하지 않을까?

그런데 공자는 바로 이 대목에서 실수를 저질러 버린 것이다. 주공의 천지신명에 통하는 주술적 부분, 곧 무의적(巫儀的) 형식을 배제해 버린 것이다. 사슴에서 뿔을 자른 셈이다. 물론 주공에게서 그것이 억제되거나 첨삭되는 기미가 없던 것은 아니다. 그러나 주공 때까지는 아직 그것이 사용되고 있었다. 그러던 것을 공자가 바톤을 이으면서 그 부분을 사정없이 잘라내고 정리해 버렸다.

물론 공자도 주공의 무의식(巫儀式)이라는 게 우주간의 인간에게서 무엇이라는 것을 몰랐던 것은 아니다. 그도 주공에 못지 않게 그것을 잘 알고 있었다. 잘 알았기 때문에 그것을 배제한 것이고, 그때까지 하늘과 귀신을 통해 뜻을 찾던 인생의 의의를 곧 인간의 내면성품에서 찾는 유교를 주창할 수 있었던 것이다.

주공이 무슨 소명을 받은 것처럼 무속풍기(巫俗風紀)가 창궐한 은나라 역사 위에 올라왔었다면, 공자 또한 주공 이후의 역사명령이 그의 등떠리에 떨어졌다고 보아야 된다. 그것은 공자 이후로도 제자백가가 쟁명(爭鳴)하는 중국 풍토의 어쩔 수 없는 실질주의와 현실성의 명령이었지, 추호도 여타한 무엇을 탓할 계제가 있는 것은 아니다.

전하는 말에, 무왕의 혁명은 주공에 의해서라 한다. 주는 본래 사납고 거친 임금이 아니다. 그가 유시씨를 정벌해서 얻었다는 달기(妲己)라는 계집은 사실은 주공의 손에서 양육된 아이였다. 기(己)는 원래로 근본이 없는 아이여서 이름이나 성이 없었다. 그래서 주공이 그 아이를 줏어다 기를 적에 자기 이름 단(旦)에다 여(女)자를 넣어 달(妲)이란 성을 만들고, 개인이란 뜻으로 기(己)라는 이름을 주었다. 주공은 지나친 무풍일색(巫風一色)의 은나라가 내심 마뜩찮았을 것이다. 사람마다 가득 마시고 무질서하게 취하는 꼴들이 거리마다 낭자한 은나라 풍속. 그래서 한번 혁명을 해야겠다고 생각했을 것이다.

주공은 여러 해 동안 주의 성격의 요모조모를 살펴서 알고 있는 터였으므로, 달기를 철저하게 거기에 맞게 기를 수가 있었다. 환심을 사는 온갖 교태와 방법은 물론 남자의 육체를 다루는 재간과 즐겁게 해 주는 요령 따위가 참을성있게 훈련되어진 다음, 적당한 때에 궁중에 보내어졌다. 십년이 넘도록 그런 교육 속에서만 뼈가 굵은 달기는 한번 주의 눈에 띄자 주는 대번에 짐승이 되어 버렸다. 무엇보다 달기의 미모와 눈망울이 그런 것이었지만, 그의 교태와 몸짓이란 것이 완전히 주의 기분과 비위에 맞도록 된 것이라, 달기가 하고 싶은 것, 원하는 것은 그대로 주의 것과 틀리지 않았다.

그리하여 이 위험한 여자는 차차로 주의 성격을 거칠게 유도해 내어 끝없는 낭비와 사치벽을 조장해서, 마침내 주의 궁전은 주지육림(酒池肉林)에 파묻히게 되고 백성의 원망소리가 가득하게 되었다. 그런 음란과 포악무도가 극에 달해서 은나라 사직이 썩을 때로 썩었다고 판단될 때, 주공은 혁명군을 동원하여 가만히 들어엎은 것이다.

그런데 웃지 못할 것은 주공이 혁명군을 몰아 주의 궁전에 처들어가던 날, 달기가 주공을 향해 "제가 맡은 역할을 잘 해냈지요?"하고 빤히 처다보는 것이 아닌가? 이 망국의 여자는 처음부터 자기의 할 바를 알았던 것이다. 그래서 주공의 놀란 칼날에 찍혀 죽고 말았다.

공자가 주공의 행적에서 이런 사실을 굳이 처들어 말하지 않았다는 것은 당연하다. 어느 경우에서건 현자(賢者)와 존자(尊者)와 친자(親者)는 허물을 들추지 않는 것이 공자의 예법이었기 때문이다. 오직 공자에게는 주공과 한 가지로 역성혁명을 하게 된 명분을 내세워 천하를 설득하는 것만이 중요하고 급했던 것이다.

　그 시절 사람들의 생각으로는 천자는 하늘이 정하는 것이었다. 그러므로 천자가 잘못이 있더라도 신하는 묵묵히 따라야 했지, 뒤엎는다는 건 생각도 못하고 있었다. "새로운 천자를 세워야 된다면, 그것은 하늘이 다시 결정할 문제다. 우리는 어디까지나 하늘이나 쳐다본다." 이런 식이었다. 그래서 주공은 "하늘이 임금을 정하는 것은 민의를 따라서 한다. 동시에 역성혁명도 민의에 의한 것이다." 이렇게 설득하고 있었다.

　원래 혁(革)은 털을 벗긴 소의 날가죽을 뜻한다. 견디고 견디다가 극에 이르러서 뒤집히는 것이 혁(革)이다. 사세부득이했다기보다 이치가 그러하므로 옳은 것이다. 민의를 외면한 천명이 날가죽처럼 뒤집히는 것이 혁명이다.

　"민의에 의해 뒤집었다. 그러므로 우리는 하늘 뜻에 의해서 했다." 이래서 주공은 하극상(下剋上)을 무조건적인 악덕으로 맹신해 온 동양사회의 가부장적 윤리를 민본주의와 천명사상으로 합리화시켜 겨우겨우 역성혁명의 명분을 꿰매어 낼 수가 있었다.

　주공의 이런 천명정치사상, 곧 임금된 자는 천명에 의해서만 가능하다는 하늘 중심의 논리를 공자는 한층 도수를 높혀서 천명도덕을 인간 사상으로 전회시켜 도덕정신이 높은 자, 곧 도덕적 수양이 많이 된 자에게만 천명은 돌아간다는 쪽으로 논리를 향상시켜 놓았다.

　그러나 이런 향상이나 진보는 기하학의 공식처럼 어차피 나올 것이기는 했지만, 그 논리를 수용하는 사회는 시대의 공기가 점점 탁해지고 그 속에 모든 인간도 차츰 홑으로 얇아지게 돼 있다는 것을 공자는 아직

살피지 못하고 있었다.

　이러한 공자의 도덕주의는 그때까지 맥을 이어 온 우주와 천명과 인간과의 관계를 단절함으로써 인간을 독립시켜 버렸다는 데서 문제를 출발시킨다. 다시 말하면 공자 이전의 인간사라는 건 우주와 천명에 함께 엇물려 돌아가는 전체적인 질서현상 속에서 인간의 위치가 놓여왔는데, 이제부터는 인간은 오직 인간에 의해서만 우주와 만물간에 버티면서 살아야 할 입장이 되어 버린 것이다.

　물론 『주역』에 나타난 유교의 세계관과 인생관에는 여전히 하늘의 일과 귀신의 일이 들어 있고, 그것이 우주도덕의 질서를 지탱하는 점복서인 것도 사실이지만, 우선 책 속에 갇혀 버린 그런 까다로운 논리는 특수층의 소수에서나 볼 수 있는 것이요, 그들마저도 천명이니 신이니 하는 걸 자칫 인간을 전체로 초점을 맞출 위험조차 가지고 있는 터였다.

　이제 공자의 인간 중심주의가 그 후의 자사(子思)와 맹자(孟子)를 통하여 어떤 결과가 되어지고 마는가를 보면, 주공의 천명사상에서 무의식(巫儀式)을 배제한 것이 어떤 실수였는가가 드러날 것이다.

　대유(大儒) 공자는 주역에 십익(十翼)을 달아, 그때까지의 세계관을 인간 중심으로 정립시켜 유교를 완성했다는 것은 앞에서 말한 대로다. 익(翼)은 도왔다는 뜻이다.

　역(易)의 기본관념은 음양이효(陰陽二爻)에 있다. 이것이 삼중(三重)하여서 팔괘(八卦)를 이룬다. 삼효(三爻)는 천(天)·지(地)·인(人) 삼재(三才)의 도(道)를 표상한 것이다. 음양으로써 천·지·인의 도를 표현한 것이 역(易)의 기본관념이다.

　주역은 그 구조상으로 효(爻)로 이루어진 괘(卦)가 여덟 개 있어서 이것을 팔괘(八卦)라고 하는데, 팔괘에는 각기 괘명(卦名)과 괘사(卦辭)가 따른다. 괘사를 부연해서 설명한 것이 단사(彖辭)다. 팔괘가 육십사괘(六

四卦)로 벌어지면, 거기에 각각 만물의 형상과 법칙이 따르게 된다. 이 형상을 살펴 물형(物形)에 맞게 설명한 것이 상사(象辭)이고, 상(象)을 이룬 각효(各爻)의 길흉의 변화를 말한 것이 효사(爻辭)이다. 괘와 효의 본문——본형(本形)이라 해야 할 듯——에 주석을 붙인 것이 계사(繫辭)이다. 단사(彖辭) · 상사(象辭) · 계사(繫辭)는 모두 상 · 하편 씩으로 나뉘어 있다.

공자는 이상의 각 편에 자기의 의견을 첨가시켜 날개를 붙이고——익(翼)하고——문언(文言) · 설괘(說卦) · 서괘(序卦) · 잡괘(雜卦) 등에 서(序)를 다는 한편, 그것들을 확대 해석하여 아름다운 글과 논리적 설명으로 총괄 · 요약해 놓았다. 이런 이야기를 길게 늘어놓을 터수는 아니로되, 공자의 유교를 윤곽이나마 그려보기 위해서는 불가불 주역의 속뜻을 그 그림자나마 더듬지 않을 수가 없을 듯 싶어서다.

공자는 중국 역사가 신을 버리고 인간에 의한 역사를 펼치던 그 무렵에 오직 인간만이 전부라는 주장을 들고 나왔으므로, 바야흐로 자기 땅에 자기 씨를 심고 싶어하는 이들의 뜻과 부합되어서 이천 년이 넘는 지금까지 중국 역사의 큰 기둥이 되어 왔다. 그렇다면 그 내용의 골자는 진실로 무엇일까?

공자의 학설이 처음부터 중국 천하에 열렬한 박수를 받으며 등장한 것은 아니다. 그는 젊은 날부터 자기 시대를 자기에게만 맡겨 주면 1년 안에 기강을 세우고 3년 안에 치적을 성취하겠다는 포부도 있었으나, 그 의견을 쓰여지지 못했고 상갓집 개처럼 소외되기만 했다. 그러다가 죽었다. 그 후에 맹자가 나와 스스로 공자의 사상적 직계를 자처했지만, 그 역시 당대에는 별 이름이 없었다. 또 어느 때는 제(齊)나라 학사들의 틈서리에 끼어 보기도 했으나, 역시 다른 백가(百家)들의 쟁쟁한 변론에 눌려 그닥 빛을 보지 못했었다.

그러나 그들의 의견은 마침내 쓰여졌으며 어느 계열의 학설보다도 윗자리에 서게 되었다. 여기에는 그들 유가의 학설이 중국인 성미와 기질에 알맞은 필연의 이유가 있을 터이다. 그 이유와 조건이 공자의 주역 해석에서 비롯되고 있다. 주역을 대략이나마 살펴야 할 까닭이 이러해서다.

　　그러나 우리는 주역에 접하기 전에 미리 하나의 태도를 준비하는 것이 주역의 이해에 도움이 될 것이다. 어떤 입장에서 주역을 살펴야 될까? 주역은 원래 우주간의 생명의 법칙을 설명하자는 것이므로 생명의 자리에 바로 서기만 하면 된다. 생명의 바탈을 알자는 것이 이 자리의 문제다.

　　옛 희랍에서는 인간의 본성을 이성(logos)이니 감성(pathos)이니 하여서 문제를 야기시켰는데, 그것이 그대로 서양철학의 초석이 되었던 것으로 기억한다. 우리들의 얇은 지식으로는 생명의 바탈——본원(本源)——이 그것의 어느 쪽일까 정도로 관심하고 시작하면 좋을 것이다.

　　생명은 물론 이성으로 된 것도 아니고 감성만의 것도 아니다. 감성과 이성의 동시적인 것이고, 그러한 이름 이전의 것이다. 그것은 언어의 도(道)가 끊어진 상태의 것이므로 이름이나 설명으로 될 것은 아니지만, 이성이니 감성이니 하는 이름을 걸어 이야기한다면 감성이 이성보다 앞서는 것이고 먼저하는 것이라고 보여진다. 왜냐하면 생명은 생각하기 전에 느끼기 때문이다.

　　이 감성과 이성의 변수관계를 주역에서는 어떻게 설명하며 다루어내는가? 그것에다 눈을 대고 있으면 필요한 이해는 하리라고 믿는다. 먼저 공자가 주역이란 무엇하는 것이냐고 묻고 스스로 답을 내린 것이 있다.

　　무릇 주역(周易)은 만물의 뜻을 개통하고, 천하의 모든 일을 성취한다. 그 도(道)는 천하를 덮는다. 주역이란 그저 이러할 뿐인 것이다. 그러므로 성인은 주역에 의하여 천하만민의 뜻에 통달할 수 있고, 천하의 모든 일을

정할 수 있고, 천하의 모든 의심을 판단할 수 있는 것이다. [계사전(繫辭傳) 상(上)]

　낳고 또 낳는 것을 역(易)이라고 하고 도(道)의 상징을 이룬 것을 건(乾) 이라고 한다. 도(道)의 법칙을 본받은 것을 곤(坤)이라고 하고, 변하는 이치 를 연구하여 미래를 아는 것을 점(占)이라고 한다. 변화를 통하여 발생하는 것을 일이라고 하며, 천하 만물이 모두 음양의 변화에 따라 생성 발전하여 추측할 수 없는 것을 신이라고 한다. [계사전(繫辭傳) 상(上)]

　주역의 본 이름은 그냥 역(易)이다. 역(易)에는 세 가지 뜻이 들어 있 다. 간역(簡易)·변역(變易)·불역(不易)이 그것이다. 간역은 간단하고 평 이하다는 뜻이다. 하늘과 땅은 모두 현상과 만물을 포용하여 생성화육(生 成化育)하고 있으나, 번거롭지도 요란하지도 않다. 담박하지만 실수하는 일이 없다. 천체의 현상은 확연하여 그 쉬운 것을 보여 주고, 땅의 작용은 순탄하여 사람에게 간편함을 보여 준다. 평이하면 알기 쉽고, 간편하면 좇기 쉬운 것이다. 이것은 천지의 공덕을 말하는 것이다.

　변역은 변하고 바뀐다는 뜻이다. 천지간의 모든 상황과 사물은 항상 변하고 바뀐다. 낮이 가면 밤이 오고, 가을이 가면 겨울이 오고, 겨울이 가면 또 다시 봄이 온다. 이것은 음과 양 두 기운이 옮기어 변화하는 것을 말한다.

　불역은 바뀌거나 변하지 않는다는 뜻이다. 하늘은 높고 땅은 낮아 그 위치가 변하지 아니한다. 하늘이 아래로 내려오거나 땅이 하늘로 올라 가려 하지는 않는다. 질서가 있다. 그리고 천지 사이의 온갖 현상의 움직 이고 정지하는 작용은 일정한 법칙이 있다.

　이 질서와 법칙은 영원하며 항구불변한 것이다. 역(易)은 이 세 가지 의 법칙과 작용을 그 자체 속에 갖추고 있다는 것을 시사한다. 이 법칙이

천(天)·뇌(雷)·풍(風)·일(日)·월(月)·산(山)·택(澤)을 상징하는 팔괘(八卦)로 나타나다가 육십사괘(六四卦)로 확대하여 동류(同類)와 서로 만나 커지게 되면 천하에 못할 것이 없다.

또 공자는 덧붙여서 이런 탄식도 했다.

　　글로 말을 다 표현할 수 없고 말로 사람의 의사를 다 표현할 수 없는 것이니, 성인(聖人)의 뜻은 알아볼 길이 없는 것일까? 그렇지 않다. 성인은 주역의 상(象)을 정립하여 뜻을 남김없이 표시하고, 육십사괘(六四卦)를 만들어 진실과 거짓을 다 알게 하였고, 괘와 효에 설명을 붙여 할 말을 다하고, 음양의 변하고 통하는 법칙을 옮겨 천하만민의 이로움을 다한다. 이렇게 하여 백성의 마음을 고무(鼓舞)하게 하여 신묘(神妙)함을 다하고 있는 것이다. 주역에서 성인의 뜻을 볼 수 있는 것이다.
　　건곤(乾坤 : 하늘과 땅)은 주역의 근원인가? 하늘과 땅이 벌어져 있으니 주역이 그 가운데서 성립하였다. 하늘과 땅이 헐어 없어진다면 주역의 법칙은 볼 수 없을 것이요, 주역의 법칙을 볼 수 없게 되는 때면 하늘과 땅은 아마 거의 작용을 종식할 것이다.
　　그러기에 형이상의 것을 도(道 : 법칙)라 하고 형이하의 것을 기(器 : 현상)라 한다. 음양이 서로 작용하여 변화하고 견제하는 것을 변(變)이라 하고 음양변화의 법칙을 유도 추수(推隨)하여 진행하는 것을 통(通)이라고 한다. 이 이치를 들어 천하만민에게 하는 것을 사업이라고 한다.

이렇게 해서 공자는 지금까지 인간의 제사를 받았던 신을 "오묘하고 불가사의한 천지만물의 법칙을 말하는 것"이라고 정의를 내렸고, "음양의 변화의 도를 아는 자가 신의 소위(所謂)를 아는 자"라고 단정지어 버렸다. 그러므로 올바른 믿음은 우상이나 음사(淫祠)——여기서는 특별히 은나라 제사 사당을 가리키는 것 같다——를 섬기는 것이 아니라, 천의(天意)에 부합하는 뜻을 믿는 것이어야 했다.

그래서 공자 자신이 병으로 누웠을 때 제자인 자로(子路)가 빌어 보겠다고 나서자 "아서라, 나는 빌고 있는 지가 오래다"했던 것이다. 아마 자로는 그때까지 전해오는 풍습대로 단을 쌓는 무의식(巫儀式) 기도를 생각했었을 것이다. 그래서 공자가 진짜로 비는 것은 그런 것이 아니고, 마음 속에 옳은 믿음을 향해 이미 빌고 있음을 말한 것이었을 것이다.

공자의 종교는 오직 인간이었다. 그는 인간의 존귀성을 떠나서는 어떤 것도 의미가 없다고 굳게 믿고 있었다. 그래서 번지가 인(仁)을 물을 때도 간단히 "사람을 사랑하는 것"이라고 했고, 지(知)를 물어도 "사람을 아는 것"이라고 대꾸했다. 그리고 덧붙이기를 "민생(民生)의 민의(民意)를 힘쓰고 귀신을 경원(敬遠)하면 곧 지자(知者)"라고 했다.

하루는 계로(季路)가 귀신 섬기는 걸 묻자 또 대뜸 "사람을 능히 섬기지 못하거든 귀신일까 보냐"고 일축했다. 다시 죽음을 묻자 "삶이 바빠 생각할 겨를도 없다"고 했다.

공자의 언행 중에 그리 적지도 않은 귀신에 관한 문답은 모두 칼로 자르듯 야멸차고 분명한 것들이었다. 심지어 체(禘)——군주가 조선(祖先)의 위패를 묘(廟)에 모시고 드리는 큰 제사——에 대해 물어도 단호히 "몰라, 그것 제대로 설명할 줄 아는 사람은 손바닥 들여다보듯 천하를 다스릴 걸"하고 자기 손바닥을 들여다보더라 했다.

그러나 그가 정말로 귀신에 대한 일을 몰라서는 아니다. 잘 알고 있었다. 그래서 제 조상 제사를 모실 적에는 조상이 제상에 앉아 있는 것처럼 태도가 조심스러웠고, 귀신을 섬기는 일일수록 예법이 아니고는 통하지 않는다 하여 오만가지 까다로움을 격식에 적용하고 있었다. 그러는 중에도 어쩌다 참석치 못하면 "제사를 안 지낸 듯하다"고 술회했던 것이다.

생각컨대 그는 그때까지 은나라 사람들의 지나치게 번거로운 제사 풍속에 넌더리를 내고 있었던 것이다. 그래서 그에 따른 무속의 예법을 모조리 음사라는 딱지를 붙여 멀리했을 뿐 아니라, 누가 혹 귀신의 일이나 사후의 소식 같은 걸 물으면 미리 심통을 부려 모른다고 잡아떼었을 것이다. 그가 괴(怪)[상식적이 아닌 것]·역(力)[도덕에 위배되는 나쁜 권력]·난(亂)[올바른 치(治)에 반대되는 것]·신(神)[인(人)이 아닌 허망한 것]을 말하지 않았다는 것도, 은나라 유풍(遺風)을 꺼린 데서 온 심리작용이 어찌 없었을까?

공자가 은나라 무풍(巫風)을 꺼렸다는 것은 물론 공자다운 점이다. 또 거기에서 그의 사상의 일체와 성인으로 추대된 전모가 드러난다. 그것은 주공을 이어 진척해 온 공자의 시대가 본격적인 인문시대의 시작이라는 사실만으로도 충분할 것이다.

그러나 새삼스러운 말이겠으나 은허(殷墟)에서 발견된 갑골문(甲骨文) 중에 순(舜)을 나타내는 글자가 ☒◉ 따위로 그것을 해독하면 旬(순)이 된다는 것도 짚고 넘길 필요는 있다. 그것은 일정한 기간에 행사된 그의 무의식(巫儀式)을 가리키는 것이다.

이 풍속이 하(夏)를 지나 은(殷)에 이르도록 줄기차게 맥을 잇고 있었다는 것도 이미 살펴 온 대로다. 특히 은 말(殷末)의 질펀한 무풍(巫風)과 주(紂)의 정치가 만든 풍기문란은 그때까지의 천명사상의 무속정치를 마감하는 역사의 한 매듭으로 간주될 밖에는 없다. 그것은 민심의 진화가 만든 역사적 각본이었던 것이다.

그렇게 신권이 중심되던 천명사상이 주공의 혁명에서 민본주의라는 새로운 천명사상으로 대체되었는데, 공자는 이 민본이라는 커다란 덩어리를 가져다가 다시 개인을 중심하는 새 역사관을 창조해 내고 있었다. 그것은 주역을 가일층 발전시키는 조명(照明)이기도 했지만, 마침내 나올 것이 나오고 마는 듯한 새 개념의 창조였다. 그렇더라도 이것만은 공자가 아니고는 이만한 도덕적 경륜이 분명 불가능했었을 대목이다.

　무엇보다 공자는 지금까지의 신이란 것을 일음일양지위도(一陰一陽之謂道)로, 곧 음양의 감기고 풀리는 조화관계상의 법칙이라고 새로운 해석을 내렸다. 그것은 중국 역사가 신의 시대를 딛고 서는 인권정신의 완벽한 승리였던 것이다.

　　在天成象 在地成形 方以類聚 物以群分

　　하늘에 있으면 상징적 법칙인 것이 땅에서는 꼴[형상]이 된다. 바야흐로 동류(同類)끼리 무리를 지으니, 만물이 저들대로 분수를 나누어 선다.

　여기에는 이미 제사를 받아 먹을 하늘도 귀신도 없다. 하나의 뚜렷하고 검스러운 법칙이 있을 뿐이다.

　　是故蓍之德圓而神 卦之德方以知 六爻之義易以貢 聖人以此洗心 退藏於密 吉凶與民同患

　　이러므로 점을 치면 무궁하고 큰 법칙이 모여진다. 괘를 이루어 놓으면 궁륭(穹窿)하고 깊던 것도 사람이 알 만하게 덕을 나타내고, 육효(六爻)의 뜻은 길흉을 일러 준다. 성인은 주역의 점으로 사람의 의심을 씻어 주고, 물러나면 주역의 이치 속에 고요히 잠긴다. 그러므로 길하거나 흉하거나 백성과 더불어 근심을 같이한다.

　여기서의 점이란 것도 거북 껍질을 굽던 주공시대의 점이 아니다. 시(蓍)라는 일종의 뺑대쑥으로 산(算)가지를 만들어서 그것으로 음양의 역수(易數)를 셈하는 방법이었다. 확실히 점 자체가 간편하고 쉬워진 것이다. 이 뺑대쑥이 특별한 것이었기 때문에 대나무를 쪼개서 산가지를 만들어서 썼다. 이것이 서죽(筮竹)이다.

09
유교논리의 실과 허

공자가 바라보는 인간, 그 개체적 인간은 하늘의 이치와 땅의 이치를 함장하고 있는 신비적 인간이었다. 공자가 말한 인(仁), 거기서 나오는 예(禮)는 인간을 하나의 우주로서 완성하려는 성실로 일관하고 있었다.

그러나 공자의 성실 속에는 불행하게도 그가 모르는 급한 생각이 들어 있어서 그것이 공자로 하여금 억지 애를 쓰게 했을 뿐 아니라, 그 애씀이 결국 공자 자신을 속임으로써 그의 세계를 잘못 만드는 원인이 되었던 것이다.

공자의 완벽한 사상체계의 어느 구석에 그런 애씀이 나타나고 있다는 것은 아니다. 다만 그에게는 처음부터 급한 생각이 있었으므로, 자기의 사상체계를 완벽한 이성으로 포장해 냈다는 것 뿐이다. 무엇이 그 급함일까? 주공이 바라다 본 인문세계를 어서 정립시키려는 욕심, 바로 그것이었다.

결론을 미리 말한다면 유교사상에는 인간의 감성이 거세된 듯한 흠이 드러난다. 물론 공자 당대로서는 그때까지의 되어 온 분위기란 것도 있어서 그것이 어느 정도는 가려지고 있었다. 그러나 일단 방향을 잡아서 키를 돌려놓은 이상 역사의 배는 공자로서도 어쩔 수 없는 항해를 하고 말았던 것이다. 그런 유교 역사의 책임을 공자에게 돌리려는 것이 잘못일까?

인문주의자 공자는 지금까지의 천명사상이 인간의 내면 속에 오롯이 잠재해 있다고 보았다. 그것이 성(性)이다. 그래서 천명지위성(天命之謂性)이라고 했다. 동시에 그것은 유교의 고칠 수 없는 항구적인 요체다.

이 성(性)은 정(精)하고 잡(雜)되지 않아 오직 하나뿐인 순수한 마음을 가리킨다. 이 마음은 아직 표현되지 않은 천지간의 대본(大本)이며, 삼라만상에 변재한 우주의 본체—본질—이다. 이것을 중(中)이라고 한다. 중(中)은 작용이 나오기 이전 것이다. 『주역』의 계사(繫辭)에서 이 중(中)을 말하여 "寂然不動 感而遂通天下之故"라 했다. "고요하여 움직이지 않지만 감응하여 드디어 천하만사에 통달한다"는 것이다.

그러나 생명은 고요히 엎드려만 있는 것이 아니라, 마침내 감응하여 일어나고야 마는 법이다. 언제까지 적연부동(寂然不動)할 수만은 없다. 마침내 감(感)하여서 통천하고(通天下之故) 하는 것이 생명의 법칙이다. 그래서 『중용』에 중(中)을 다시 말하여

喜怒哀樂之未發을 謂之中이요, 發而皆中節을 謂之和니, 中也者는 天下之大本也요, 和也者는 天下之達道也라. 致中和하므로 天地가 位焉하며 萬物이 育焉한다.

희로애락이 채 촉발되지 않은 상태를 중(中)이라 하는 것이요, 촉발하여 일체의 절도(節度)에 다 맞는 것을 화(和)라 하는 것이니, 중(中)은 천하의 큰 본질—본체—을 말한 것이요, 화(和)는 천하만물에 통달하는 것을 가

리킴이다. 중화(中和)의 덕(德)이 이루어짐으로 천지가 자리를 정하여 만물이 길러진다.

고 했다. 이것은 생명의 본체가 작용으로 나타난 것까지를 설명한 것이다. 성(性)을 설명상 나누어 낸 것이 중화(中和)다. 중화를 치(致)한다는 것은 성(性)의 체(體)와 용(用), 곧 우주 원리의 본체와 작용을 가리킴이다. 군자가 마음을 쓰면 이 본체──중(中)──와 작용──화(和)──의 덕(德)이 되는 중용(中庸)의 도를 잃지 말고 지켜야 된다는 것이다.

이쯤 가려놓고 보면 공자가 말하고 싶은 유교의 덕목이 무엇이라는 것이 비로소 선명해진다. 괴력난신을 기피해 온 그의 이성적 의지는 처음부터 마음 속에 한 모델 인물을 가지고 있었던 것이다.

그 모델이 누굴까? 말할 것도 없이 무위이연(無爲而然)한 덕(德)으로 천하를 감쌌던 요순(堯舜)이다. 그 어른들의 마음을 사모하고 덕을 본받아서, 그것으로 주공의 주(周)나라를 문예부흥하는 것만이 이상이요 꿈이었다. 그런 점에서는 요보다 무위이치적(無爲而治積)을 늘 탄식했던 순이 더 큰 비중으로 가슴속에 살아 있었을는지도 모른다.

실제 공자의 유교는 증삼(曾參)이 증명하고 전수했던 데서 보여지듯이 충서(忠恕) 외에 더 갈 것이 없었다. 충(忠)이 몸과 뜻을 다해 자기를 완성해 가는 것이라면, 서(恕)는 그것이 차고 넘쳐서 옆 사람에게까지──혹은 사회와 인류에게까지──좋은 영향을 미치는 것을 뜻한다. 그래서 공자는 사람을 가르칠 때에 지(知)와 정(情)과 의(意)를 똑같이 소중히 했지, 어느 한 곳에 치우친 것이 없었다. 치우치면 잃는 것이다.

그래서 본래의 대도(大道)를 기르기 위해 안간힘을 쓴 공자였지만, 그러나 그의 도덕은 마침내 보잘것없는 지리멸렬이 되고야 말았다. 그 중대한 까닭의 하나가 마음 속에 요순이라는 목표인물을 가져서였다. 더구나 그 인물들을 괴력난신의 제사감각을 거세시킨 관점에서 보려 했으니, 풍운 속에 휘감긴 용을 백일하에 드러내 놓고 보자는 식이었다. 그 마음이 오죽 급하고 헐떡거렸을까?

그러길래 공자가 내세운 유교의 도덕을 원점에서부터 맥을 짚으면, 우주의 본성에서 유유자적했던 것은 요순밖에는 없었다. 하우(夏禹)로 내려오면 그 수고로움과 애씀만으로도 무리가 따르고 있고, 탕(湯)과 문무(文武)와 주공(周公)에서는 벌써 당위로써 중도(中道)를 지켜 천하의 법칙을 삼은 것이 나타난다. 큰 인간 쪽에서 작은 인간, 완전한 인간에서 불완전한 인간 쪽으로 자리를 바꾸어 왔던 것이다.

물론 공자도 요순을 가슴에 품었을 때는 완전한 인간, 큰 인간을 기르자는 것이었지, 치우치고 모자라는 인간을 교육하자는 것은 아니었다. 그러나 그의 급한 생각은 의지와는 달리 북극성의 좌표를 잘못 정한 채 키를 돌려놓은 것이다.

뜻이 착하다고 해서 열매가 선하게 달리지만은 않더라는 경험을 종종 하거니와, 공자의 뜻은 요순을 목표한 데서 열매의 한계가 이미 정해진 셈이다. 도대체 한정된 목표 밑에 엎드리어 있는 자가 목표 외에 큰 것을 얻은 일이 진리 속에 한 번이라도 있었던가?

그러한 실수의 단서가 『주역』 계사전(繫辭傳)의 가장 골자되는 구절에서 비롯되고 있다. "一陰一陽之謂道, 繼之者善, 成之者性"이 그 구절이다. 이 구절은 성(性)을 설명하기 위해서 있다. 우주의 본체를 드러내는 곳이니만치 충분히 살펴 두는 것이 좋을 것이다. 이 구절은 세 개의 토막말로 되어 있다. 그리고 그 토막말들의 의미는 도(道)·선(善)·성(性)에 모아진다. 그러므로 뜻을 뚫어내기 위해서는 먼저 그 글자의 뜻을 이해해 두어야 한다.

성(性)은 이미 여러 차례 말했지만, 마음의 바탕, 우주적 원리, 본질,

하늘숨 따위로 발해지는 글자다. 어떤 말로도 꼭 이것이라고 꼬집어 낼 수가 없으니, 차라리 언설로 닿을 수 없는 뜻의 글자라고 하면 옳겠는데, 여기서는 하늘숨——天理賦命——정도로 보아두면 무방하다.

선(善)은 염소[羊]가, 대지 위에 난 풀을[艸] 입으로[口] 뜯는 것을 상징한 글자다. 착하다는 뜻으로 굳어졌지만, 본래 잘한다는 의미로 썼던 글자이고, 좋은 것이란 의미도 들어 있다. 양(羊)이 풀을 뜯는 것이 사람 보기에 아름답고 착하고 좋아서 그런 이름을 준 것이지만, 양 자체는 무심하게 풀을 뜯을 뿐이다. 무심(無心)·무위(無爲)의 의미를 놓치지 말아야 한다.

도(道)는 원래 길이란 뜻이다. 길은 통하자는 것이다. 공자 시대에는 지금과는 달리 이 글자에 진리니 다르마니 하는 복잡한 의미로서보다, 간편하고 쉽게 통하는 것 정도로 쓰였던 듯싶다. 이상이 대개 글자의 뜻이다. 이 정도로 알고 내용을 보자.

먼저 일음일양지위도(一陰一陽之謂道)이다. 한번 음(陰)하면 한번 양(陽)하니 이것이 도(道)다.(之자가 謂자 아래에 있는 것이 아니라 위에 있는 것에 유의해야 한다) 한번 음(陰)하면 한번 양(陽)한다는 것은, 한번 밤하면 한번은 낮한다는 정도의 뜻이다. 한번 호(呼)하면 한번 흡(吸)하는 것 그대로다. 그것 때문에 사시(四時)가 운행되고, 만물이 자리를 정해 선다. 계지자선(繼之者善)은 그것대로 하는 것이 잘하는 것이고, 성지자성(成之者性)은 그 잘하는 것을 완성한 것이 성(性)이라 했다.

이것을 얼른 쉽게 말하면 "한 번 호(呼)하고 한 번 흡(吸)하니, 이것이 생명의 통해지는 것이고, 통하는 대로 하는 것이 좋은 것이고 좋은 대로 완성한 것이 성(性)이다" 하는 식이다. 성(性)은 도(道)의 체(體)다. 또 체(體)이면서 용(用)이다. 옳은 말이다. 적어도 이것만이라면 공자를 그르게 볼 이유가 없다.

또 『예기』에서 예(禮)를 정의하여 "예는 친한 것과 소원한 것의 구별을 짓고, 사물의 서로 비슷한 것과 의심스런 것을 명확히 나누며, 동류(同類)와 이류(異類)를 구별할 뿐 아니라, 일의 옳고 그름을 밝히는 것이다" 했다.

예(禮)는 성(性)과 한가지로 생명의 바탈에서 건진 것이다. 그러나 순위를 정한다면 성(性)이 근본이고 예(禮)는 지엽이다. 이 성과 예의 정의는 무위(無爲)를 잃지 않았으므로 완벽한 듯이 보여진다. 그러나 이런 이론이 일단 행위로 옮아가면 좋고 싫은 것, 옳고 그른 것이 어느 한쪽에 치우치게 되어 어룽진 흔적이 남는다. 벌써 무위일 수가 없는 것이다. 그것은 공자의 삶 전체가 이미 그런 값으로 나타나서 증명해 주는 바 그대로이다.

공자의 생애 중 어느 부분을 잘라내서 본다 하더라도 일음일양지(一陰一陽之)한 도(道)였고, 그 도(道)대로 좋고 싫은 것을 척결하면서 그것을 완성하자는 것이었지, 그 외에 여타한 것은 한 가지도 없었다. 그의 모든 것은 그가 정의한 예법에 충실하게 잘 맞았다고 볼 수가 있다.

그러나 그것은 유위(有爲)로 된 것이었지 무위(無爲)로 된 것은 단 한 가지도 없다. 그러기 때문에 하는 일마다 근본에서 멀어져 갔고, 시끄러울 뿐이었다. 그는 가만 두어 좋을 것들을 끌어다가 일일이 명분을 세우고 주석을 붙이면서 철저하게 그 재미로 산 사람이었다.

『공자가어(孔子家語)』에 보면 공자가 젊은 날 노자에게 예(禮)를 물은 적이 있다. 그때 노자는 공자에게 이런 말을 했다고 한다.

"큰 이익이 남는 물건일수록 장사꾼은 겉모양을 허술하게 꾸민다. 그 물건이 남의 눈에 드러날 것을 두려워해서이다. 이와 같이 큰 도(道)를 숨긴 선비도 겉모습은 어리숙해 보이고 모자라는 것처럼 보이는 법이다. 그런데 그대의 씩씩한 낯빛과 당당한 태도는 대체 무엇인가? 그것은 네 속에 나타내어 보려는 교만과 잘해 보겠다는 얕은 생각이 들어있는 때문이다. 그것을 버려라".

공자는 그 말을 듣고 와서 사흘을 멍하니 넋이 빠져 있었다고 한다. 유위(有爲)가 무위(無爲) 앞에서 무엇이라는 것을 단적으로 드러내는 이야기다.

공자가 말한 대로 일음일양지(一陰一陽之)가 위도(謂道)이고 계지자(繼之者)가 선(善)이고 성지자(成之者)가 성(性)이라면, 인성(人性)은 천리부명(天理賦命)이라 하늘숨으로 된 것이니, 이 세상은 자연의 법칙처럼 무위(無爲)의 세상이 되어 있어야 옳을 것이다.

그런데 그렇게 되어 있을까? 본성은 가깝지만[성상근야(性相近也) 익히는 버릇이 다르기 때문 습상원야(習相遠也)]이라고 한 말은 핑계가 되지 못한다. 익히는 버릇도 결국은 성(性)의 작용이기 때문이다.

어쨌든 공자가 긍정한 세계와는 달리 어째서 이 세상은 갈수록 거칠고 악해지는 반대의 세상이 되어 가는 것일까? 자연은 무위로 하지만 인성(人性)은 유위(有爲)의 탓으로다. 말하자면 무위(無爲)는 이성과 감성이 나뉘지 않은 무기(無記)의 상태지만, 유위는 그것이 나뉘어져서 선악을 임의로 취하기 때문이다. 생명의 칼날은 쓰기에 따라서 선하지만, 동시적으로 얼마든지 악하게 쓸 수도 있다는 것을 인류는 지금까지 경험으로 배워 왔지 않은가?

공자의 도가 상식의 현실만을 북극성으로 생각한 채 역사의 항해를 시작한 까닭은 이런 점을 살피지 못해서였던 것이다. 더욱이 거기에다 신화의 종교성을 배제한 채, 생명을 한줌 되는 이성에만 우겨 넣어 맞추려고 했으니, 그 억지와 배타가 얼마나 불편하고 어긋나고 비뚤어졌을 것인가?

생명은 그 바탕에 있어서 언제라도 이성보다 감성 쪽이 우선되며 비중도 큰 법이다. 얼핏 이성이 감성을 눌러 탄 듯이 보이는 것은 그것이 표피적인 역할에 해당하여서이다.

어쨌거나 현실적이기만 한 이 땅의 백성들은 자기네 현실 감각에서 이것을 옳은 원칙으로 받아들였다. 공자 이후 그들 사회의 교과서 노릇을 해 온 사서(四書)—대학(大學)·중용(中庸)·맹자(孟子)·논어(論語)—와 삼경(三經)—시경(詩經)·서경(書經)·주역(周易)—의 개요를 보면, 그런 유교의 성향이 여실하게 드러난다. 그 교과서들이 무엇을 가르치고 무엇을 살찌우려 했는지 내용을 한번 보자.

삼경을 응용의 교과서에 넣는다면, 사서는 수신의 교과서다. 그러므로 살필 것은 사서다. 그런데 이 사서를 읽기 전에 『소학(小學)』이란 입문서가 있다. 태어나 여덟 살만 되면 우선 읽어야 될 필수과목으로 꼽는 책이다. 쇄소응대(灑掃應對)·진퇴지절(進退之節)과 예(禮)·악(樂)·사(射)·어(御)·서(書)·수(數)가 대지(大旨)로 되어 있다. 물 뿌리고, 쓸며, 응하고, 대하고, 나아가고, 물러가는 거동의 절차와 예법·음악·활 쏘기·말 다루기·문자·산수에 관한 초보적인 것을 배워야 된다는 것이다.

그런 후에 비로소 『대학(大學)』에 접하는데, 『대학』의 대지(大旨)는 궁리(窮理)·정심(正心)·수기(修己)·치인지도(治人之道)이다. 이치를 궁구하여 마음을 바로 하고 몸을 닦아서 사람을 가르치는 도에 나아가는 것이 목적이다.

그런 후에 『중용』을 읽는다. 『대학』이 날금[經]이라면, 『중용』은 씨금[緯]이다. 아니 『대학』이 몸뚱이라면 『중용』은 심장이다. 『주역』은 두뇌에 해당할 것이다. 그만큼 유교이론의 요체는 『대학』과 『중용』 속에 포함된다. 『주역』은 이 요체를 움직이는 방향이고 키일 뿐이다.

『중용』은 상·하 2부로 되어 있는데, 전편에는 성(性)·도(道)·교(教)의 셋을 천명(天命)에다 기초지움으로써 성선설(性善說)을 바탕한 천

인합일(天人合一)의 사상을 명백히 하였고, 후편에는 성(性)으로서의 성(誠)과 성(誠)의 실천조건인 명선(明善)과 명선(明善)의 수단인 수행의 방법을 논하고 있다.

그러므로 『중용』의 골자는 천명을 성(性)이라 하고, 성에 따르는 것을 도(道)라 하고, 도에 마름하는 것을 교(敎)라고 설하는 것과, 인성(人性)의 본질을 성(誠)의 입지에 놓고, 성(誠)을 중심으로 여러 가지 문제를 논급한 데에 있다. 『맹자』, 『논어』까지 갈 것도 없다. 공자 이후의 유교가 한결같이 주장해 오는 수신제가치국평천하(修身齊家治國平天下)의 현실주의적 근본 개념은 이 속에 다 포함되기 때문이다.

그런데 이들 교과서의 논리란 것이 철저하게 감성보다 이성을 골자로 씌어지고 있다는 점이다. 이성이 당위로 강조되는 것에 비기면, 감성은 돌아보지도 않는다 할 정도로 소홀히 다루어진다. 이러한 원인이 바로 유교가 이론윤리의 한계를 깨뜨리지 못하는 까닭일 것이다. 그것이 적어도 공자 당대까지의 윤리로서는 이성보다는 종교 쪽이었고, 언어보다 실천을 중시한 것으로 나타난다. 그때까지는 행동 중심이다. 그런데도 그의 효제관(孝悌觀)에는 친화(親和)보다 당위가 두드러지는 게 사실이다. 그것이 자사(子思)의 『중용』에서는 성(誠)으로 강조된다. 성(誠)은 성(性)을 이루기 위한 안간힘이다. 마치 "성(性)은 성(誠)으로 이루는 것이다. 성(誠)하고 성(誠)해서 성(成)이 되면 그것이 성(聖)이다"하는 식이다.

그러나 자사를 거쳐 맹자에 이르면, 공자의 성(性)은 벌써 다르다. 공자가 인(仁)을 중심하여서 효(孝)·제(悌)·충(忠)·서(恕)·예(禮)의 도덕을 말했다면, 맹자는 의(義)를 중심해서 인(仁)을 논의하고, 예(禮)와 지(知)를 논의한다. 관용보다는 비판이 많고, 확신보다는 증거, 행위보다 변설이 많은 것으로 나타난다. 친화보다는 질서요, 종교보다는 현실이다. 성(性)을 이성의 성(性)만으로 착각한 유교이론은 바야흐로 변설이 치성

할 조짐으로 비쳐졌던 것이다.

물론 이런 윤리관의 변천은 정치사회의 변천과 관계된다. 춘추시대 주왕실의 봉건적이고 혈연적인 폐쇄사회가 전국시대의 전쟁과정을 거쳐 이익사회·개방사회로 나올 때, 그런 사회에서는 의(義)가 약하기 때문에 의를 강조할 건 사실이고 패도(覇道)보다 왕도(王道)를 주장한 것도 사실이다. 그러나 쇠에 녹이 나서 쇠가 망하는 건, 쇠 제 탓이지 녹의 탓이 아니다.

맹자와 같은 시대에 순자(荀子)는 예(禮)를 중심하여 의(義)를 말하고 법(法)의 정당성을 주장하여 왕도와 패도를 겸해서 말하더니, 그 줄기에서 마침내 한자(韓子)가 나와 법치(法治)를 주장하여 진시황에 이르러서는 아주 형법 중심으로 나라 꼴이 되고 말았다. 공자가 살아 있었다면 그 책임을 누구에게 지울지 모를 일이다. 자기 사상의 직계가 아니라고 입을 다물었을까? 그러나 직계손인 맹자의 왕도(王道) 정치사상이 쓰여졌다고 가정해도 결과는 낙관할 수가 없었을 것이다.

맹자가 성탕(成湯)과 주무(周武)의 역성혁명을 당연하다고 말하면서, "민(民)이 가장 귀하고, 사직이 그 다음이고, 군(君)이 가장 경(輕)하다"고 했다. 그리고 "임금이 신하를 초개같이 보면 신하는 임금을 원수같이 안다"고 했다. 그것만으로도 공자시대로는 질겁을 할 말이었을 것이다.

그러나 이것이 어쩔 수 없는 역사의 진화다. 종교적으로 말한다면 생명의 현상(現象) 과정이라고 할 것이다.

공자세가(孔子世家)

공자의 시대는 춘추(春秋)가 전국(戰局)의 난장판이 되기 전 1세기 앞쯤에 해당한다. 주왕실의 동천 이후, 중앙정부의 약체화는 지방 제후 세력들을 허락하고 있었던 것이다. 이미 서로 힘을 겨루어 치고 받는 일이 번다했다. 천하가 쪼개질 위험한 조짐을 내보이고 있었다.

이런 때에 공자만한 인물의 역사적 책임은 천하를 잘 손질하고 어루만져서 볼 만하게 꿰매냈어야 될 일이다. 그런데 그의 도덕은 오히려 천하를 형편없이 오리가리로 찢어 버린 결과였다.

당장에 그로서도 그런 일이 있었다. 초(楚)나라가 변방나라로 한창 힘이 솟고 있을 때, 노(魯)나라를 치려고 한 적이 있었다. 공자는 그 소문을 전해 듣고 자공(子貢)을 제(齊)에 세객으로 보내어 초를 치도록 했다. 노는 공자의 조상 사당이 있는 나라다. 공자의 생각에 노는 윤리 도덕의 본고장이고 중원문화의 심장이었다. 노는 어떤 나라하고도 비교될 수 없는 세계라고 믿었다. 거기에 전화(戰火)가 있어서는 안 되었기 때문이다.

제는 노와 이웃이어서 불가불 초의 힘이 뻗치게 된 탓도 있지만, 그보다 노는 주공의 아들 백금(伯禽)이 영토를 받은 나라이고, 제는 태공망 여상이 봉토받은 나라이니, 두 나라는 각별한 의리를 지키는 사이라는 걸 이용하자는 속셈에서였다.

자공이라면 공자의 전 제자 중에서도 말 잘하기로 알아주는 변설가다. 제는 자공의 말 재간에 설득되어서 초에게 무모한 싸움을 걸었다. 싸움은 5년이나 끌었지만 시원한 승부가 없었다. 결국 연나라가 제에 가세되고 초는 또 다른 나라를 끌어들이고, 그래서 10년이나 그 싸움이 계속되는 사이 천하는 전쟁으로 들끓고 있었다.

노는 공자 같은 자손을 두었기 때문에 용케도 다치지 않고 빠져 나올 수가 있었지만, 죽은 사람 사당 하나 때문에 인민이 치른 피해는 실로 큰 것이었다. 공자의 도덕, 아니 유교의 도덕이란 것이 내용이 이러했던 것이다.

그런데 그 공자의 가계(家系)를 따져 보면 그는 이족(夷族)의 사람이었다. 『사기』에는 좀더 소상하게 공자의 내력을 밝히고 있다. 원래 공자는 연주(兗州) 추성현(鄒城縣)의 추읍(鄒邑)에서 자랐는데, 이 추땅이 노현(魯縣)이고, 이 노현은 주나라 초기까지 주루(邾婁) 나라였다는 것이다. 공자는 추에서 자라다가 나중에 곡부현(曲阜縣)으로 옮겼다.

그런데 이 추가 곧 주루의 변음(變音)으로, 오래도록 주루나라 예법을 썼었다는 말이 중국민족사와 이쪽의 『용제수필(容齊隨筆)』에 비친다. 대한한사전(大漢韓辭典)에도 주(邾)는 추(鄒)이고 연주(兗州)의 곡부현(曲阜縣)이라는 설명을 붙이고 있다.

다시 『사기』는 공자의 혈통에 대해 이렇게 쓰고 있다.

공자는 은나라 탕(湯)임금의 후손이다.(孔子世家 第十七) 성인(聖人) 탕(湯)의 자손에 미자(微子)라는 이가 있었고, 그의 후손에 송(宋)나라 양공(襄公)이라는 이가 있었는데, 그가 불보하라는 아들을 두었다. 불보하의 4대 손인 공보가는 공자의 6대 조부인데, 이 분이 송나라에서 재상 화독에게 죽자 그 아들이 노나라로 달아나 공씨(孔氏)가 노나라 사람이 되었다.

공자의 출생에 관해서는 『예기』에 다음과 같이 씌어져 있다.

공자가 나이 어려 아비를 여의었으므로, 그 무덤을 알지 못했다. 오보의 거리에 나가 빈(殯)하니, 보는 사람들이 모두 장사 지내는 걸로 여겼다. 그 줄(관을 끄는)을 보니 빈하는 데 쓰이는 것이었다. 추만보의 어미가 이상하게 여겨 그 까닭을 물었는데, 공자는 모든 것을 사실대로 대답했다. 추만보의 어미는 공자의 어미와 이웃에 살았으므로 공자의 아비의 무덤을 알아 공자에게 알려 주었다. 이렇게 해서 공자가 아비의 무덤을 알아 어미를 아버지의 무덤에 합장했다.

이 부분에 정현(鄭玄)이 주(註)를 놓기를 "추땅에 숙량흘(叔梁紇)이 안씨(安氏)의 딸 징재(徵在)와 야합하여 공자를 낳았다. 그러므로 징재는 이를 부끄럽게 여겨서 공자에게 일러주지 않았다" 했다.

또 이것은 공자가 만년에 고향에 돌아와서의 이야기다. 죽기 전에 자공에게 말한 것이 『사기』에 적혀 있다.

"자공아, 천하에 도(道) 없어진 지가 오래이므로 이제 나를 알아 줄 사람은 없다. 하(夏)나라 사람들은 죽은 이의 빈소를 동쪽 뜰에 하고, 주(周)나라 사람들은 서쪽 뜰에 한다. 또 은(殷)나라 풍속은 두 개의 기둥 사이에다 모신다. 그런데 어젯밤 나는 두 기둥 사이에 누워 있는 꿈을 꾸었으니 나는 은나라 사람이다." 그리고 이레만에 죽으니 공자의 세수(世壽)가 일흔 셋이었다.

주(周)는 하(夏)나라 자손에게 기(杞)라는 땅을 봉해 주고 은(殷)의 자손에게는 송(宋)을 봉해 주었었다. 공자가 만일 자기의 혈통에 대해서 일찍 알았더라면 『춘추』를 지을 때 우리 사람들을 이족(夷族)이라고 무시하는 투로 말하지는 않았을 것이다. 그것은 평소 그의 언행으로 보아 짐작되는 일이다. 공자가 일찍 스스로 이족인 것을 알았더라면 아시아 역사는 과연 어떻게 달라졌을까?

어쨌든 공자 자신이 겨우 죽기 이레 전에 제 피를 알았는데, 그 이레 동안의 심사가 어떠했을지 궁금하다. 그러나 거기에 대해서는 전하는 바가 없으니 알 수가 없다.

제 3 부

불교의 인도

01
힌두스탠 평원

　불교를 알기 위해서는 먼저 인도를 알아야 한다. 그것은 간단한 상식이다. 유교가 중국에서 나오고 삼신신앙이 한국 민족 속에서 나왔다면 불교는 인도 풍토가 불어 낸 숨줄이어서다.

　그러나 불교를 말하는 사람들이나 인도에 대해 알고 싶어한 사람들은 그것이 그리 간단하지만은 않다는 것을 늘 탄식해 왔다. 불교의 세계가 크고 어렵다는 건 오늘 대개의 사람들에게 인식된 터지만 인도에 대한 인식은 아직 보편화되었다고 볼 수가 없다.

　사람들은 인도에 대해 치우친 생각, 비탈진 감정들을 가지고 있다. 가난한 나라이고 더운 나라이고, 문맹률이 높은 국민들은 게을러 빠져서 그늘 밑이나 찾아다니기 일쑤이고, 언어가 통일되지 않아서 아직 8백여 종의 언어가 산재해 있고, 그리고 인구조사 통계에는 아사자(餓死者)라는 특수한 난이 들어 있다는 등 대개 그런 정도이다.

　그러나 그것이 인도는 아니다. 그것은 인도가 우리에게서 멀고 알아야 될 특별한 이유가 없어서 그랬었겠지만, 생존경쟁의 틈바구니에서 그런 교육만을 받아 온 사람들이라 우선 먹고사는 것을 중심하여서 누구든 보아 왔기 때문에 그런 결론들을 가졌을 것으로 여겨진다.

사실 인도를 가보지 못한 다수의 대중으로서는 그런 소수가 전하는 글조각이나 접해 보고, 대강 그렇거니 치부해 버린 상태가 아닐까? 인도가 세계인의 관심 위로 올라온 것도 우리나라 해방 이후의 일일 것이다. 그때까지 인도는 영국과의 독립투쟁을 제하면 세계인의 눈에 띌 일이 없었다. 또 인도는 그런 나라이다. 그러던 것이 서구 문명이 비대해져서 제 몸을 가누지 못하게 되고, 그쪽 사회의 몇몇 엘리트가 동양에 관심을 가져서 그 관심이 인도에 스치다가 갑자기 부상되었던 것이다.

경위가 이러하므로 사람들 생각이 긍정적이기보다는 먼저 부정적이려고 하는 것이 옳을지도 모른다. 그러나 인도는 그렇게 간단한 나라가 아니다. 불교만한 사상을 길러 내어 세계사에 큰 공헌을 해 놓고도 다시 힌두교로 돌아가 버리는 불가사의한 나라다. 인도를 알고 싶어하는 사람들이 왕왕 당황하는 것도 그런 불가사의가 한 원인이라 한다.

얼른 보아서는 어리석고 별것 아닌 것 같은데 막상 발을 들여놓고 보면 깊이를 모르는 늪이다. 한없이 빨려 들고 점점 깊어져서 나중에는 동서남북도 분간할 수 없는 바다에 서 버린 느낌이다. 그것은 역사 위에 나타나는 몇 페이지의 인도보다도 그 풍토 속에 감추어진 인도 국민의 기질이 그러해서이다. 신화나 전설이 그들에게는 낡은 것도 아니고, 구시대적인 유물도 아니다. 지금도 그들의 생활과 종교 속에 구체적으로 살아 있는 호흡이고 맥박이다. 낯선 사람들이 간단하게 침몰되는 것도 바로 그런 신축성을 모르는 데서 온 불찰인 것이다.

그러므로 인도를 알자 하면 그 국민의 기질을 알아야 하고, 그 기질이 어디서 오는가를 알기 위해서는 근본되는 풍토의 뿌리를 더듬어 만져 보아야 된다. 그런 후에야 인도는 약간이나마 드러날 것이다.

　그런데 이 풍토를 더듬어 내기 위해서는 적당하게 무식하고 적당하게 유식한 사람이지 않으면 안된다. 너무 알아서도 안 되고 너무 몰라서도 곤란하다는 뜻이다. 다행이도 나는 아는 것과 모르는 것이 반반이므로 인도를 이야기하는 데는 알맞는 사람이다. 내가 실제로 알맞는 사람이라는 것은 이야기를 듣고 나서, 혹은 들어가는 도중에 알 것이다.

　나는 인도 이야기에서 그리스와 히브리 풍토의 이야기를 첨가한다는 것을 밝혀 둔다. 짐작이 가겠지만 내가 이 책을 쓰는 데는 나로서의 생각과 목적이 있어서이다. 나는 우리 한국 사람의 종교와 역사 방향의 현주소가 지금 어디로 가고 있으며 어디만큼 와 있는가를 드러내 보이고 싶은 것이다. 그것이 나 개인의 피상적 관견(管見)에 지나지 않는다는 혹평을 듣는다 해도 이미 움직일 수 없는 확신을 가져서이다.

　각설하고, 나는 모든 종교와 인류의 생활습관이 반드시 그 풍토의 조건과 관계를 맺는다는 것을 다시금 환기시킨다. 이러한 관점에서는 인도를 알고자 먼저 눈을 댈 것은 아대륙 인도의 전체 풍토이지만, 그 중에서도 힌두스탠 평원을 우선 꼽는다. 힌두스탠은 바로 인도 국민들의 정신 터전이고, 거기서 인도적인 온갖 것이 다 알까져서 나왔기 때문이다.

　지도를 놓고 보면 곤륜산맥에서 쏟아져 내린 티벳고원의 황량한 불모지를 히말라야 산맥이 동서로 길게 횡주하면서 막아내고 있고, 그 아래 신경선처럼 깔리는 갠지즈의 젖줄을 따라 4백 7만 ㎢의 초록색 평원이 일망무제로 펼쳐진다. 그것이 힌두스탠이다.

　여기에서 베다가 나오고, 우파니샤드가 나오고, 위대한 송가(頌歌) 바가받 기타가 줄줄이 쏟아져 나왔음이다. 일찌기 인류역사가 아침을 맞던 때, 철제무기로 무장한 용감한 족속들이 힌두쿠시의 산협로를 따라 넘어와서 터를 잡고 오늘에 이를 뿌리를 내린 곳이다.

그러기 전에 먼저 살펴 두어야 될 곳이 있다. 힌두스탠이 서쪽 머리로 베고 있는 타르사막을 넘으면 인더스강 줄기를 타고 열리는 펀잡 일원의 초원지대가 나타난다. 인도 역사의 구체적인 것들은 힌두스탠에서 배태된 힌두스탠의 것이지만, 일단은 펀잡문명을 계승한 인더스의 것으로 볼 수도 있다. 인도라는 이름부터가 인더스에서 유래한 것이다. 1920년대에 들어서 나타나기 시작한 소위 하랍파 문명은 철제무기를 가진 앗시리아인이 들어오기 전에 번영했던 것임을 증명한다.

인더스 평원만 해도 너른 들이다. 메소포타미아의 삼각주나 이집트 나일강의 3만 4천 ㎢의 들판에 비기면 인더스는 한 변의 길이가 거의 1천 6백 km나 되는 거대한 삼각평원이다. 인더스강은 히말라야 산맥의 서북쪽에서 이어진 캐라코람 산맥과 힌두쿠시 산맥의 양대 산맥의 골짜기에서 타내린 물이 낮은 곳으로 흘러가면서 3천 km의 장강(長江)을 이룬다.

기원전 2500년부터 1500년까지의 약 천 년 동안에 번영을 누렸던 이들 하랍파 문명은 불운한 시절을 만나 자취를 감추었지만, 이들의 문명정신은 어떤 식으로든 힌두스탠 문명에 영향을 미쳤을 것이다.

철제무기를 가지고 힌두스탠에 들어온 것은 앗시리아 족속이었다. 대개 기원전 2000년 경이었다. 아마 그들이 힌두쿠시를 넘어온 최초의 집단이었을 것이다.

얼핏보아 힌두쿠시와 히말라야가 가로막은 북서부의 고원지대를 통과한다는 것은 무리로 보인다. 이 두 산맥은 길이가 3천 6백 km, 폭이 240 km인 데다가 높이가 7천 5백 m나 되는 대장벽이다. 그러나 그곳을 통과한다는 것은 그 험준한 산허리에서 상상하는 것만큼 어려운 정도는 아니었다.

산꼭대기에 덮인 만년의 빙설은 녹아 흘러 강을 만들고, 그 강들이 통로를 만들었다. 그 중의 어떤 것은 산 자체와도 맞먹을 만한 웅대한 천연의 통로가 되어 있다. 이런 통로들이 인도 역사의 개막 이래 여러 민족들에게 북서부로부터 자유로이 침입할 수 있는 조건을 도왔던 것이다. 그러나 5천 m의 높이에 전장(全長)이 55㎞나 되는 수월치 않은 길이다.

앗시리아 족속이 그 길을 다하고 초원에 첫발을 댄 것이 펀잡이다. 펀잡문명이라 하면 인더스 강의 서쪽, 발루치스탄 고지와 이란고지 끝지점으로 되어 있다. 기원전 3000년 경부터 진흙집을 짓고 자연현상을 숭배하는 애니미즘 신앙을 가진 사람의 한 떼가 농경생활을 했었던 흔적이다.

생각하건대, 침입자의 무리가 이곳을 지나 힌두스탠으로 들어섰다면 그들은 여기서 무엇인가 원주민 문명의 영향을 받았을 것이다. 그것이 무엇이었을까? 알 수는 없지만 우선 초원 민족의 아늑한 여유와 구원(久遠)한 신앙의 숨결같은 것이 아니었을까?

앗시리아 족속은 원래 중앙아시아 코카서스 지방에서 유목으로 업을 삼았던 떠돌이들이었다. 소떼를 모는 생활무대가 자주 바뀌는 동안 거칠고 난폭한 정신을 길렀으리라는 건 어렵지 않은 짐작이다. 그러는 사이에 형성된 그들 본래의 신앙이란 것도 다분히 공격적이고 전투적이었을 것이다.

앗시리아인들은 자기들을 아리안——고귀한 자라는 뜻——으로 불렀다. 이 명칭은 중앙아시아에서 이동을 시작하기 전의 만족들이 사용했던 것으로, 그들은 그 후에 소아시아와 페르시아에 정착하기도 하고, 어떤 지파는 그리스인 조상이 되기도 했었다. 힌두쿠시를 넘어온 이 민족은 아마 그들 중에 대표적인 집단이었을 것이다.

이 거친 민족은 원주민의 재산과 생명을 거칠 것 없이 빼앗고 보이는 대로 정복해 갔을 것이다. 고작 농경생활로 평화에나 길들여진 원주민은 침입자들의 철제무기 앞에 변변히 싸워보지도 못하고 무너졌을 것도 뻔하다.

이렇게 아리아인은 인도 북서부를 단숨에 통과하여 동쪽으로 전진, 펀잡의 복판으로 뛰어들어가 그곳에서 수백 년 간에 걸치는 생활양식이 전개된다. 그러는 동안에 쪼개어지고 나누어지기 시작한 이들은 자기들 간의 부족 싸움질이 다반사이며, 동맹은 비(非)아리아를 정복하거나 종속시킬 때만 맺었다.

인더스 문명의 여러 도시와 우차(牛車)를 중심한 성채의 방비는 아리아인들의 말이 끄는 이륜전차의 경쾌한 기동성 앞에 맥도 못추게 마련이었다. 아리아인들의 가장 오래된 기록에는 그 때의 정복광경이 서술되어 있는데, 피부가 검은 원주민의 성채를 "푸르"라고 하고, 자신들의 전쟁의 신을 "푸람다라"(성채의 파괴자)라 부르고 있다.

이렇게 해서 아리아인은 원주민을 정복하고 지배하게 되었지만, 소떼나 몰고 떠돌던 이 사람들이 서툰 농사에 진력을 내고 거덜을 냈을 것도 자명하다. 곡물의 다소로 부(富)를 어림하는 것이 아니라 여전히 소의 숫자를 따져 빈부의 척도를 삼고, 식량도 의복도 소에서 얻고 있었다면, 문자, 공예, 미술, 건축 등의 인더스 문명의 광채와 업적은 아리아인에 의해 멸망될 밖에 없다.

고고학자가 인더스 문명의 초기 미술이나 공예작품 등이 갈수록 거칠고 조잡해지는 데서 느끼는 환멸은 그런 상관관계에서 오는 것이어야 하리라. 아리아인들은 처음부터 도시를 세우지도 않았고 조상(彫像)도 남기지 않았으며, 돌로 만든 인장(印章)도 토기도 벽돌도 묘지도 만들지 않았다. 그저 떠돌던 버릇 그대로였다.

그 대신 이 소몰이꾼들이 거친 낭만과 향수는 인더스의 신앙과 호흡을 같이하는 동안에 세계적 걸작인 문학작품을 남겨 놓고 있다. 그것이 『베다』이다. 문학작품이라기보다는 아직 성전(聖傳)으로 된 문헌집이라는 게 옳을 것이다. 물론 『베다』는 힌두스탠에 들어와서의 일이다. 그러나 그 싹과 경건한 신앙의 가능성은 인더스 문명과의 만남에서 이미 가늠되고 있었던 것이리라.

아리아인들은 인더스강 유역과 펀잡지방을 떠나서 남동쪽으로 나아가 현재의 델리로부터 힌두스탠의 중앙 부분인 베나레스에 닿았다. 그리고 거기에서도 갠지즈강을 따라 정복과 식민을 계속하면서 데카와 캘커타로 나아가고 있었다. 이 기간이 몇 백 년이나 되는지는 어림잡을 수가 없다.

확실한 것은 이들 아리안 부족들은 아직 상쟁을 계속하고 있었고, 그보다 토착민과의 싸움에 더욱 바빠 있었다. 그들 토착민으로서는 파니족과 다사족이 역사의 안개 속에서 희미하게 나타난다. 그러나 토착민은 침입자에게 별로 저항했다는 흔적은 없고, 다사족이 제법 1만이나 되는 병사를 집결하여 대들어 본 적은 있지만 거친 기질에 싸움으로만 살아온 아리아인들의 적수가 되지는 못했다. 『베다』 속에는 파니족은 소도둑, 다사족은 말씨 더러운 납작코로 경멸되는 정도로 끝난다.

그러는 사이에 아리아인들도 차츰 농사에 맛을 붙이게 되었고, 정착이라는 것도 생각하게 되었다. 그들이라고 언제까지 떠돌기만 할 수는 없었던 것이다. 그러면서 어느 사이에 그들 원주민들의 힌두교에 젖어 가고 있었다. 이것은 분명 그들로서도 생각지 못했던 변화였을 것이다.

아리아인들이 자기들 본래의 신앙을 가지고 인도에 들어왔다는 것은 그들이 주로 불의 신이나, 몸을 덥힐 마실 것의 신, 또는 침략적 만행의 신을 섬겼다는 데서 신적인 성격이 나타난다.

그들의 초기 신앙의 신전에는 소상(塑像) 따위가 없었다. 그저 노천의 허술한 제단에서 조리한 곡물이나 동물의 고기를 정제한 버터, 소마즙(일종의 환각제) 등을 신에게 바쳤다가 나누어 먹는 정도의 제사였다. 그러면서 그들은 신앙과 제례에 관한 것을 『베다』로 기록해 남겼다.

그 중 특히 『리그 베다』는 제 의식과 주법(呪法)에 사용하는 사(詞), 의식의 훈시, 자연을 노래한 시, 심지어 주사위 놀이의 운이 나빴던 것을 개탄한 세속적 노래까지 적은 시가(詩歌)가 망라된 것이다. 『야주르 베다』, 『사마 베다』, 『아타르바 베다』는 『리그 베다』보다 전문적이며 제례의 실무에 관한 지시, 제관이 부르는 영가, 길상(吉祥)과 조복(調伏)의 주문을 각각 모아 놓고 있다.

이런 『베다』의 기록에서 나타나는 중요한 사실은 이들 아리아인들이 역사적 사건을 자기네 신들의 기호에 맞는 표현으로는 다루지 않았다는 점이다. 고쳐서 말하면 구체적 시간도 없고 사건의 경위도 없고 그저 담담한 심정의 상황 서술이라 할 것이다. 예를 들면 고대 히브리인들은 어떤 왕이 어떤 싸움에 진 사실을 소상하게 적는다. 이것은 그들 신이 이 세상을 관장하는 방법에 대해서 무엇인가를 밝혀 주는 것이다.

그런데 베다에는 그런 것이 보이지 않는다. 어느 연대라는 것도, 왕조라는 것도, 전쟁도, 평화조약도 나타나지 않고 있다. 하여튼 역사학자가 밝혀 낼 만한 사건이나 단서는 일체 씌어 있지 않은 것이다.

이것은 몹시 중요한 사실로 보인다. 아리아인도, 히브리인도 조상은 중앙아시아 초원에서 짐승치기를 했던 한 뿌리의 사람이다. 그런데 그들이 의지한 환경과 풍토가 다름으로 해서 신의 성격이 달라지고 종교가 달라졌다는 차이가 나타나고 있어서다.

그러나 이것이야말로 인간사의 자연스런 일이라 할 만하다. 그것은 침입자 아리아인도 힌두스탠의 대기를 수백 년씩 마시는 사이 힌두스탠의 진기(眞氣)가 몸에 배여서 그 풍토적인 것을 시작했다는 것으로 풀이될 뿐이다. 그들 이전에도 힌두이즘은 원주민 사이에서 배태되어 왔음이 사실이다. 다만 머리 좋은 아리아인들이 그것을 『베다』로 구체화시킨 것이다.

그 힌두이즘은 『베다』를 낳으면서 뚜렷한 종교로 행세된 것이지만, 사회질서상으로는 카스트제도를 만들면서 정치와 직결된다. 그리고 힌두교가 생겼다는 것이야말로 어쩔 수 없는 힌두스탠의 토양조건이고 풍토 운명이었을 밖에는 없다. 달리는 설명할 길이 없는 것이다.

역사상 힌두스탠에 쳐들어 온 침입자는 많다. 기원전 1500년 이후로 13세기까지의 장기간에 걸친 침입자들은 주로 중앙아시아에서 무리를 지어 왔다. 페르시아인, 그리스인, 스키타이인, 훈족, 아라비아인, 터키인, 몽골인 등등, 그 외에도 무수한 민족이 인도로 흘러 든 것이다. 대부분이 정복을 좋아하는 민족이고 사납고 호전적인 민족들이다. 그들은 한번 들어오면 나가는 법도 없었다.

힌두스탠은 종교도 다르고 문화도 다르고, 심지어 피부색깔과 언어와 생활방식의 일체가 제각기인 이 침략자들에게 끝없이 살 곳을 내어 주면서 포용해 주었다. 어떤 특수한 관습을 가진 집단도 일단 힌두스탠에만 들어오면 그곳의 카스트제도에 용해되었다. 이쪽과 저쪽이 서로 연관을 가지지 않고 자기들끼리 모여 살아도 그들이 만드는 사회적 제도는 어느새 카스트를 본받고 있었던 것이다.

개중에는 이 카스트를 거부하고 카스트를 약체화하려고 노력한 부족도 나타났지만, 이 일파 역시 반(反)카스트 내지 새로운 카스트로서 기성의 제도 속에 끌려들어가는 결과가 되는 것으로 끝나 버렸다. 이것은 힌두스탠의 대기라든가 갠지즈의 물줄기가 무슨 산수적(山水的)인 비밀이 있어서 그 비밀성 때문에 카스트제도가 일률화되었다는 것만은 아니다.

무엇보다 침입자들이 유연(類緣) 관계가 있었거나 혹은 유입이 어느 시점에서 끝났더라면, 오늘의 인도는 카스트 제도가 아닌 다른 일정한 종교, 일정한 생활 양식이 주류를 이루는 땅이 되었을지도 모른다. 그러나 끝도 없이 생활상태가 다른 사람들의 떼가 밀려들 때, 그 운명을 감당해야 하는 인도적 풍토는 그들을 힌두이즘과 카스트로써밖에 맞을 수가 없었다면, 거기에 인간의 예지가 함부로 '이것이다!' 라고 말할 수 없는 그 풍토의 숭엄한 기운이 전제되어야 하지 않을까?

그렇다고 무슨 운명론을 말하자는 것은 아니다. 다만 4백 7만 ㎢의 초원이 담긴 힌두스탄의 한없는 물량과 거기에 비례하는 정신의 부(富)를 말해보자 해서이다. 이것은 서양문화의 보금터가 되는 고대 그리이스의 풍토와 견주어 보면 피차간에 다른 생명의 표현방식이 선명하게 나타날 것이다.

아는 바와 같이 그리스는 지중해 연안의 발칸반도에 있는 작은 공화국을 말한다. 총 면적은 13만 1천 9백 4십 4㎢인데, 그나마 국토의 대부분을 핀더스 산맥이 차지해 버렸고, 초록색이 칠해진 곳은 해안선 일대와 산간 계곡에 약간씩 묻어 있는 정도가 고작이다.

그러나 이 작은 국토는 고대 오리엔트 문명이 집결되어서 찬란한 문화의 꽃을 피웠던 기념비적인 고장이다. 이 고장에서 일찌기 도시국가가 시험되었고 시민정신이 싹텄고 서양예술의 기본감각과 철학정신이 길러졌으며, 오늘날 서양사회의 모든 문화성이라든가 창조정신까지가 거의 이 땅에서 비롯되었다고 해도 과언이 아닐 정도이다.

그 계보를 한번 현재대로 따져 보자. 오늘날 아메리카 문명의 물질정신과 잘살기 위한 노력이 유럽에서 건너간 것이라면, 유럽인들의 진보적이고 투쟁적인 빈틈없는 생활규범은 옛 로마에서 연장된 것이라 볼 수 있다. 그리고 로마는 지중해 일대와 아프리카 아시아에까지 식민지를 두던 버릇이라든가, 노예를 채찍으로 부려 경제건설을 해 나가던 따위의 제도를 그리스에서 그냥 옮겨 간 것이라 해야 옳다. 로마시대, 유럽의 각축시대, 아메리카의 현재적 정신방향까지 이미 그리스에서 뻗어 나온 연장

외에 아무 것도 아니다.

그리스가 신화를 낳고, 철학을 낳고, 아름다운 예술과 조각품을 낳을 수 있었다면, 그것은 순전히 지중해에서 불어온 미려한 바람을 마신 덕분으로다. 그래서 그들은 생김새부터가 벌써 다르다. 순전히 그 풍토적으로 되어 있고, 하는 짓도 생각하는 것도 그 풍토의 감각으로써만 표현된 것으로 나타난다.

그러나 그리스 풍토는 미적인 감각에는 좋았지만 불행하게도 먹을 것은 적었다. 그 13만 ㎢가 몽땅 초록색 들판이라고 하더라도 그것이 힌두스탠에 비해서 얼마나 되는 것이며, 각국에서 몰리는 그들 인구의 며칠 양식이나 될까? 그리스가 기원전 5~6세기에 이미 30개가 넘는 도시국가가 생겼었다는 것, 시민, 의회정치가 있었다는 것은 까닭이 있는 것이다. 그곳은 해상교통이 좋아서 유럽일대 각처의 인종들이 모이는 곳이었다. 종교가 다르고 족속들이 다르다. 그래서 우선은 자기들끼리 성벽을 쌓고 그 안에서 살아야 했다.

그러나 부득이 충돌할 일이 생긴다. 먹을 것이 부족해서다. 그래서 서로 빼앗고 지키고 하는 전쟁이 거듭되고 소유와 분배에 관한 관심이 비상하게 높아지면서, 그것 때문에 시민정신이니 의회정치니 하는 따위가 저절로 부르짖어지게 되어 있었다. 그들이 민주주의를 사랑해서가 아닌 것이다.

어디까지나 힘센 놈 중심이요, 귀족사회다. 먹을 것을 다투어 하는 전쟁이니, 지는 쪽의 인민을 붙잡아다가 채찍으로 부려먹었다. 그리고 소수는 그것 때문에 배를 불릴 수도 있었다. 저들의 역사에 있어 노예경제 시대라는 건 그런 슬픈 역사의 낙인이다.

스파르타 교육이라는 것이 심심해서 해본 짓이 아니라, 그들 역사 상황으로는 참으로 불가피해서 어쩌지 못하고 한 짓이었다. 사과는 열 갠

데 입은 열 둘 열 셋이다. 어차피 누군가는 못 먹을 것이다. 그렇다면 감추어 두고 찾아 먹기 식으로 하여, 못난 놈, 뒤쳐지는 놈은 저절로 도태되어 가도록 시험교육을 했던 것이다. 동양사회라면 그럴 일이 없다.

힌두스탠은 기왕 사과는 백 개나 되는데 사람은 여남은 꼴이고, 황하에서 양자강에 이르는 사이의 264만 ㎢의 들판을 가진 중국도 사과가 열 개라면 사람은 셋 넷이다. 요동 들 7백 리를 발판에 깔고 있던 우리도 한참 드날릴 때는 142만 ㎢에 이르는 국토의 주인이었으니 먹을 것 걱정이 아니라 사람 노릇 못하는 것만이 걱정이었다.

동양사회는 전쟁을 해도 사람을 노예로 붙잡는 따위의 짓은 안했다. 중국의 춘추전국만큼 전쟁이 많은 시대도 없지만, 전쟁의 동기와 목적은 사내들의 영웅심과 자존심에서 온 것이었지 밥을 다투어서가 아니다. 그래서 이기는 자는 패전국 사당의 제기(祭器)를 압수해 오는 것만이 자랑이고 영예였다.

그런 풍토에서는 문화 예술이라는 것도 언제나 청한(淸閑)하고 유장(悠長)한 자연과의 합일이거나 귀의이지 그리스 미술 같은 용장(勇壯)하고 상무적(尙武的)인 전투미술이 아니다. 그런 생각으로 그리스 음악과 문학을 보라. 철학을 보고 조각을 보라. 그야말로 한 심지로 꿴 듯이 정복적이고 파괴적인 것 뿐이다.

대체로 그들의 사고적 관습이나 예술은 밑바닥에 직선감각이 흐름으로써 파괴성을 보인다. 대리석의 조각미술은 창을 든 전사나 영웅들이 많고, 음악은 강 약 중강약의 패턴이 기본적인 조화를 이룬다.

생명은 처음부터 강(强)으로 표현되지는 않는다. 약(弱)에서 강(强)으로 옮아오는 것이 법칙이다. 동중정(動中靜)이 아니라 정중동(靜中動)이다. 정중동이기 때문에 동중정일 수 있는 것이다. 대지를 뚫는 여린 풀잎이나 바닷물이 파도로 변하는 과정을 보라. 어디에도 강(强)으로 시작되는 것이란 없다.

그리스인들은 생명의 내면에 깊이 침잠하여 바라보는 연역적 사고를 모른다. 나타난 결과를 쪼개고 분석하여 시험과 증거를 통한 서툰 방법으로 원리에 닿는 귀납적인 생각이 고작이다. 그것이 서양과 동양의 단적인 차이다. 그래서 동양이 생명을 하나라고 생각하여 종교를 구상할 때, 서양은 기하학과 수학으로 자연을 정복하기 시작했다. 과학 속에는 파괴적인 문명은 배태되지만 생명은 없다. 사실 서양문명이란 것이 생명의 시체이고 공동묘지 아니면 무엇인가? 그래서 썩는 냄새뿐이고, 육신은 편한데 내면정신은 끊임없이 불안하다. 인간과 자연을 둘로 쪼갠 데서부터 직선은 나타났다. 그리스 문명과 문화의 일체는 이 파괴적인 직선감각으로 빚어진 것이다.

인간의 모든 사고관념은 종교로 결정(結晶)되지만 종교는 필경 풍토의 바람을 마시면서 방향을 정하는 것만 같다. 이민족의 침입이 많기로 든다면 인도만큼 다종다양한 민족이 장기간에 걸쳐 쉬지 않고 쏟아져 들어온 곳도 없을 것이다.

기원 전 4세기 말에 인도 인구는 이미 1억에 달하고 있었다. 그들 대부분이 힌두쿠시와 히말라야의 산간도로로 들어온 침입자들인데, 그 후로도 수세기 동안은 침입자가 계속되었다. 저마다 문화가 다르고 근본이 다른 민족이다.

그것이 여러 번 문화상의 폭발로 나타나기는 한다. 힌두의 미술과 문학, 마우리아 왕조의 과학이 이룩한 영광(수학에서 0의 개념을 생각한 것도 이들이다)이 대표적인 예다. 그 후로 굽타 왕조의 황금시대가 있었고, 그 1200년 후에는 이슬람교도들의 전통이 무갈왕조의 영화시대를 낳았다. 특히 무갈왕조의 전성기에 만들어진 대리석 건축 타지마할은 세계적 걸작에 속할 것이다.

그러나 그것들이 힌두이즘에서 어긋난 적은 없었다. 오히려 그들의 문화 속에는 항상 힌두정신이 동시적으로 있었고, 형식은 달라도 내면의 생명력은 늘 힌두스탄의 호흡으로 채워지고 있었다. 불교가 일어나고 쟈이나교가 일어났지만 그것들마저도 엄밀한 의미에서는 그런 힌두정신으로부터 비롯된다. 만인의 동등을 주장하여 카스트를 거부한 불교까지도 그 밑바닥에는 카스트를 의식하는 카스트의 타액이 끈끈하게 스며 있는 것이다.

모든 침입자에게 살 곳을 주면서 그들의 문화와 종교 속에 제 입김을 불어넣어 제 새끼로 만들어 버리는 것, 이것이 힌두스탄의 풍토였다. 전통이 다른 왕족끼리의 싸움도 많았고, 궁정 내부의 분쟁은 물론 민중의 봉기까지도 셀 수 없이 많이 일어났지만, 힌두스탄은 그것 때문에 탄력성 있는 땅은 되어 갔을지언정 인도 전체를 전쟁에 몰아넣는 따위의 짓은 없었다.

이런 힌두정신은 인류를 번뇌케 해 온 근본문제, 즉 "인간은 무엇인가?" "나는 누구인가?"라는 문제에 대해서 가장 엄숙한 태도의 질문을 사람들에게 요구했던 것으로 생각된다. 이런 본질적 의문은 어느 시대를 막론하고 모든 사람들이 동시적으로 갖지만은 않는다. 그러나 또 동시적으로 가지는 것이다.

이 잡다한 침입 민족들은 자기들이 가지고 온 신과 신앙이 어느 사이엔가 변질하고 있다는 것을 느꼈을 것이다. 서로의 전통과 감정을 다투어 쉴 새 없이 치고 받기는 하면서도, 인간은 어떻게 하면 자기와 타인의 이익, 자연과 우주의 생명을 최상의 상태로 살려 갈 수 있는가 생각했을 것이다.

그것이 힌두교를 만들어 가는 밑터가 되고 뼈대가 되어 결국 우수한 놈이 강자라는 카스트를 만들었겠지만, 이 불편한 카스트를 마다하지 않고 옳은 것으로 긍정하는 그들의 생각 속에 힌두스탠은 비밀스러운 숨을 불어넣고 있었던 것이다. 무엇보다 엄청난 물량의 부(富)와 그것에서 비롯된 자신감이 인간으로 하여금 내면을 바라보게 만들 수 있었던 것은 아닐까?

02
베다시대

힌두스탠의 가르침은 개인의 신을, 다시 말해 독선의 신을 주장할 수 없게 만드는 것이었다. 신 자체를 부정하거나 회피하는 것은 아니다. 다만 모든 개인의 신앙과 이민족간의 부족신 위에 하나의 법칙이 있음을 설파하여 서로간의 배척감정을 없애 버린 것이다. 그 도덕원리는 우주에 자연과 신과 인간의 세 요소가 서로 버티어서 구성되어 있으며, 이것들은 각기 규정된 일련의 의무를 바르게 이행할 때 전체가 조화된다는 원리이다.

예컨대 자연은 매년 동계·하계, 양계(兩季)를 나누고 조수의 간만을 만들며 태양과 달을 일정하게 잘 다스릴 때 의무를 다하게 된다. 신들은 위대한 신 시바가 카일라산의 꼭대기 자기 집에서 정좌하여 명상에 잠기며, 그의 아내 여신들이 인간을 도우러 오면 신의 의무를 다하는 셈이다. 인간은 인간대로 자기의 책임 지워진 의무를 다하기 위해 자기가 속한 집단의 관습을 잘 따르면 그만이다. 이 의무를 달마(darma)라고 한다.

힌두교가 공유하는 카스트의 신앙개조는 오직 하나다. 카르마

(karma)와 달마와 윤회다. 카르마는 이 세상의 지위를 결정하는 인과율이다. 사람은 태어날 때 이미 신분이 결정되어 있다고 믿는다. 사제 계급인 바라문과 무인 계급의 크샤트리아, 평민 계급 바이샤, 그리고 노예 계급의 수드라다. 그런데 이 계급을 정하는 데 어떤 사람들이 어떤 계급에 속했는지가 궁금하다. 이 계급 자체가 확정된 것은 대개 베다시대의 후반기에 속한다.

그때까지 각처를 유랑하던 아리아인들은 조그만 왕국들을 만들어 정주생활에 들어갔던 것이다. 그 이전에는 여러 귀족 중에서 뽑힌 부족장이 무리한 지휘권을 휘둘러, 부족장이 세습제가 되면서 차차로 그 성격이 왕권으로 변해 가고 있었다.

그리고 그 왕국의 영토의 증가에 따라 정복민족과 피정복민이 한데 뒤섞이게 되고 아리아인들끼리도 계급구조가 복잡해지면서 애매한 점이 많던 때였다. 그리하여 왕권 중심의 귀족들은 제사와 정치를 자기들이 맡고, 전부터 내려오는 무사귀족들은 상비군으로 대우했다. 타부족과 늘 싸울 일이 많던 시절이어서 상당한 예우로 섬겨진 계급이다.

그리고 태고적 유목시절부터 가축이나 돌보던 일반 부족은 역시 가축치기, 농민, 공인, 상인 등의 평화로운 일에 종사하게 했다. 한편 비아리아인의 자손은 제 4계급, 곧 고역을 몽땅 떠맡는 노동자 계급을 만들었다.

그런데 사제 계급 사이에서 변화를 일으켰다. 직무의 변화라기보다는 신분의 변화라고 할 수가 있는데, 초기 아리아인 사회에서는 사제 계급은 왕족 다음의 지위에 놓이던 계급이다. 그러하던 그들이 갑자기 왕족보다도 신들보다도 높은 지위로 올라가 버린 것이다. 까닭은 이들이 제사와 그 의식에 새로운 의미를 부여함으로써 이룩되었다. 제정일치 시대로서는 그럼직한 일일 것이다.

이 네 계급의 카스트는 오늘까지 변하지 않고 지켜지는 인도 사회의 규범이며 동시에 종교이고 우주관이다. 가령 무사 계급의 아이가 의술에 관한 재능을 타고났다고 해도 그 아이는 소질을 계발하기 앞서 신분에 맞지 않으므로 그 재능은 쓸 수도 없고, 나타낼 일도 없다. 공예품을 솜씨 있게 만든다 해도 마찬가지이다. 다른 계급에서도 역시 같은 식이다.

만약 신분의 질서를 깨고 재능을 좇게 되면, 우주의 질서를 배반한 것이므로 우주가 흔들린다는 것이다. 그래서 바가받 기타에서는 "남의 의무를 잘 이행하기보다는 자기의 의무를 서툴게 이행하는 것이 낫다"고 한다. 어떻게 보면 몇 사람의 빤한 속임수에 속고 있는 것 같기도 하고, 숨통이 막힌다 할 정도로 답답한 숙명론에 얽매여 있는 듯도 하다.

그러나 그것이 현실의 인도이고, 동시에 진정한 인도의 힘이다. 그리고 이런 사제 계급의 의식구조는 역사상에서 몇 번 왕권 따위와 결탁하여 자계급의 이익을 꾀한 적도 있었다. 『리그 베다』의 노래가 "왕은 실상 거역하는 모든 힘을 때려 누이고……사제를 잘 보살피고, 그들을 신으로서 찬양한다"하는 정도이다.

이들에게는 서양인이 생각하는 것 같은 절대적 진리라는 것이 없다. 이 세상에는 다종다양한 진리가 있으며 신분에 따라 다르다고 믿고 있다. 카르매[업(業)]는 자연법칙이다. 신도 인간도 그 앞에서는 어쩔 수 없다고 굳게 믿는다. 이것이 인도가 유대교나 이슬람교를 믿을 수 없는 진정한 이유인 것이다.

태양이 서쪽에서 떠서 동쪽으로 넘어가지 않는 한 인도인은 힌두교와 카스트를 버리지 않을 것이며, 그것 때문에 세계 역사상 가장 긴밀한 것의 하나로 남아 갈 것이다. 모든 행위가 그대로 제의(祭儀)이며, 모든 미술품이 종교사상의 상징이며, 모든 예배의식은 영원한 생명의 표현인 것이다.

만물 중에는 신이 있을 것이 아니라 하나의 법칙이 변재하고 있다는 힌두스탄적 관념을 줄기차게 이으면서, 그 법칙을 자기들 속에서 반조(返照)해 가는 동안 더욱 위대한 사상을 잉태해 갔던 것이다. 불교라는 큰 사상을.

혈거(穴居) 시절의 인류가 오늘의 높은 문명권으로 옮겨지기까지에는 몇 단계로 나눌 수 있는 사회학적인 공식이 있을 것이다. 그것을 종교의 입장에서 본다 하면 크게 두 쪽으로 나누어 신이 중심되던 시대와 인간이 중심되는 시대로서 구분지어 좋지 않을까? 그리고 이 두 시대를 신권시대와 인권시대로 말해서 좋을 것이다.

어느 민족을 막론하고 명암처럼 따라 붙는 이 두 개의 시대는 지금도 여전히 그들 가슴속에 살아가는 구체적인 무엇으로 전해가고 있다. 시절이 좋으면 양지터에 모인 개구장이들처럼 자기 주관, 자기 신념들을 가지고 당당하고 버젓하게 나서지만, 불안한 시대를 만나면 어느새 어둠에 쫓기는 들짐승처럼 제 신앙의 그늘로 웅크리고 숨는다. 그럴 때일수록 신앙은 우상이 되어 나타나게 마련이다. 이런 명암의 관계는 어쩔 수 없는 인간생명의 양면성일 것이다. 다만 생활의 터전이 다르고 역사살림이 달랐다면 불안의 내용과 우상의 정도가 그것에 비례해서 나타날 뿐이다.

인도 역시 신권시대로부터 역사생활을 시작하여 오늘에 닿고 있다면, 그 속에 어느 때부터인가 인문 중심의 생활감각이 보였을 것이다. 지금부터 그것을 찾아보려 하려니와 위에서 살펴 온 것처럼 힌두스탄적인 특수한 조건에서 힌두교가 성립되었고, 힌두교적인 배경을 전제하면서 불교가 역설적으로 창출되어 나온다.

이미 기원전 2000년 무렵의 『베다』에서 "그러면 우리들이 제례로써 받들어야 할 신은 누구인가?"라고 묻고 있어 일종의 철학적 성격을 내포한 것이 보여지고 있다.

전쟁의 신과 불의 신을 비롯하여 하늘·태양·달·강·폭풍우·동물과 나무 따위의 모든 애니미즘적인 신에게 찬가를 드리던 그때에 이런 구절이 끼어 있다는 것은 확실히 놀라운 일이다.

아리아인이 들어오기 이전에 속하는 일이므로, 아직은 신들이 최고의 존재였고, 종교는 주로 제례, 즉 공물(供物)을 신들에게로 운반해 간다는, 성스러운 불에 제물을 태우는 희생과 주문 외우기에 관련되어 있었다. 그러나 한번 지고의 신을 알고 싶다는 의문이 제기된 이상, 그 의문의 불씨는 꺼지지 않고 이어오다가, 마침내 인도의 원시 철학자들은 그에 대한 주석서를 만들기 시작하여 그 일이 수백 년에 걸쳐 계속되었다. 거기에서 태어난 문예작품 중 최후의 그리고 가장 중요한 것들은 철학적 사고를 집대성한 것이다.

그리하여 기원전 700년 경부터 형태를 갖추기 시작한 주석서가 나오게 되니 이것이 『우파니샤드』이다. 『우파니샤드』를 만든 바라문의 사제들은 "인간의 영혼은 지고의 본체와 동일하다"고 주장함으로써 인간을 당장 신의 지위로 끌어 올려 버렸다.

『우파니샤드』의 명칭은 '가까이에'를 뜻하는 우파(upa)와 '앉다'를 뜻하는 니샤드(nishad)라는 두 개의 산스크리트어에서 유래한다. 이것이 성립된 것은 인도에 문자가 보급되기 이전이어서, 성자(聖者)로부터 가까이에 앉은 제자들에게 구두로 전수되어 왔기 때문이다.

『우파니샤드』는 우주와 인간의 마음의 본질을, 그리고 양자의 상호관계를 철학적으로 깊이 추구하고 있다. 이것은 선과 악, 천지창조 신들과 인간의 문제에 대해 절대적인 판단을 내리는 것이 아니라, 그와는 오히려 반대의 입장에 서서 진리를 발견하려고 부단히 노력하면서 논리를 전개하여 온갖 가능성을 모두 제기한 것이다.

그러므로 『우파니샤드』에는 『베다』 문헌 속의 온갖 것이 설명되고 있으며, 단순하게 신에게 매달리던 입장을 벗어나 인간이 곧 신이거나 신과 동등할 수 있는 입장으로 인간의 지위를 높혀 놓고 있다.

그러면 인도인의 종교 역사에서 『우파니샤드』는 어떤 의미를 갖는 것인가? 『우파니샤드』는 『베다』의 주석서인 동시에 신권시대의 역사가 인권시대로 넘어오면서 생긴 중간시대의 이정표같은 것이다. 『우파니샤드』에 신의 지위와 인간의 위치가 자주 복합되는 것은 그런 때문이다.

그 『우파니샤드』에 의하면 힌두교의 무수한 신들 중에서도 다섯 신이 뛰어난 것으로 되어 있다. 신도들은 개개 하나의 신만을 숭배한다. 그 밖의 무수한 신들은 자기가 숭배하는 신의 다양한 현현(顯現)일 뿐이라고 간주해서이다.

브라아마는 우주 창조의 신으로, 시바는 브라아마의 창조를 파괴하는 신으로, 비시누는 브라아마가 창조한 우주를 보존하는 신으로서의 속성을 각각 갖는다. 그리고 민중의 인기를 끌고 있는 점에서 비시누와 시바에 버금하는 지모신(地母神)이 있는데, 칼리, 두르가, 파르바티, 우마 등 이름이 많다. 고대사회에서 공통적으로 볼 수 있는 이 여신은 아리아인의 침입 이전부터 인더스에서 숭배되고 있었다.

다섯 번째의 신은 비시누가 인간의 모습으로 화신한 크리슈나이다. 크리슈나는 지나칠 정도의 개구장이란 점에서 악동이고, 악마를 물리치고 의를 구현한다는 점에서는 영웅이며, 여인의 혼을 닥치는 대로 빼놓는 데서는 사랑의 화신이다. 그는 1만 6천 명의 아내에게서 18만 명의 자녀를 낳는 생식의 신이기도 하다. 인도인에게서 가장 인기를 끄는 것은 크리슈나이다. 그러면 브라아마신까지도 고개를 숙여 예배한다고 믿을 정도이다.

그러나 역시 중심이 되는 것은 브라아마신이다. 그는 창조의 신이지만, 기독교의 야훼같은 속성을 가진 것은 아니다. 브라아마의 창조는 그저 자연의 법칙에 의한 것으로, 예컨대 봄이 매년 창조되는 것처럼 지상의 부활에 비교될 창조를 낳는 신이다. 그리고 시바가 브라아마의 창조를 파괴하는 것도, 가을의 소멸이 봄의 창조를 파괴하듯 그런 원리상의 파괴인 것이다.

또 "우리들은 어디에서 태어나 어디에서 살며 어디로 가는 것일까?"라고 『우파니샤드』는 묻는다. 우주의 본질에 관한 이런 의문에 대한 대답을 추구하는 데 있어서도 옛부터의 생각은 소중히 여겨져, 『베다』 시대의 많은 신들이 그대로 받아들여지고 있다.

그러나 『우파니샤드』는 천차만별한 현상에서도 하나의 통일성을 발견하려고 했다. 그러한 과정에서 모든 신, 모든 인간, 우주의 숱한 사물은 하나 된 세계의 정령(精靈)에서 나타나는 것이며, 브라아만[범(梵)]이라고 불리는 그 정령은 거기에서 변전된 모든 형태의 것 속에 깃든다는 생각을 전개했다.

브라아만을 정확히 정의한다는 것은 불가능하다. 『우파니샤드』는 이것을 신의 본체라고 하며, 다음과 같은 일반적인 말로밖에는 묘사하고 있지 않다. "만물 속에 잠재하고, 만물 속에 편재(遍在)하는 나[자(自)]이다. 모든 행동을 지켜보며 만물에 입각한 목격자요, 각자(覺者)이다. ······ 유일한 통치자이며······한 개의 씨앗을 가지고 각색(各色)으로 만든다." 이렇듯 모든 것을 포용하는 것이 존재하는 것을 인정하면서도, 『우파니샤드』는 많은 고대의 신들을 계속 찬양했다. 그 때문에 인도 사람들은 다신교에 머물렀다.

그러나 그 다양성 속에서 단일성을 발견하고, 어디에나 존재하는 하나의 광대무변한 정령을 알려고 노력함으로써, 그들은 일원론으로 나아갔다. 이것은 유태교 같은 일신교(一神敎)의 개념과는 다르다. 모든 신, 모든 인간, 모든 사물은 우주에 변재해 있는 유일한 정령이 다만 형태를 달리하여 나타났을 뿐이라는 신념이다. 이러한 사고방식에 의해 우주 전체는 각 개인의 나아(我)], 즉 아트만(Atman)과 관련지어진다.

브라아만과 마찬가지로 아트만도 정의를 내릴 수가 없다. 그것은 존재하고는 있으나 실제로 붙잡을 수는 없다. 생명의 주체이기는 하지만 구체적인 형체를 가진 것은 아니다. 이 개념은 다음과 같은 예화로써나 설명이 되어질 것이다.

"그 벵골 보리수의 열매를 가져오라"하고 아버지는 아들에게 말했다.
"가져왔습니다."
"쪼개어 보아라."
"쪼갰습니다."
"무엇이 보이느냐?"
"아주 작은 씨앗이 보입니다."
"그 하나를 쪼개어 보아라."
"쪼갰습니다."
"이번에는 무엇이 보이느냐?"
"전혀 아무 것도 안 보입니다."
"알겠느냐? 아무 것도 안 보이는 것이 저 벵골 보리수의 본성이란다. 큰 벵골 보리수도 그 본성으로 되어 있단다. 본성이란 도처에 퍼져 있는 보이지 않는 정령을 말하는 것, 그것은 만물의 자아이며, 너도 또한 그 자아이니라."

이 "너도 또한 그 자아이니라"라는 말, 즉 너도 우주에 변재한 정령─브라아만─과 하나라는 얘기가 일원론의 참뜻이며, 인도 종교의 기본 테마이기도 한 것이다.

『우파니샤드』의 다른 대목에서는 자아와 브라아만의 관계가 또 다른 형태로 설명되고 있다. "마치 흐르는 강이 바다로 들어가서 자취를 감추어 이름과 형태를 잃어버리듯이, 현인은 이름이나 형체에서 해방되어 모든 것을 초월한 신인(神人)의 경지에 이른다." 이 사상은 개인을 구가하는 서양사상의 테마와는 정반대의 입장에 서 있다.

인도에서는 자아를 더 큰 전체 속에 용해시키는 일이야말로 최상의 행복이다. 이것은 옛날이나 지금이나 변함이 없다. 『우파니샤드』는 말한다. "내[自我, The self : 브라아만]인 동시 만물이 내재하는 자아가 만물이 되었음을 아는 자라면, 일단 그 일체성을 본 자에게 무슨 슬픔, 무슨 번뇌가 있으랴"라고.

『우파니샤드』의 설명에 의하면 이 경지에 도달하기까지에는 몇 차례고 환생을 경험하지 않으면 안된다. 아트만의 존재는 어쩌다 그것이 깃들이게 된 신체와는 아무런 관계도 없다. 육체는 영혼이 입는 의복과도 같은 것이어서, 의복이 낡아서 해지면 버리듯이 영혼도 낡은 신체를 버리고 새 신체를 입는 것이다.

영혼의 갈 길은 오직 카르마에 의해서 결정된다. 이 업(業)이라는 인과율은 사실상 힌두교의 모든 요체가 되는 개념이다. 업력(業力)에 의해 선량한 행위는 좋은 보(報)를 받고, 사악한 행위는 나쁜 보(報)를 받는다.

그렇다면 영혼이 보를 받아서 떠도는 곳은 구체적으로 어디인가? 힌두교는 육도(六途)의 윤회처가 있다고 가르친다. 천상, 인간, 지옥, 아수라, 축생, 아귀의 길이 그것이다. 쳇바퀴처럼 돌고 도는 길이다. 업이 뿌려놓은 씨라면, 보는 거두는 열매에 해당한다. 누가 시킬 것도 아니고 가로맡을 것도 아니다. 어디까지나 제가 심고 제가 거두는 자업자득일 뿐이다.

이 카르마의 교의는 현상을 시인하고 사물의 현재 상태를 필연적인 것처럼 만든다. 그것은 전통적인 존재양식을 존중하며, 혁신의 숨통을 끊고, 카스트 제도에 의한 엄격한 차별을 지탱하여 사회의 불평등을 정당화하게 된다.

그러나 그것이 또한 인도 사람들의 생각에 자기의 운명을 개선할 수 있다는 확실한 희망과 야심을 불어넣고 있음도 사실이다. 최하층 사람이라도 현세를 성실하게만 보내면 내세에 보다 좋은 운명을 기대할 수가 있다.

이런 윤회사상의 확신을 돕는 또 하나의 요체는 달마 개념이다. 이것은 이 세상에 있어서 현재의 입장에 의무지워지는 각인의 처지를 말한다. 달마를 존중하여 의무가 명령하는 대로의 일생을 보내면 좋은 카르마가 심어지게 되고 좋은 카르마를 심는 한 좋은 내세가 보장된다.

이러한 인도정신이나 카스트적 특색은 참으로 어쩔 수 없는 힌두스탠의 숨통이다. 인도의 긴 역사 속에는 다양한 전통과 문화가 이것에 도전했지만, 힌두스탠의 부(富)와 끈질긴 생명력은 그 모든 것을 오직 힌두교와 카스트로써 용해시키고 소화해 냈던 것이다.

그들 중의 하나로 이슬람교의 경우를 들 수 있다. 이슬람교도들의 첫 집단은 아라비아인들로서 교조 마호메트가 죽은 직후(632년)에 1세기에 걸친 침략을 시도한 결과 인더스강 하류와 타르사막 끝에 있는 신드지방에까지 닿을 수 있었다. 그러나 그 이상 전진은 힘들었다. 원주민 라지푸트족에게 길을 저지당했기 때문이다. 그리고 약 3백 년 동안을 북서부의 이 국경지대에 머물 수가 있었다. 신드와 세이스탄, 발루치스탄, 아프카니스탄의 지역은 대체로 힌두교의 정치나 사회적 영향이 덜 미치는 완충지대다. 이때까지만 해도 그들이 힌두스탠에 들어온 것은 아니므로 종교나 문화상 아직 따질 것은 못된다.

그러나 1001년을 경계로 하여 그때까지 발붙인 곳을 터삼아 곧 본토의 침입이 감행되었다. 처음에는 마하무드가 이끄는 터키 계열의 이슬람들로서 힌두스탠의 재화 약탈이 목적이었다. 그리고 마침내 "헤아리는 자의 손가락이 지칠 만큼의 전리품과 포로와 재보를 가지고" 도망쳐 나왔다. 그러나 20년에 걸칠 17회의 무자비한 공격과 살육은 그 후의 힌두교 사이에 마하무드란 이름이 야만성의 대명사로 쓰일 만큼 치명적인 것이었다. 우리는 이 침략자들이 이슬람 교도였다는 것과 재물을 노려 약탈을 했다는 것, 그리고 인민을 포로로 묶어 갔다는 것에 주의할 필요가 있다.

제 2차 침략은(1171년) 모하메드 구리가 이끄는 이슬람의 부대로 재물을 노린 정도가 아니라 땅을 먹기 위한 진짜 침략이었다. 15년 간에 걸친 이 잔인무도한 대학살은 그 당시의 상황을 설명한 침입자의 기록에 "10만 명의 힌두교도가 곧 지옥의 불길 속으로 떠났다"라고 되어 있다. 이것이 타레라는 한 지방의 형편이었던 것이다.

그들은 이렇게 해서 힌두교도의 성지인 베나라스까지를 쉽게 점령하고, 힌두스탄 전체를 말발굽으로 짓밟으면서 반항을 계속하고 있었다. 그러나 이들은 아직 힌두 문화에 대항할 만한 강력하고 정교한 문화를 가지고 오지는 못했다. 그저 이슬람으로 개종만 했지, 본래 중앙아시아 터키족으로 내놓을 문화가 없던 족속이다.

그러나 16세기에 들어와서 침략해 온 이슬람들은(1526년) 훌륭하고 고급스런 문화를 가지고 있었다. 그들 무리의 대장은 유명한 바부르다. 그는 몽골의 추장 티무르와 징기스칸의 피를 이어받고 있었다. 그래서 몽골(Mongol)인으로 불렸고, 이것이 와음(訛音)되어 무갈(Mugal)이 되었던 것이다. 바부르는 영토확장에만 힘을 썼고, 이슬람의 구세력을 꺾기에 급급하다가 죽었지만, 그로부터 6대에 걸친 무갈의 명군(名君)들은 힌두스탄의 부와 한도 없는 재보로 이슬람 문화를 실현했던 것이다.

바부르 이후 후마윤과 악바르, 자항기르, 샤자한, 아우랑제브에 이르렀을 때는 데칸 고원까지를 병합하여 대제국의 힘을 과시하고 있었다. 특히 샤자한에 의해 세워진 줌나 강변의 타지마할은 4백 ㎞나 떨어진 먼

지방에서 구해 온 흰 대리석으로 다듬어 세워 낸 인도 건축 사상의 보옥(寶玉)이다. 22년 동안을 2만 명의 기술자와 노동자가 법석거렸다면 그곳에 얼마만한 황금과 땀이 던져졌을까도 짐작된다.

　　그러나 타지마할의 결과는 힌두교 혼의 나타남이었다. 샤자한에게는 본디 아름다운 왕비가 있었다. 그녀가 결혼 생활 19년 만에 해산을 하다가 죽자 그는 그녀만큼 아름다운 사당을 세워 주고 싶었던 것이다. 이슬람교도였던 샤자한은 이 사당을 당연히 이슬람 사상에 기초하여 설계했다. 그러나 거기에서 나타난 독특한 성격은 인도의 자재와 디자인과 기술의 결과였다.

　　이슬람교도는 정치적으로 군림했던 6세기 동안에 다방면에 걸친 포교활동을 벌이기도 했었다. 그러나 무갈제국이 망하고 나서의 신도 수는 국민의 5분의 1이 채 안되는 정도였다. 그나마 개종자의 대부분은 불교도였고 힌두교도는 개인적인 이유로 된 특수한 소수뿐이었다.

　　가령 전쟁에서 포로가 되어 이국인과 접촉했거나, 이국인의 음식을 먹었거나 한 나머지, 이미 자기가 자기의 가족이나 카스트에 받아들여지기에는 너무나도 부정해졌다고 느껴 되돌아 설 수가 없다는 판단이 설 때 부득이 개종한 불운아들이었다.

　　그리고 나서도 그들은 몸에 밴 습관을 버릴 줄을 몰랐다. 억지 개종으로 이슬람이 된 농민들은 정규적으로 힌두교의 신들에게 풍작을 기원했고, 이슬람교 여자들은 힌두교의 천연두신에게 여전히 우유와 버터를 바쳤다. 이것은 힌두교가 이슬람으로 개종을 했을 것이 아니라 이슬람이 힌두교에게 이런 식으로 침투당했다고 볼 수 있는 결과이다.

　　도대체 인간의 관습이나 종교는 무엇일까? 그것이 무엇이길래 그토록 고칠 수가 없으며 버릴 수가 없을까? 억지 이슬람이 되었으나 그 신을 버리지 못하고 힌두의 신을 향해 풍작을 비는 농부를 생각하면 어깨에 힘이 빠진다. 정말 인간은 그까짓 것 벗어던지고, 제 생명의 허허로운 해방과 자유 속에 한번 자적(自適)할 수는 없을까? 그러나 그것이 그렇게 되어지는 데에는 그것으로서의 까닭이란 것이 또 있을 것이다.

이슬람교의 획일적인 이기주의와 양보를 모르는 정복성이야말로 그 풍토나 기질로 보아 착하기만 한 힌두교에게 그런 무자비한 짓을 할 것은 당연하다. 그것이 옳고 그르고는 다른 쪽의 이야기이고 적어도 두 종교의 특질적 상황이란 것은 처음부터 현절한 것이므로 비교니 마니 하는 것부터가 짝에 안맞는 짓일 것이다. 그러나 안맞는 짝이야말로 한군데서는 맞는 짝이 아닐까?

03
기독교의 풍토

　　이슬람교를 알기 위해서는 먼저 기독교를 알아야 한다. 위에서 잠깐 그리스 이야기를 한 적이 있지만, 아라비아인의 의식 속에는 그리스의 영향을 입은 것이 많다. 문학이 그렇고 철학이 그렇다. 특히 아라비아 철학은 아리스토텔레스의 철학과 신(新)플라톤파의 철학 비중이 큰 몫을 차지하고 있다.

　　또 그들 국민의 다수는 셈족이고, 역사가 열린 이래 히브리 민족과 이웃해 있으면서 알게 모르게 관계를 계속해 오는 터다. 이유가 대개 이런 것이지만 단적으로 이슬람교는 기독교의 한 갈래라고 할 정도로 깊은 곳에서 맥이 닿는다. 그 자세한 것은 나중에 저절로 나타날 것이므로 기독교의 풍토를 먼저 보자.

　　이집트 문화와 메소포타미아 문화가 그리스에서 합류되어 서양문화의 모체가 되었다 했거니와 이 그리스 문화가 로마로 건너갔을 때 또 빠뜨리지 못할 것이 기독교이다. 그리스의 철학과 예술이 우수했다고 해도 기독교를 만나지 못했더라면 오늘의 서양문화는 아마도 달리 나타났을 것이다.

현재 유태인의 공화국인 이스라엘은 대개 3천 년 전에 그들 조상인 히브리 민족이 살았던 땅이다. 지중해 동쪽 바닷가에 거머리처럼 붙어 있는 그 땅은 면적이 겨우 2만 7천 ㎢에 불과하다. 우리나라 강원도의 크기만한 땅이다. 어떻게 보든지 한 민족을 길러내기에는 크다고 할 수 없는 작은 지면이다. 지중해의 바람도 그곳 백성에게는 혜택을 준 일이 없고, 대신 아라비아 쪽에서 넘어오는 사막의 더운 바람을 일년 내내 마시면서 살아야 된다.

농사도 포도와 오렌지 정도가 기껏이다. 한마디로 땅이 메마르고 야위어 있다. 그래서 주민은 염소와 양떼를 몰고 풀밭을 찾아 다녀야 했고, 더러 자본을 만들면 이웃 족속과의 무역으로 한몫 보는 장사를 나섰다. 『구약성서』에서 묘사되는 형편들은 대개 이러해서 그런 것이다.

당연히 먹을 것이 문제가 된다. 사과는 열인데 인구는 열에 셋 넷 꼴이다. 당장 먹을 것 때문에 범죄자가 생긴다. 그들의 율법으로는 범죄자는 성 안에 두지 않고 추방시켰다.

제정일치 시대의 범법자는 오늘 우리가 생각하는 것 같은 간단한 범법행위와 다르다. 그 사회의 규범을 어겼다는 것은 곧 그 사회 신앙의 율법을 어긴 것이므로 그런 나쁜 놈은 발붙일 곳이 없었다. 그러나 이들 사악한 인간들이야말로 그 사회의 머리 좋고 통큰 축들이라는 점에서 주인공일 수가 있는 것이다

쫓겨난 자들은 저희끼리 모여서 집단을 만들게 된다. 그러면서 성 안을 기습하고 약탈하는 것이 예사였다. 살기 위해서는 성을 기습하는 것뿐이다. 먹을 것은 성 안에만 있기 때문이다. 성 안에서는 이들을 헤부루(Hebrew)라고 불렀다. 쫓겨난 자, 제외된 자, 도망다니는 자 이런 뜻이다.

세월이 흐르면서 헤부루 집단은 점점 커지고 세력도 늘어갔다. 그쪽 사회의 양산박이 된 것이다. 그런데 이들에게 문제가 일어났다. 쫓겨온 성이 다르고 조상이 다름으로 해서 섬기는 부족신이 저마다 다른 것이다. 제정일치 시대의 백성에게 있어서 다른 신을 섬기는 사람끼리 한솥밥을 먹고 지내야 된다는 사실만큼 거북살스럽고 불편한 관계가 있었을까?

더구나 그들은 풍토를 닮아 기질들이 강한 만큼 자기 주장을 양보하거나 굽히지 않는다. 그래서는 안된다. 신보다도 당장 자기들의 질서가 깨져 그들 자신이 살 수가 없게 된 판이다. 그래서 헤부루들은 그들다운 비상책을 세웠다. 신을 하나로 통일시켜 버린 것이다. "내 앞에 다른 신을 두지 말라"는 구약 출애굽기의 계명은 그렇게 탄생된다.

이 거친 헤부루 집단은 그 후로도 가입자가 늘면서 단순한 부족 단위를 지나 대규모의 집단이 되어 하나의 민족으로 변모한다. 그 민족의 특색은 개인의 신앙을 버리고 전통의 신에 따르는 신앙을 가지는 것이 원칙이었다.

먹을 것은 적고, 끊임없는 더운 바람이나 마시면서 긴장된 마음을 늦꾸지 못하고 사는 그들에게 이 무지스런 횡포는 차라리 바람직한 결과였을 것이다. 그리고 쫓겨난 집단이 마침내 그들 속의 주인이 되는 날이 오고야 만다. 저 구약시대의 히브리(Hebrai)는 그렇게 형성된 것이다.

그러나 히브리 민족의 앞날은 그렇게 양양하지만은 않았다. 한도 없는 고초와 가시밭길이 그들 앞에 가로놓이고 있었다. 그 모든 것을 선택받은 자들의 한때 시험이나 훈련 정도로 치부하면 나무랄 것이 없고 뱃속도 편할 일이나, 원인은 풍토가 가난하고 척박한 데에 있었다. 힌두스탠같은 물질적 부를 가졌을 바에야 그런 억지 시련이라는 게 있을 턱이 없는 것이다.

그래서 구약의 율법은 즉시적이고 현장적인 것이었다. 관용보다는 형벌이 많고 당위적이면서 획일적이다. '눈에는 눈으로, 이에는 이로'라는 함무라비 법전은 그대로 그들 사회에서 통용되는 판이었다. 그것을 나쁘대서가 아니다. 선택의 여지가 없는 부득이하고 필연적인 노릇일 밖에 없다.

인민의 마음은 기름진 여유보다 황폐한 가난으로 찌들 수밖에 없고, 자칫 자포자기할 탈선의 위험도 항상 따른다. 그래서 히브리 신은 그들에게 끊임없이 미래의 희망을 약속한다.

얼른 보아 복수에 굶주린 것 같고, 잔인하고 독한 말로 그 백성을 겁주는 것 같으나, 그것은 그런 풍토에 익숙치 못한 우리들 쪽의 감각이 그렇게 느껴서이지, 그 신은 본질적으로 사랑의 신이고 선량한 신이다.

동양사회의 신화처럼 애매하고 막연한 전체사회의 테두리에 관계될 이야기를 하는 것이 아니라, 벌써 개인의 생각 속에 양심을 들고 나오고 있고, 선악의 문제를 분명하고 엄정하게 다스려 나타낸다. 처음부터 사람 사이에 생기기 쉬운 이해관계와 그런 횡적인 구조관계의 핵심이 뚜렷하다.

유황의 불비로 멸망된 소돔성의 이야기나, 40일 동안 홍수를 퍼부어 인류를 멸망시키는 노아 방주의 이야기는 인간 사이에 끼어 있는 악을 미워한다는 소리이지, 그것 자체가 신의 유희거나 목적이 아니다. 어디까지나 백성을 바르게 가르치자는 것이요, 도덕보다 양심을 찌르는 이야기가 많은 것은 그 풍토가 본래 그렇게 되어졌던 까닭이다.

인간을 노리개로 창조해서 천국과 지옥을 예비했을 것이 아니라, 인간의 자유와 해방을 위해서 어쩔 수 없이 준비되는 선악과인 것이다.

기독교의 신만큼 인간을 완벽하게 놓아서 스스로 자유를 알게 하자는 인격적 신은 없다. 그 신—야훼—은 인간의 자유를 손댈 수 없는 스스로의 율법을 지키느라 신 자신이 신의 십자가를 진다. 인간 따위가 그것을 알거나 말거나 야훼로서는 이미 관심 밖이다. 스스로가 만든 약속, 그 계명에 충실할 뿐이다.

그토록 옳은 방향과 나쁜 방향을 타일러 주었는데도 인간의 의지는 선보다 악의 쪽으로만 자라가고 있고, 이 세상의 도덕을 악으로만 채워 간다. 그것이 기독의 신을 슬프게 하는 것이고 통곡하게 하는 것이지만, 그러나 신은 끝까지 침묵하면서 인간의 자유를 지켜 내고 있다.

인간의 자유는 신 자신의 자유와 비겨 손색이 없어야 하는 것이고 인간의 인격(人格)은 신의 신격(神格)보다 가벼울 수가 없어서이다. 창조의 의미는 오직 인간의 번영과 자유와 행복을 통해서만 나타나야 될 속성이다. 야훼를 사랑의 신이라고 하는 속뜻이 여기에 있다.

다시 한번 아마겟돈에 유황의 불비를 퍼붓는 최후의 날을 준비했다고 해도, 그것은 인간이 자초하는 인간의 죄업이지 신의 잔인한 오락이 아님이다. 오히려 신으로서는 유황의 불비를 퍼부어야 되는 자신의 손길 위에 도끼를 놓고 싶을 만큼 울면서 시행하는 자신의 부득이한 율법의 실천인 것이다.

결국 구원은 신이 하는 것이 아니라 인간 자신이 하는 것이다. 신의 눈에 잘 보이고 비위를 맞추어서 지옥을 면해 보자는 것은 속 얕은 인간의 생각이지, 신은 그렇게 작지도 어리석지도 않다. 우주의 질서를 다스리고 사계(四季)의 변화를 일정하게 움직여 만유(萬有)를 한 번의 입김으로 먹여 살리는 신이다. 정해진 값에—선이든 악이든—정해진 카드를 내밀어야 될 뿐이다.

이렇게 따지고 따져 섭리를 쫓다 보면 결국 일체는 나에게로 돌아온다. 신이 있고 없고, 정말 인류가 지옥의 불길 속으로 들어가고 안 들어가고가 문제 아니다. 신을 믿고 안 믿고 간에 양심에 괴로운 것은 내 탓이고, 내 생명이 여기 있음으로써 비롯되는 것이지, 내가 없고야 그것이 무엇일까?

결국 내가 나 때문에, 내 생명 하나 때문에 우주를 논하고 도덕을 논하고 신을 말해 온 것이다. 다만 힌두교는 그 물량의 부로 인하여 밖으로 탐착하는 일이 없었기 때문에 우주의 질서를 제 속의 내면에서 반조해 내는 동안 이 세상에는 여러 가지 진리가 있다고 생각하게 된 것이고, 기독교는 히브리 풍토가 척박했기 때문에 복잡할 수 있는 여러 신들과 진리를 하나로 통일시켜서 역사를 시작했다는 차이 정도이다.

히브리 민족의 이 신에 대한 관념은 그 이후의 이집트 노예생활과 거듭된 바빌로니아의 노예생활을 통해 더욱 희망적인 신이 되고 메시아를 약속하는 신이 된다. 당초부터 뜨거운 풀무간에서 단련되어 나온 신이 역사의 망치질을 쉴새없이 당하는 동안 더욱 강력하게 달궈진 것이다.

그리하여 그 민족은 죽을래야 죽을 수도 없는 선민의식을 가지고 나타나게 되고, 그 희망과 용기는 끝내 예수라는 메시아를 탄생시키면서 신약 역사의 새 장을 열게 한다. 이것이 생명의 법칙이고 역사의 필연이다.

예수는 구약에서부터 나타나야 될 사람, 꼭 나타나고야 말 구세주로 상징되어 있다. 그리고 그가 히브리 민족의 역사 위로 한번 얼굴을 내밀었을 때 대번에 그 민족 전체가 용광로로 들끓는 힘이 되어 버린다. 수천 년을 내리내리 짓눌리기만 하면서 다져 넣은 내면적 힘이 일시에 걷잡지 못하는 위력으로 터져 나온다.

그의 역사적 사명은 계율에만 의존해 온 구약의 율법을 혁신하는 것과, 그것이 개인의 생명으로부터 그 민족 전체 그리고 인류의 역사 위에 북극성같은 표적을 세워 주는 것이었다. 그것이 그 당시 로마의 정치세력을 향해 뻗어 나가는 동안, 기성의 권위와 체제의 압력에 짓눌리는 횡포를 겪어야 했다. 그러나 그는 끝내 영원한 승리자로서의 그리스도—기름부음을 받은 자—가 된 것이다.

구약의 율법은 너무 견고하고 획일적인 것이 흠이다. 시종 당위적이기만 한 논조는 자칫 인간을 위한 율법일 것이 아니라 율법을 위한 인간으로 해석될 위험이 있다. 실제로 그 당시의 바리새파나 사두개파의 제사장들은 그런 어긋난 율법주의로 민중 위에 군림하고 있었다.

예수는 그것을 시정하고 나섰다. 인간의 영혼은 신 앞에서 평등한 것으로 가르쳤다. 사두개파 학자들처럼 정치적인 결사와 모세율법의 묵수(默守)와 율법학상의 진보를 반대하여 로마제국과의 협조를 꾀하는 것도 신의 바라는 바가 아니며, 바리새파처럼 일반 서민대중과 자기들을 구별하여 모세율법의 면밀한 엄수만을 주장하는 형식 위주의 위선도 신의 뜻은 아니다.

요컨대 인간은 신 앞에서 하나인 것이며, 신과 인간은 엄한 죄의식으로 맺어진 것이 아니라 자유와 사랑으로 맺어진 관계이다. 그러므로 신을 덮어놓고 두려워해서 믿을 것이 아니라 인간을 사랑하는 섭리를 알아서 어디까지나 인간적인 애정으로 서로를 주고받는 관계가 이루어져야 된다는 것이다.

율법이 중심일 것이 아니라 인간이 중심이다. 예수는 인간을 위해 온 사람이었으므로 인간의 자유와 권익을 위해 모든 사람들의 피 속에 잠들고 있는 인간의 혼을 흔들어서 깨우고 다녔다.

생각해 보면 예수의 이 선언은 말해질 것이 당연히 말해진 것이다. 신 중심의 역사가 인간 중심으로 옮겨질 때 터지는 낡은 껍질을 벗는 소리였을 수가 있다. 그러나 수천 년 누적되어 온 전통의 권위는 그것을 거부하고 무시하려고만 들었다.

어린애였을 적에 입던 옷을 이제 어른이 되었으니 벗겠다는 것인데, 그 당연한 짓을 이단이라고 몰아세우는 것이 전통의 권위다. 그러나 예수는 끝까지 초연한 자세로 할 말을 하다가 죽임을 당했다.

예수의 죽음은 표면으로는 단순한 율법 해석과 그 율법의 사슬로부터 인간을 해방시키려다가 죽은 정도로 나타난다. 그러나 그 율법의 해석 속에는 그때까지의 사회제도, 곧 사람 위에 서는 자와 사람 밑에 눌리는 자(다스리는 자와 다스림을 받는 자), 많이 가진 자와 적게 가진 자, 신분이 귀한 자와 신분이 천한 자, 배운 자와 못 배운 자 등의 여러 계층 사람들에게 근본적 회의를 갖게 함으로써 기성의 질서를 와해시키는 무서운 독이 숨어 있었다.

사실 예수의 생각 속에도 처음부터 그런 것이 있었지, 없었던 것은 아니다. 예수의 제자들이 대개 무식한 노동자 출신이라는 것, 그래서 그 물질을 하거나 막일을 하다가 예수를 만나 "나를 따르라" 하면 그 즉시로 예수를 따라 나섰다는 것이 하류층의 사람들로서 무엇인가 이 사람은 자기들 편이라는 생각을 갖게 했었기 때문인 것이다.

예수가 죽고 나자 그의 무식한 제자들이 순교의 십자가 밑으로 줄을 서면서 몰려들었다. 그들에게는 고급스런 율법의 해석이 문제가 아니었다. 사실 그런 전문적인 것은 그들로서는 알 수 있는 것도 아니었고, 안식일을 일일이 지키면서 지낼 만큼 생활에 여유가 있는 축들도 아니었다. 오직 그들은 신 앞에서 인간은 평등하다는 것, 그러므로 사람은 자기 몫의 권리를 지킬 의무가 있다는 것을 깨닫게 되면서 자기들 위에 군림해온 지배체제에 저항을 하기 시작했다.

처음에는 숨어 다니면서 같은 처지의 사람들에게 그런 새 소식을 전하던 것이 나중에는 아주 내놓고 하게 되었다. 당황한 것은 로마 정부였다. 그때 로마는 드넓은 지중해 연안의 각국 해상권을 손아귀에 넣고, 아프리카와 아시아 일대에까지 손을 뻗치면서 식민과 약탈을 시작하여 그 기세가 솟는 해를 방불하게 하던 때였다. 그런 막대한 부와 경제력을 가진 로마가 뿌리에서부터 흔들리는 중대한 도전을 받게 된 것이다.

로마는 원래 이탈리아 반도에서 일어난 작은 나라였다. 국토는 31만

㎢에 불과하다. 거기 역시 아펜니노 산맥이 차지해 버린 면적을 제하면 초록색은 거의 없는 정도이다. 유리한 조건이 있다면 지중해를 끼고 있다는 것과 좋은 항구를 가지고 있다는 점이었다.

로마는 처음부터 이 해상권의 이익에 눈독을 들이면서 자국의 기반을 굳혀 갔다. 그러나 문화상으로는 별 뿌리가 없는 민족이다. B.C 2세기 후반에 그리스를 정복한 것이 한 밑천이 되어 그리스의 찬란한 헬라예술과 미술을 그대로 옮겨다가 써먹는 형편이었다. 그때부터 그리스의 모든 힘은 로마를 위해 쓰여졌으므로, 로마의 정신뿌리는 그리스라고 할 수가 있었다.

여기서 중요하게 기억해야 될 사람이 하나 있다. 사도 바울이다. 그는 무식한 동료들과는 출발부터가 다르게 예수를 좋아했던 사람이다. 그이 본 이름은 사울——교만한 자의 뜻——이었고, 로마 귀족층에서도 상당한 신분을 가진 사람이었다. 배운 것이 많아서 학식도 넉넉했다.

처음에 바울은 기독교인의 명단을 들고 다니면서 그들을 색출해 내어 죽이는 것이 일이었다. 물론 예수가 십자가에 달린 후의 일이다. 그러던 그가 한번은 다메섹 성 안으로 기독교인들을 잡으려고 입성해 들어가다가 예수의 혼령과 만나는 기적을 체험하고 뜻이 달라져 버렸다.

그 후로 바울은 기독교 신자가 되어 열렬한 전도에 나섰다. 결국 그도 로마 정부에 붙잡혀서 십자가 형틀에서 순교로 끝났지만, 그가 생전에 그리스와 로마에 있는 신도들에게 보낸 13통의 편지가 신약에 정리되면서 기독교가 사실상의 기반을 굳혔다고 볼 수 있을 정도이다.

그의 행위 중에서 그리스에 편지를 보냈다는 것이 가장 주목되는 점이다. 그리스를 정복해 둔다는 것은 로마를 정복해 두는 것이다. 바울은 그렇게 생각했음 직하다. 정치의 주인은 바뀌었다고 하나 그리스에는 3백 년 전에 알렉산더가 지나간 이후로 오리엔트 문화까지가 흡수되어 바야흐로 헬레니즘 문화가 무르익고 있었다.

그러나 바울은 그곳 사람들에게 쓰는 편지에서 상류층의 언어를 쓰지 않았다고 한다. 하부층 구조의 사람들이 쓰는 '아람하레쯔'라고 불리는 비속어를 썼다. 저의는 빤하다. 낮은 층의 백성들을 깨워 그들로부터 인권을 주장하는 혁명을 해보자는 뜻이었다. 그런 바울의 속셈과 결과는 일치했다.

수도 없는 순교자가 줄을 대서 서는데, 로마도 그것을 저지하기 위해 할 만한 짓은 다 해보았지만 민중의 의식에서 터져 나오는 생명의 강물을 언제까지 위정자의 총칼로 막아낼 수만은 없었다. 마침내 콘스탄티누스 대제는 스스로 기독교인이 되었고, 만천하에 기독교를 공인한다는 포고문을 발표했다.

이 사건을 좀 다른 측면에서 본다면 로마인과 히브리인의 기질 싸움이었다고 할 수가 있다. 그리고 로마인의 야성적 기질만으로는 히브리 민족의 강력하고 줄기찬 저항을 당해 내지 못했다고 말할 수도 있다.

일단 로마로 들어간 기독교는 로마의 역사와 함께 자라난다. 그렇다고 기독교가 당장 어떻게 되어서 나오는 것은 아니다. 역사는 그렇게 되진 않는다. 일단 배양된 씨가 그 속에서 자랄 때는 역사도 어떤 식으로든 영향을 받는다 할 뿐이다.

로마의 역사는 그 후로도 내부의 계급투쟁과 밖으로의 정복주의만을 일삼으면서 계속된다. 끊임없는 정복에 정복, 그렇게 굳혀 가는 식민 영토에서 채찍소리가 쉬지 않을 때, 로마의 바티칸 궁중 내부에는 그들대로 계급투쟁이 그칠 새가 없었다.

누가 더 갖느냐, 누가 덜 갖느냐. 순전히 분배를 둘러싼 이권다툼이었다. 그 짓은 북구의 삼림 속에 있던 튜우튼 민족이 쏟아져 나올 때까지 계속되었다. 이 튜우튼족도 본래는 유틀란트 반도의 숲 속에 살던 게르만

의 한 갈래다. 허기지고 배가 고파 칼을 거머쥐고 나와서 로마를 정복하
자, 로마는 동·서로 양분된다. 그것으로부터 게르만 민족의 민족이동이
개시된 것이다.

　아시아의 4분의 1이 채 안되는 유럽의 지면에 수십 수백의 봉건국가
가 건설되어 서로간의 살육을 일삼은 것도 이때부터이다. 그들의 투쟁 목
적은 언제나 또 어디서나 늘 하나다. 먹을 것이 부족하고 물자가 달린다
는 것, 오직 그 하나의 조건이었다.

　기독교의 진리는 그런 경우에 공정한 도덕의 푯대가 되지 못한다.
굶주린 그들에게 오히려 생존경쟁이니 우승열패니 약육강식이니 하는 강
도적인 행위가 공공연한 진리로 추대되도록 그들의 욕망을 부추겨 주었
을 뿐이다.

　그러다가 마침내 "강한 권리가 선(善)"이라는 구호의 깃발이 니체에
의해 나부낀다. 그런 결과는 어떻게 되었나? 엉터리 진리에 마취가 된 바보
들은 두 차례나 대전(大戰)을 일으켜 인류문명을 잿더미로 만들어 버렸다.
그러고 난 지금도 여전히 무슨 짓인가를 궁리하는 것은 서양족속들이다.

　그런데 그렇게 지나간 역사의 잿더미를 돌아다보면, 엉터리 도덕구
호를 외치면서 미친 광대짓을 했던 민족일수록 근본이 전투적이고 야만
적으로 길들여진 것이 드러난다.

　나찌스니 파시스트니 하는 것들이 얼마나 나쁜 짓을 한 것들이고, 6
백만이나 되는 유태인의 생명을 가스실에 넣어 웃으면서 죽여 버린 만행
이 어떤 것이라는 걸 역사는 기억한다.

　그런 기운이 배태되던 속에서 13세기 초에 영국에서 내건 입헌헌장
같은 것은 기독교가 길러낸 좋은 열매라고 할 수 있다. 그리스 시대나 로
마 시대 같으면 오직 당에 소속된 소수의 당 투쟁만으로 이권이 분배되었
으나, 영국에 헌장이 수립되면서부터는 빈부와 귀천의 상하를 막론하고

인민이 동등한 권리를 가져 투표에 의해 대표자를 뽑는 '인구비례 대표제'가 실시된 것이다.

따지고 보면 그것도 옛 그리스와 로마에서 시도되던 것이 성장해서 나온 것일 수 있지만, 인민에게 동등한 권리를 주장한 것만은 그 동안의 교회와 성직자들이 역사 속에서 끊임없이 작용을 해 온 결과로 보아 마땅하다.

빈부의 이권분배와 계급투쟁에서 갈라진 오늘의 세계현상, 곧 부당하게 당하기만 해 온 서민대중이 사회의 주인으로 나타난 민주주의와 피땀 흘려 착취만 당해 온 무산계급에게 상하 차별을 두지 않는 동등한 분배를 약속하고 나선 공산주의가 또한 기독교정신이 길러 낸 쌍동이 형제라 할 것이다.

그것이 실천되고 안 되고는 여기서 말할 것이 아니다. 다만 계급투쟁과 이권투쟁의 사회를 그런 정신으로 승화시켜서 기른 기독교의 산파적인 역할이 문제인 것이다. 하기야 눈을 크게 뜨고 보면 그것만은 아니다. 오늘 서양사회의 온갖 것의 총체가 기독교의 입김이 아닌 것이 없고, 비로소 무엇인가 잘못된 출발이었다는 것을 느끼기 시작한 작금의 역사도 아직 그 탯집을 떠나지 못한 상태인 채다.

04
이슬람의 풍토 정신

　이쯤 했으면 이슬람에 관한 것을 보자. 이슬람이 발생하는 아라비아는 총면적이 3백만 ㎢이다. 그리스, 히브리, 로마 땅에 비하면 훨씬 넓다. 중동이라고는 해도 아시아에 위치한 덕분일 것이다. 그러나 아시아에서 가장 버려진 불모의 땅으로 꼽힐 곳도 아라비아다. 국토의 절반 이상이 사막에 해당하며, 고원 아니면 저지대가 대부분이다. 전체적으로 건조지역이며 섭씨 50도가 넘는 열기 속을 제 신분에 맞는 터어반을 두른 사람들이 헐떡거리고 다닌다.

　남부 일대에 계절풍에 의한 비가 약간 내리는 정도인데 이것을 이용한 오아시스 농업이란 것이 있다. 그 나라에는 항구적인 강이 없고 갑작스런 소나기가 퍼부어지면 홍수가 떠내려가는 마른 강[wadi]이 있을 뿐이다.

　국민은 산양과 낙타를 중심한 유목을 하며 절반 이상이 이 짓으로 살아간다. 한 마디로 살 곳이 못되는 지역이다. 그들 조상은 히브리와 페니키아인의 조상도 되는 셈족이다. 수천 년을 그 불모지에 맞붙어 살아

온 사람들답게 독하고 끈질긴 것이 특징이다.

이슬람교는 7세기에 들어와서야 나타난다. 불교 · 인도교[힌두교] · 유교 · 조로아스터교[배화교] 등의 고등 종교들이 기원전에 나타났고, 기독교 역시 훨씬 전에 나타난 것에 비하면, 이슬람은 인류의 의식이 이미 어느 하나의 종교에 길들여진 이후의 것이라서 그들의 교리는 특별히 새롭다거나 신통한 것이 없다. 그저 아랍인들의 민족신앙에 유태교의 교리를 섭취하여 만든 것으로 보면 된다.

왜 7세기에 들어와서야 그렇게 새롭지도 않은 종교 하나가 하필 그 지방에서 나타났을까? 함부로 말할 일은 아니지만, 생각컨대 그곳이 특별한 불모지인 탓에 어느 한쪽의 종교가 들어갔다고 쳐도 그 땅의 주민으로서는 그리 신통하게 생각되지 않았기 때문일 것이다.

유교나 불교같은 동양 종교는 그 풍토에서 아무짝에도 소용이 안 닿는 것이고, 기독교나 배화교같은 것도 알맞다고만 할 수는 없다. 어딘가 그들 풍토에는 잘 안 맞는 구석이 있는 것이다. 그러다 보니 종교상의 공백이 생기게 되고, 그런 속에서 새로운 것을 기대하게 되어졌다. 마호메트는 역사상으로 그럴 무렵에 태어나 거기에 알맞은 종교를 심어 주고 간 사람일 것이다.

짧은 지식과 관심으로 그쪽 종교의 교리를 알고자 노력은 했으나, 이슬람교의 경전은 여전히 그 나라 말로만 되풀이될 뿐 번역되는 것이 없었다. 그들은 교리상의 명분으로 번역을 금한다. 신성한 것은 번역될 수 없다는 주장이다. 옳은 말이다. 그런데도 그 속에 숨어 있는 모종의 독선적인 권위와 지나친 당위같은 것이 느껴졌다. 그리고 역시 그럴 만한 일이라고 여겨졌다.

이슬람이라고 하면 '한 손에 칼, 한 손에 코란' 하는 격언이 먼저 떠오른다. 불교나 유교로서는 상상도 못할 무서운 말이다. 그 종교의 특성이 다분히 전투적이고 당위적이란 느낌으로 닿는다. 그것은 아라비아의 더운 열기와 메마른 땅에 붙어서 살아온 그들의 특질에서 나온 불가피함일 것이다.

코란의 알라신은 그래서 기독교의 신보다도 더 강하고 잔인하고 용서를 모르는 신일 것도 당연하다. 훔친 자는 그 손목을 자르고, 간음을 하면 국부를 도려내는 것 따위가 용광로같은 아라비아의 사막지대의 율법으로서는 그럴 만한 일인 것이다. 이슬람의 교리부터가 아랍의 민족신앙에다 유태교의 교리를 섭취했다는 것이 당연하게 느껴진다.

예수를 출생시킨 유태 땅 사람들은 예수 이후의 신약을 경전 속에 포함시키지 않고 여전히 구약만을 믿는다. 그러면서 그 구약을 해설해서 쓴 『탈무드』라는 방대한 해석서를 가지고 있다.

B.C 2세기부터 A.D 5세기에 이르는 동안 유태의 랍비—율법학자—들은 아득한 시절의 조상들이 전하는 신화와 전설을 자기들의 생활과 결부시키는 현장적 해석을 내림으로써, 척박한 땅의 백성이 어떻게 지혜롭게 살 것인가를 면밀하게 살펴두었던 것이다. 그런 탈무드는 유태교의 빼놓을 수 없는 경전이며, 생활내용의 법전이며, 삶의 지혜를 집대성한 보고(寶庫)이다.

유태인은 철저하게 법정신을 생활화한 사람들이다. 일거수 일투족에까지 자기들의 국가법령에 맞는지 안맞는지를 먼저 생각한다. 자잘한 인정의 오고감이라든가, 말 이전에 알아차려서 조심하는 예의가 전혀 없다. 표현되는 말과 동작은 그 테두리의 법령에 맞음으로써 그 뿐이다. 그것은 유태인의 생활이 역사 이래로 그래왔었기 때문이다. 동양사회 같은 푸근한 미풍양속은 아예 모르는 것이고, 그런 것이야말로 쓸데없는 낭비라고 생각할 정도이다.

이슬람 교전이 유태교의 교리를 섭취했다는 것은 아마도 아라비아의 풍토 탓일 것이다. 또 역사가 개막된 이래 조상이 같은 히브리인과 페니키아인, 앗시리아인, 모압인 등과는 꾸준히 접촉을 가져왔던 데서도 기인할 것이다.

마하무드가 이끄는 이슬람교도가 터키족들로 구비되었었다 할 때, 힌두스탠에서 공공연하게 연출되었을 그들의 만행이 그곳 주민들에게 얼마나 경악으로 닿아졌을까는 짐작되고도 남음이 있는 일이다.

터키족도 아시아 일원의 부랑자로서는 첫손을 꼽을 민족이다. 그들의 조상 징기스칸과 쿠빌라이, 티무르들은 세계 어디에 내놓아도 손색이 없을 거친 영웅들이다. 본래 야성적이고 정복을 좋아한 사람들로서 혼란기에 있던 중국 땅을 짓밟고 서아시아까지 진출해서 정착을 한 사람들이니 만큼, 그들의 피로서 이슬람을 쉽게 수용했다는 것도 그럼직한 일인 것이다.

물량에 굶주린 사람들이 부잣집 창고를 털었으니 훔쳐가는 것이야 그렇다 하겠지만, 송곳같은 잔인성과 양보를 모르는 당위성이 6백 년을 두고 저질러진 가지가지 철없는 짓은 또 어떠했을지 몸서리가 쳐지는 일이다.

그러나 그것으로 힌두스탠의 정신이 손상을 입은 것은 아니다. 실제로 힌두스탠은 그것을 실증으로 보여 주었다. 정치의 주인이야 총칼을 앞세우면 하는 노릇이지만, 종교와 문화는 힌두스탠의 승리였다. 문화는 힌두문화로서, 종교는 불교와 쟈이나교가 같은 무렵에 같은 방향을 바라보면서 두 떨기 총화(叢華)로 피어난 것이다.

05
힌두교의 의례儀禮

    지금까지 해 온 이야기만으로도 적은 분량은 아니라 여겨진다. 그런데도 아직 이야기가 남아 있다. 이야기가 지루하고 불필요한 것까지를 넣어서 횡설수설하고 있는지는 모르나, 이야기를 해 가는 입장에서는 아무래도 이것만은 빠뜨릴 수가 없다고 생각되어 이 제목의 이야기를 더하기로 마음먹었다. 이야기의 목적은 물론 불교를 말하는 데 있다. 아니 불교가 배태되어 나오는 인도의 풍토를 근본적으로 더듬어 내는 데 있다. 그러므로 이 부분은 더욱 빠뜨릴 수가 없다 싶은 것이다.

    자연조건의 면에서 보면 인도라는 광대한 아대륙은 결코 단일한 땅이라고 할 수 없다. 북에서부터 남으로 구름을 꿰뚫은 산, 완만한 평원, 타는 듯한 사막, 물결도 일지 않는 호수가 모자이크처럼 이어지고, 방심 못할 조수가 밀어닥치는 비옥한 해안 일대를 동과 서로 형성하면서 끝이 가늘어져 있다.

    많은 지역의 들판에서 잔혹한 태양과 몬순을 몰고 오는 비가 번갈아

가며 토지를 지배한다. 태양은 수분을 마지막 한 방울까지도 짜내고, 몬순은 맹위를 떨치는 홍수를 일으킨다. 인도의 다양한 이 지방의 주민들도 천차만별이어서 온갖 피부색과 온갖 주의(主義)를 가진 남녀가 섞여 있다.

깊은 밀림과 오지에는 가지가지 고행자가 득시글거리고, 문명 따위를 비웃는 금욕주의자가 도처에서 나타난다. 특급열차가 몇 시간쯤 늦는 것은 차라리 상식이고, 이틀이 연착되어도 불평을 모르는 국민은 그늘 밑을 찾아가 앉거나 눕거나 태연히 기다린다.

그들에게는 서양인의 자로 잰 듯한 시간관념 따위가 없다. 어디를 가든지 서두름이 없는 게으름 속에 육도윤회(六途輪廻)의 평화가 조용하게 진행되는 것이 보일 뿐이다.

갠지즈의 노을 속에는 그 물에 목욕을 하면 이 세상의 죄악이 씻겨진다고 믿는 힌두교도들의 순례가 여전히 줄을 잇는다. 그것은 모든 힌두교도의 생애의 큰 행사이기 때문이다. 그래서 강줄기를 따라 수백 개소의 화장막이 일년 내내 연기를 올린다. 떠돌이 순례자들의 시체를 치우기 위한 당국의 조처인 것이다.

화장막의 인부는 임자없이 뒹구는 시체를 주워 나르기에 늘 바쁘다. 그렇게 바쁘다 보면 아직 죽지는 않았지만 금방 죽게 되는 반송장을 들것에 메어 오는 수가 있다. 죽지는 않았으므로 아직 집어넣을 수는 없고 죽기를 기다려서 한 곳에 방치해 두면, 이 반송장은 제 죽음을 기다리는 동안 불구덩이 속에 하나씩 던져지는 시체들을 물끄러미 바라본다.

그러다가 죽으면 그뿐이지만, 어쩌다 기운을 챙겨서 살아나는 수가 있어도 몸을 뒤채어 일어나 앉으면 담담한 표정 그대로이다. 그래서 다른 순례자들 틈에 끼어 다시 흙탕물 속에 들어가 몸을 씻고, 뼈가루 흐르는 물을 움켜 마시면 어디론가 표연히 가 버린다.

이처럼 위대한 정신, 믿어지지 않는 불가사의한 의식은 사실은 힌두교도들의 수행 속의 한 과정이다. 카스트의 네 계급 중 수드라 계급을 제외한 세 계급은 각자의 생애를 4단계로 나누어 살아야 할 것을 원칙으로 하고 있어서다. 처음 학생기(學生期)로부터 시작해서 가장기(家長期)·은둔기(隱遁期)·유행기(遊行期)의 4단계가 그것이다.

학생기는 계급에 따라 유년시대가 끝나는 8세부터 12세 사이에 시작된다. 이때에 자기 집을 떠나 구루(Guru:선생)의 집에 가서 독신생활을 하면서 면학에 열중한다. 거기서 『베다』의 무수한 시구를 암송하게 되고, 또 산술·점성술·궁술·음악 등의 실용과목까지 배워야 한다. 크샤트리아 계급의 학생이라면 그 위에다 무술·무기조작·지휘법까지를 더 배운다.

학생기는 12년이나 걸릴 수도 있는데, 이 기간이 끝나면 돌아가 결혼하여 가장이 되어야 한다. 가장기에는 일련의 필요한 의식을 정확히 집행할 수 있어야 된다. 그 가운데는 해돋이를 향해 행해지는 경건한 인사, 기도같은 특수한 예배형식이 있다.

또 가족과 내객에게 음식을 분배하는 의식 등도 신성시된다. 이러한 의식에의 통찰의무 뿐만 아니라, 가장기의 단계에 있는 남자는 사람의 올바른 길이 후대에 계승될 수 있도록 아들을 낳아야 할 의무도 있다.

인생의 제 3단계는 손자가 태어나서 자라나는 것을 본 다음에야 시작된다. 이때의 이 의무는 번거로운 세상을 떠나 은둔생활에 들어가는 일이다. 이 단계의 기간은 자기 집의 구석진 뒷방에서 보낼 수도 있다. 물론 가장으로서의 의식의 이행이나 가정에 관한 모든 책임은 아들에게 맡겨야 한다.

그러나 성서에는 은둔자는 아내를 동반하든가, 그 시중을 아들에게 들게 하며 숲속 오두막에 은거하는 것이 이상적이라고 여기고 있다. 은둔자는 거기서 나무 열매와 과일만을 먹으며 『베다』를 공부하고 조언이나 충고를 들으러 오는 이가 있으면 친절하게 대하면서 질박한 생활을 하는 것이 바람직하다고 되어 있다. 남자는 이 단계에서 새 세대 어린이들의 구루가 될 수 있다.

이 조용한 반성과 명상의 시기 후에는 은둔자는 속세와 그 쾌락에서 초연한 경지에 달할 정신적 완성을 열망해야 한다. 이러한 단계가 찾아오면 언제라도 그의 보잘것없는 숲속의 오두막마저 버리고 인생의 최후의 단계로 들어가야 된다.

그는 이제 산냐시, 즉 집도 재산도 버리고 걸식으로 각처를 떠도는 수행자가 된다. 산냐시의 단계에 들어간 자는 최고의 수행자이다. 하루 한 끼로 그치는 밥 한 그릇의 구걸을 제외하고는 그는 일체의 세속적 집념이 없다.

산냐시가 된다는 것은 모든 육체적 욕구, 모든 정신적 미망을 버렸음을 뜻한다. 이 인생 최후 단계의 목적은, 영혼에서 욕망을 완전히 제거하여 인간의 영혼에 붙어다니는 윤회에서 해방된 경지에 도달하는 데 있다. 이 해방의 해탈은 네 계급과 인생 네 단계 중에서도 최고의 목표였다. 다른 세 단계의 목표는 해탈보다는 현실적인 냄새가 짙었다. 다른 세 단계는 물질의 추구와 육체적 쾌락의 추구와 일체의 의무 수행이다.

성장기에는 성공이 장려되고 있었다. 농업·공업·상업, 그밖의 정직한 수단으로 부를 추구하는 것은 가장으로서의 본분이었다. 모든 종류의 쾌락은 덕망있는 사람에게는 합법적이고도 정당한 추구였다. 이 쾌락 가운데에 성적 쾌락도 당연하게 포함하고 있었는데, 그것의 능란한 성취는 신성한 의무였다. 이러한 활동들도 각 계급과 인생의 단계에 맞는 의식 및 제례와 함께 그들 사회 달마의 일부를 이루고 있었다.

극도의 명상과 신비적인 정신 집중에 심혈을 기울인 많은 수행자는 그 마음을 보통으로는 이해하기 어려운 자유로운 상태에 둘 수 있었고, 때로는 새롭고 귀중한 통찰에도 이르렀다.

여기에서 인생의 의미에 관한 새로운 해석을 얻은 그들은 그 발견을 다른 사람에게도 전하고 싶은 욕구에 사로잡혔다. 기원전 6세기에는 특별히 이런 새로운 사상가가 많이 나온 시기였고, 새로운 사상을 듣고 싶어하는 사람들도 많았던 것 같다.

그들 새 사상가 중에는 반(反)바라문적인 것, 반(反)종교적인 것을 들고 나오는 사람들도 더러 있었다. 가령 "육체가 죽을 때는 어질고 어리석음을 불문하고 모든 사람이 단절되고 멸망한다"고 해서 윤회도 업(業)도 부정하는 식이다. 그러나 이런 사상이 오래 가지는 못했다. 힌두교의 근본정신에서 어긋났거나 이탈한 것을 힌두스탄은 오래 두지는 않았던 것이다. 그 무렵의 여러 사상 중에서 지금까지 남아 오는 것은 불교와 쟈이나교뿐이다.

06
쟈이나교

쟈이나교의 교조는 바르다마나(Vardhamana)란 젊은이였다. 기원전 540년 경에 그는 네팔의 남쪽에 있던 작은 왕국의 아들로 태어났다. 일찍부터 수행의 길에 뜻을 두었으나 부족의 관습에 얽매여 오다가 양친이 죽자 곧 일체를 버리고 수행의 길로 나섰다. 그의 나이 30세 때였다.

그는 처음부터 극단적인 고행을 했다. 집을 나설 때부터 한 벌의 옷뿐이었는데 1년이 지나면서는 발가벗고 지냈다. 그런 차림으로 수행에 전념하면서, 다른 수행승과의 토론, 명상으로 12년을 지낸 후 깨달음을 얻게 되었다.

그 후 그는 자기의 인식을 다른 사람들에게도 전파하기 시작했다. 그의 이야기는 매우 설득력이 있었기 때문에 그의 밑에는 순식간에 추종자가 몰려들어 그를 마하비라[위대한 영웅], 혹은 지나[승자(勝者)]라고 불렀다. 그가 창시한 쟈이나교의 명칭은 바로 '지나'에서 유래한다.

바르다마나는 힌두교의 기본 개념을 거역하지 않고 받아들였으나 지배적인 계급제도에 대해서는 도전했다. 그는 업과 윤회를 인정하고 아트만과 브라아만의 개념을 받아들이면서도 그것들을 새롭게 고쳐서 해석했다. 예를 들면 업(業)——카르마——은 그때까지 추상적 원리로 되어 있었다. 그러나 바르다마나는 구체적인 물질에 비유하고 있다.

그의 설교에 의하면 갈마카르마는 마치 영혼에 달라붙어 있는 불순한 것들로 되어 있다. 만물은 모두 영혼을 갖고 있다. 인간이나 동물뿐만 아니라 나무에도 강에도 돌멩이 하나에까지도 영혼은 머물러 있다. 인간의 영혼은 처음에는 더럽혀져 있지 않아 순수하지만, 행실에 의해 더럽혀지게 된다. 나쁜 행위를 엄격히 끊어 버리면 더러움도 끊어지지만 행동을 그만두지 않는 한 더러움은 따라붙게 마련이다. 쟈이나 교도의 수행적 목표는 최대한 영혼을 맑혀 윤회에 종지부를 찍는 것이었다.

그러나 영혼을 깨끗이 한다는 것은 어려운 노릇이다. 인간의 모든 행동은 거의 불결을 낳기 때문이다. 구원을 얻는 방법은 수도원에 들어가 실제 아무 것도 하지 않는 것 뿐이다. 그는 도둑질이나 거짓말같은 행위를 경고했다. 그것들은 이미 영혼을 뒤덮고 있는 부정을 더해 주기 때문이다. (도둑질과 거짓말을 공공연히 장려하고 있던 서양풍토에서는 도저히 될 수가 없는 짓이었다)

그가 특히 경고한 것은 다른 영혼에게 폭력을 행사하는 것이었다. 우주의 만물은 산 영혼을 가지고 있으므로 어떠한 형태의 생명을 죽이는 것도 영적으로 무서운 결과가 온다고 말했다.

그와 그의 제자들이 살생의 금계(禁戒)를 얼마나 철저하게 지켰는가는, 그들이 곤충을 밟을까 염려하여 비로 길을 쓸면서 걷고, 공기 속에 떠도는 미세한 생물을 삼킬까봐 코와 입을 수건으로 가렸다는 사실로서도 알 수가 있다.

지금도 정통파 쟈이나교도는 육식을 피한다. 어두운 곳에서는 벌레에게 해를 줄지 모르므로 식사를 삼간다. 그들의 마지막 소망은 단식에 의해 죽는 것이었다. 타 생명의 존중과는 반대가 되는 모순인지도 모른다. 그러나 교조 자신이 72세에 단식으로 스스로의 목숨을 끊어 오늘까지 번창하는 실례를 남긴 종교이다.

바르다마나의 계율은 엄격했다. 그런데도 그의 가르침은 수행자들에게 환영받고 있다. 그것이 힌두스탠의 알 수 없는 생명인 것이다. 구원을 얻기 위한 수단으로서 그가 권한 고행생활은 그 이전부터 인도의 전통이 되어 온 것이기는 하다. 그러나 그는 낡은 바라문들의 사상에다 새로운 숨결을 넣어 준 점에서 특별했다.

그는 그때까지의 바라문들이 추상적으로밖에 생각지 못한 갈마의 개념을 생생한 형태로 정의함으로써 수행자들을 알기 쉽게 한 것이다. 구원을 얻는 길은 출가뿐이라고 주장하면서, 여타한 사람들을 만나면 쟈이나교 사원으로 끌고 와서 쟈이나교의 수행방법을 본받도록 설교했다. 그들의 교리는 바깥세상에서도 살아갈 수 있는 것이기는 하지만, 정직과 공정을 강조하는 바르다마나의 계율은 번창하는 도시생활과는 잘 안 맞는 것이었다.

쟈이나교도는 농민이 되려 해도 될 수가 없다. 땅을 갈면 땅 속에 있는 벌레를 죽이게 되기 때문이다. 그러나 상업이나 무역에 종사하는 것은 양심에 거슬리지 않고도 살 수 있는 방법이었다. 쟈이나교는 마침내 독자적이면서도 완전한 종교그룹으로서 그들 사회 속에 받아들여졌다.

그 외에도 그 당시의 인도 수행자 간에는 대단한 규모와 세력을 가진 그룹들이 허다했다. 훗날의 불교는 그들을 육사외도(六師外道)——쟈이나교를 포함하여——라고 불렀다.

선악의 행위와 그 보응(報應)을 부정하여 온갖 법은 생멸(生滅)이 없다고 주장하기도 했고, 중생의 죄과에는 아무 근거될 것이 없으며 자연의 법칙에 의한 운명이 있을 뿐이라고 가르친 파도 있었다. 또 어떤 파는 유물론적인 주장을 하여, 만물의 근원을 유(有)냐고 물으면 유(有)라고 대답하고, 무(無)냐고 물으면 또 무(無)라고 대답하여 양심의 참회를 인정하지 않는 경우도 있었다.

그것이 가일층 진보되어서, 이 세상에는 도덕도 인과도 없고 오직 고통 아니면 쾌락이 있을 뿐이라고 주장하는 쾌락주의자도 있었다. 또 어떤 무리는 이상한 궤변과 끊임없는 회의설을 들어서 도(道)는 구할 것이 아니며 생사의 8만 겁을 지나면 고(苦)가 다할 것이라고 하기도 했다.

이러한 논리들은 그쪽 풍토에 익숙치 못한 사람들로서는 무슨 소린지 좀체 이해가 안될 논리들이다. 그런데 그런 속에서 불교가 태어난다. 불교는 힌두스탠의 부(富)와 힌두정신의 전 역사를 가지고 다듬어 낼 수 있는 단 하나의 인간승리의 종교이다. 그것이 샤카라는 한 남자로부터 비롯된다.

그러나 그 당시로서는 그들조차도 어려운 논리로 알고 있었으며, 세계의 모든 사람들에게 좀체 통할 것 같지 않은 종교였다. 그것은 그 후의 불교가 유럽의 종교학자들을 당황케 했다는 것으로 보아서도 충분한 점이다. 그들은 "불교는 종교를 무시한다"고 했고, 어떤 사람은 "불교는 기도없는 도덕체계에서 출발하여 마침내 종교가 되었다"고 하기도 했다.

기독교의 강한 전통 속에서 살아온 서양인으로서는 불교가 어째서 종교일 수 있는지 이해가 잘 되지 않았다는 것이 흥미있으면서도 당연하다. 유럽인의 선입견에 의하면 종교란 반드시 신으로부터 출발하는 것이고, 또 신과 인간과의 관계이어야 했다. 그런데 그들 앞에 나타난 불교는 아무래도 그런 기준에 맞지가 않은 것이다. 가장 중요한 신이니 구원이니 하는 것이 없다.

그러나 이런 불교적 이해와 납득은 수천 년을 삼신신앙에 젖어 온 사람들에게 있어서도 비슷하거나 동질적인 것이 되었다. 서양인이 그들의 좁은 종교관 틀 속에다 불교를 비틀어서 집어넣으려고 시도했었다면, 이쪽은 금물 칠한 불상을 만들어 놓고 소원을 비는 사이 우상으로 변모해 버린 것이다.

그것은 각자 샤카가 지독히도 반대하고 염려했던 점이다. 깨달은 그의 눈에는 우상을 탈피 못하는 중생들의 근기(根氣)가 그 짓을 하고 말것 같은 불안으로 미리 비쳐졌던 것이다. 그 염려는 적중했다. 그가 죽고나자 그의 제자 사이에 두 갈래의 파가 생긴다. 상좌부(上座部)와 대중부(大衆部)다. 그리고 소승적인 상좌부보다 대승적인 대중부에 의해 우상은 마침내 나타난 것이다.

07

붇다의 출현

불교를 말하면서 석가모니를 뺄 수 없다는 건 당연하다. 그러나 현재 일반 신도나 대중이 알고 있는 팔상록적(八相錄的)인 설화에는 신화적 색채가 너무 가미되어 있다. 그것은 신화를 좋아하는 한국인의 습성에서 그렇게 된 것으로 보인다.

한두 번 인간 석가의 배경을 이야기하다가 맹렬한 반대에 부딪힌 적이 있었다. 그들은 팔상록 속의 꾸며진 진실을 역사적 사실로 믿는 사람들이었다. 이제 이 마당을 당해 놓고 생각이 없을 수 없으나, 사실을 말하는 것은 진실을 말하는 것보다 책임이나 오해가 바로 설 것이라는 생각에서 출생에서부터 출가까지의 과정을 간략하게 스친 다음 요체를 말할까한다.

『아함경(阿含經)』에 의하면 샤카는 인도 카필라성에서 정반왕의 아들로 태어난다. 어머니 마야 부인은 그를 낳은 지 이레만에 죽고, 왕은 그 나라 풍속대로 처제를 아내로 맞았으므로 왕자는 이모인 계모의 손에서

양육되었다. 어렸을 때 이름은 싣달타 혹은 고타마라고 했다. 샤카는 이름이 아니라 그들 부족의 족성(族姓)이다. 그는 어려서부터 생각이 깊고, 거룩한 성자(聖者)의 기상을 지니고 있었다.

일찌기 고타마가 출생을 할 때, 아지타라는 수행자가 관상을 보고 이 아이는 집에 있으면 사해(四海)를 영토로 거느리는 전륜성왕(轉輪聖王)——인도 사람들이 전설로 믿어 오는 이상적인 성왕——이 될 것이고 출가하면 부처가 될 것이라고 예언했다.

아버지 정반왕은 될 수만 있으면 왕자를 집에 두고 왕 노릇이나 시키고 싶었으므로 아들의 기분을 맞추기 위해 궁궐을 새로 짓고 음악을 장려하고 여러 가지로 마음을 써 보았지만, 그는 인간에게 생(生)·로(老)·병(病)·사(死)가 있음을 알고 끝내 출가하여 사문(沙門)의 길로 들어서 버리고 만다. 그의 출생과 출가는 대개 이러한 정도다.

어머니 마야부인이 천상의 보살이 흰 코끼리를 타고 오른 쪽 옆구리로 들어오는 꿈을 꾸고 왕자를 잉태했다든가, 태어날 때 옆구리로 태어났고 하늘이 꽃비를 내려 주었다는 것쯤 애교있는 이야기이고 흔히 들을 수 있는 전설이므로 접어서 들으면 그만이지만, 금방 나온 핏덩이가 사방(四方)으로 주행칠보(走行七步)하여 한 손으로 하늘을 가리키고 한 손은 땅을 가리키며 "천상천하(天上天下)에 유아독존(唯我獨尊)"이라 했다는 것은 좀 무리가 있지 않을까?

또 고타마의 출가를 둘러싸고도 여러 가지 과장된 이야기가 많은데, 그들로서 볼 때 그의 출가는 특별히 희유한 사건도 아니고 처음부터 중생을 구제하겠다는 대승적 의미에서였다는 것은 더더구나 아니다. 생·로·병·사에 의심을 품었다는 정도의 말이 알맞은 말이며, 출가 역시 샤나 교조 바르다마나가 그랬던 것처럼 왕 따위의 세속적 욕망을 끊고 떠돌이 수행승이 되는 일이 수두룩했던 그 쪽 풍토 속에 흔한 사건 중의 하나였을 뿐이다.

엄밀한 고증을 든다면, 고타마가 태어나던 무렵의 인도의 정치적 상황은 갠지즈를 중심한 남부평원 일대까지를 마가다국이 점령하고 있었고, 히말라야가 있는 동북부 일원에는 코살라국이 세력을 잡고 있었다.

히말라야의 산자락을 깔고 앉은 고원지대, 지금의 네팔의 타라이 지방에 있던 조그마한 카피라밧투(kapilavattu)성이 고타마가 태어난 샤카족의 왕국이었다. 그것이 그들 크샤트리아 계급의 성이기는 했지만, 그나마 독립을 해 있던 것도 아니고 코살라국의 지배하에 있던 부족국가 정도였다. 위대한 성자(聖者) 샤카무니가 태어나지 않았더라면 그럭저럭 넘어갈 만한 크기의 나라였다.

결국 할 말은 다 해 버린 셈이지만, 어떤 이야기든지 첫머리를 바로 인식해서 공정하게 살펴두지 않으면 결국에 가서 엉뚱한 답을 내놓을 것은 뻔하다. 종교일수록 신화에 속아서 사실과 다른 진실을 요구하게 되면, 생명의 어긋난 정도가 이에서 더 심할 수가 없게 됨이다.

왜 이런 불필요한 이야기로 범을 끼우느냐고 할 사람도 있겠지만, 나로서 다시 하는 말 "한국 불교가 처음부터 오류를 가지고 역사에 참여해 왔기 때문"으로다. 샤카의 출생과 출가와 고행의 상황을 무엇보다 바르게 이해함으로써 그의 깨달음에 신화적 사실을 요구하지 말자는 뜻으로다.

고타마는 스물 여덟이 되었을 때 왕궁을 버리고 수행자의 무리에 끼게 되었다. 그러나 처음부터 곧바로 어려운 고행에 들어간 것은 아니었다. 『아함경』의 출가부(出家部) 속에 있는 기록을 보면 불타는 성도(成道)하시기 전 마가다국의 산에 에워싸인 서울로 가셨다. "참으로 아리따운 상호(相好)에 빛나시며, 탁발(托鉢)을 위해 왕사성(王舍城)의 거리로 드셨다"하는 구절이 보인다.

마가다국은 당시 신흥국가여서, 모든 면에서 활발한 생기가 넘치고 있었다. 그 서울인 왕사성에도 자연 새로운 사상가와 여러 형태의 수행자가 모여들고 있었을 것이다. 구도열에 불타는 젊은 고타마가 그 속에서 진리를 찾고자 했을 건 당연하다.

거기서 그는 두 사람의 스승을 만났는지도 모른다. 오래된 경전에는 아라라 카라마(Ālāra-Kālāma)와 웃다카 라마풋타(Uddaka-Rāmāputta)가 그의 스승이었다고 했다. 그들 두 사람은 다 소위 육사외도(六師外道)에는 속해 있지 않았지만, 마가다국을 중심으로 활약했던 새 사상가들이었을 것이다. 고타마가 낡은 사상가들을 찾았다는 기록은 없는 터이므로 어디까지나 새 사상의 조류 속에 호흡하고 있었음을 알 수 있다.

그러나 그곳 생활이 오래 가지는 않았다. 그는 많은 사람과 접촉하는 사이 그들 사상을 차례차례 버리고 지나가면서, 마침내 혼자의 힘으로 길을 개척해 가고자 결심하기에 이르렀다. 그리고 그 생각은 설산(雪山)에서의 6년 고행으로 이어졌다.

고행이란 육체의 조건을 약체화시켜 그 고통을 초극함으로써 해탈에 이를 수 있다고 믿는 수행방법이었다. 그것이 인도의 수행자 사이에는 다반사로 흔한 것이었으므로, 최후적으로 그것에 의존하여 이 세상의 길을 뛰어넘으려 했던 것이다.

그는 누구보다도 열심히 했다. 얼마나 굶주리고 고생을 했던지 마침내 피골이 상접해서 배를 만지면 등뼈가 느껴질 정도였다. 아마 그때까지의 어떤 바라문보다도 극점에 이르는 고행을 실현했는지도 모른다. 그러나 허기와 영양부족으로 정신만 흐려질 뿐 얻어지는 것이 없었다.

고행으로는 도를 이룰 수 없다는 것을 확신하는 순간 그는 결연히 일어섰다. 가장 엄숙하고 성스러운 바라문들의 전통 수행에 "이것은 아니다!"란 종지부를 찍고 일어선 것이다.

그는 니련선하(泥蓮禪河)란 강물에 들어가 목욕을 하고 양치는 소녀가 드리는 우유공양을 기꺼이 받아 마셨다. 곁에서 그 꼴을 보고 있던 다섯 수행자는 고행에서 낙제가 된 타락한 고타마를 버리고 도망쳐 버렸다.

이 다섯 수행자는 아들의 뜻을 돌이킬 수 없다고 생각한 정반왕이 왕자의 신변을 염려하여서 보낸 왕족 출신의 젊은이들이었다고 경전은 쓰고 있다. 아무튼 고타마에게는 가까운 사람들이었고, 같은 방향의 도(道)를 구하는 데 더 없이 좋은 도반(道伴)이었다.

우유 죽을 마신 고타마는 니련선하 기슭에 서 있는 핍파라 나무 밑에 풀 한 주먹을 깔고 앉았다. 이제까지의 도반들이 실망을 하고 무어라 하건 말건, 도망을 치건 말건 이미 관심 밖이었다. 오직 깨달음을 얻지 못하면 일어서지 않겠다는 결심뿐이었다.

6년의 고행 끝에, 그것도 남보다 몇 곱을 더한 지독한 고행 끝에 그것을 부정하고 스스로에 의해 해탈을 생각한 사람의 결심이었으니, 그 결심이 어떠했을지 범인(凡人)으로서는 상상하기조차 어려울 지경이다.

그 엿새 동안의 고타마 상황을 "마왕(魔王) 파순(波旬)이 온갖 훼방을 가지고 와서 성도(成道)를 방해하고, 드디어 세 딸을 보내서 유혹케 했다"고 경전은 전하고 있다.

그러나 생각컨대, 고타마의 앞에 가지가지 험상궂은 모습과 도깨비 짓으로 나타났다고 한 악마의 모습은 고타마의 내면에서 오고간 정신적 갈등이었을 것이다. 옛 사람의 표현수법이란 선과 악을 표현할 때는 늘 천사와 악마를 빌어서 말해진다. 그래야만 서로 나누어 가지는 이해가 쉬웠기 때문이다.

세 교녀(嬌女)가 유혹을 했다면 무엇인가 성욕과 관계되는 것이요, 하늘에 검은 구름이 태양을 가리웠다면 그만큼 자기 속의 불안한 의심이 컸던 것이며, 악마의 군대가 겹겹으로 포위했다면 바라문의 전통적 관념이 그의 피 속에서 스물거렸던 것이다.

낡은 구도 방법과 전통적 수행을 거부하고 죽기로써 자리에 앉아 버린 사내의 가슴속에 오만가지 두려움과 의심의 구름이 일어나고 있었을 것은 사실이다. 또 그 의심과 두려움이 진하고 크면 실제로 무서운 형상의 악마가 시현(示現)되는 법이다. 결국 밖으로부터의 작용이 아니라 인간의 내면 정신에서 스스로 불러일으키는 환상에 지나지 않음이다.

그것은 뒷날 라다라는 젊은 제자가 악마가 무엇이냐고 물었을 때 "악마란 인간의 감각기관에 의해서 야기되는 내재적 방해물"로 대답한 것에서도 나타난다. 그렇게 무서운 정신적 고통, 과거 고행기간의 어느 때보다도 치열한 자신과의 싸움을 싸우면서 내면의 세계로 깊이 파들어 갔을 때, 고타마는 이제까지의 낡은 전통이 한꺼번에 사라지면서 거기서 전혀 새롭게 빛나는 세계를 발견하였다.

자리에 앉은 엿새만에 마침내 대각(大覺)의 붇다가 된 것이다. 우주 간의 일체 의심과 불안을 한꺼번에 앓고 허물을 벗어버린 그는 다시는 불안할 것이 없었고 의심될 것이 없었다. 그리하여 샤카족의 고타마는 샤카족의 성자 샤카무니가 된 것이다.

샤카무니가 확연하게 본 이 세상의 본질은 그렇게 희망적이거나 즐거움에 찬 것이 아니라 고(苦)였다. 그는 연기(緣起)의 법칙을 깨달으면서 그것이 보여졌던 것이다. 그러므로 확실하게 말할 것은 연기의 법칙을 깨달았다는 것이고, 그 연기의 법칙을 통해서 본 세계의 본질이 고(苦)였다는 뜻이다.

죽기로써 덤벼들어 얻은 답이 겨우 고(苦)였다면 약간 맥이 빠질 노릇이기는 하다. 그래서 『상응부(相應部)경전』에서 붇다도 "고생 끝에 겨우겨우 얻은 이것을 어이 또 남들에게 설해야 되랴/ 오 탐욕과 노여움에 불타는 사람들에게, 이 법을 알리기란 쉽지 않아라/ 세상의 상식을 뒤엎은 그것, 심심미묘하니 어찌 알리오/ 격정에 매이고 무명(無明)에 덮힌 자는, 이 법을 깨닫기 어려우리라"하고 탄식했던 것이다.

깨달음을 얻은 붇다는 결가부좌(結跏趺坐)를 풀지 않은 채 이레 동안을 법열(法悅)의 즐거움으로 혼자 있었다. 경전은 그런 붇다에 대해서, "처음으로 정각(正覺)을 성취하신 붇다께서는 우루베라[마가다국]의 네란 쟈라강의 기슭 보리수 밑에서 결가부좌하신 채 이레 동안 해탈의 즐거움을 맛보시면서 앉아 계셨다"고 기록하고 있다.

이레가 즐거움으로 흘렀을 때, 불타의 가슴속에 한 가닥의 쓸쓸함이 홀연히 일어났다. "참으로 존경할 데가 없이 사는 것은 괴롭다. 나는 어떤 사문(沙門)이나 바라문을 의지하면서 살아야 되는 것일까?"(『상응부경전』)

일체법을 깨달은 자, 모든 중생의 공양을 받는 붇다가 이런 고백을 했다 하면 좀체 믿으려고 않을 사람도 있을 것이다. 그러나 여기에 일체법을 깨달아 버린 자의 인간적 고독이 보여지는 것이다.

이 독백을 "고생 끝에 겨우겨우 얻은 이것을……"하는 깨달음의 게송과 연관지어 보면, 이 진리를 혼자만 아는 데서 오는 불안감 내지 모종의 답답함과 괴로움으로 비쳐진다. 실제 이 게송을 두고 붇다가 설법을 할 것인가 말 것인가로 몹시 고민했었다고 보는 것이 그 동안 불교학자 사이의 해석이었다. 누구에게 말한다고 통해질 것 같지가 않았으므로, 조용히 열반에 드실 생각까지 했다는 것이다.

그러나 한 걸음을 내켜 딛고 생각해 보면 일체법을 깨달아 버렸기 때문에 오는 허탈감과 외로움이 그 게송의 분위기에서 스며 나오고 있다. 그 것은 모든 수행인과 공부인(工夫人)이 가지는 외로움인 것이다. 한 점 의심이 아직 남았을 때 그 의심을 목표로 참구(參究)하는 동안 생명은 증장(增長)한다. 그것을 공부(工夫)라 하고 수행이라 이름 짓는 것이다.

그런데 지금 붇다는 모든 것을 이루어 버렸다. 어느 것을 바라보아도 털끝만큼도 의심이 일지 않는 천의무봉(天衣無縫)의 완성이다. 여기서 붇다는 더 이상 바라볼 곳이 없는 인간으로서의 외로움이 덧옷으로 껴입혀졌던 것이다.

그에게는 끝까지 괴로워하고 기뻐할 줄 아는 인간의 감정이 흐르고 있었다. 혹자는 이런 붇다의 인간론에 대하여 반대하는 감정을 가질지도 모른다. 같은 인간이라 하더라도 그 분은 무언가 우리들과 다른 높은 차원의 감정, 높은 세계의 자비적 화신이어야 한다는 생각을 앞세울 것도 같다.

그러나 그 생각은 붇다를 우상으로 만드는 첫걸음에 지나지 않는다. 만약 붇다가 높은 차원의 감정이나 특수한 자비의 화신이라고 생각한다면 그것은 그쪽 세계의 사람이지, 우리들과는 관계없는 무엇이 되고 만다. 끝까지 우리와 같기 때문에 우리 부처님인 것이고, 나와 같은 피가 흐르기 때문에 3천 년의 세월을 넘어와서도 뜨겁게 만날 수 있는 나의 형님인 것이다.

그러나 이런 이야기는 붇다를 억지로 우리 편을 만들기 위하여 만들어 내는 강제적인 말들이 아니다. 『아함경』을 읽어 본 사람이라면 누구나 알겠지만, 그 분은 한 번도 우리들 중생과 다른 짓, 다른 생각, 다른 말이나 감정을 보인 적이 없었다. 신통력이 자재한 제자들이 있었지만 오히려 그 짓을 못하게 말렸고, 하늘을 나는 재주가 있다면 있었을 것이로되 등불을 켜지 않고는 밤길을 못 다니는 어른이었다.

깨달은 법을 설할까 말까 망설인 것도 우리와 같은 인간의 고민이었고, 수백 리 먼 길을 터벅터벅 찾아가 도반에게 여러 비유와 방편을 들어서 설하시는 자상한 모습도 인간의 우애와 연민으로 가득찼던 것이며, 마침내 교진여(憍陳如)가 그 요체를 알았을 때 "교진여는 깨달았다. 교진여는 깨달았다"하고 환희용약하는 것도 티없는 인간의 감정으로써 즐거워한 것이다.

그 분은 목이 마르면 물을 찾았고 몸이 아프면 약초를 달여 마셨다. 열반을 앞둔 부처님이 등창이 나서 고생하는 장면은, 우리들과 너무 같은 인간으로서 애처로운 생각이 들 정도이다.

그 무렵 샤카족 사람들은 새 회당을 지어 놓고 부처님을 모시고 설법을 듣고 싶어했다. 부처님도 즐겁게 이에 응하셨다. 그러나 거듭되는 강행군적 설법과 부대낌에 "가죽 끈으로 묶은 낡은 수레……"처럼 되신 부처님의 노구는 지탱하기 어려웠다. 거기에 등창까지 쑤셔댔다. 그럴 때면 곁에서 모시는 아란존자에게 설법을 대신 의뢰하시곤 했다.

"아란아, 나를 대신해서 샤카족 사람들에게 법을 설해 주려무나. 그들이 아직 법을 구하는 마음이 있으면 말이다. 나는 등이 몹시 아프다. 잠깐 누워야 하겠다." 아란은 대답하고 나서 부처님의 가사(袈裟)를 네 겹으로 접어 땅에 깔아 드렸다. 부처님을 오른쪽 옆구리부터 땅에 대시고 팔과 다리를 앞으로 뻗어 소처럼 사자처럼 가사 위에 누우셨다.

『아함경』의 이런 장면은 그 분이 어떤 인간인가를 단적으로 보여 준다. 깨달았다고 해서 무엇이 달라졌다는 것은 아니다. 어디까지나 인간의 몸짓, 인간의 언어로 인간 사이의 생각과 인정을 표현했던 것이다.

08
붇다의 가르침

붇다가 깨달은 연기법(緣起法)은 관계성의 법칙이다. 더 구체적으로 상의성(相依性)의 법칙이며, 원인에 대한 결과의 법칙론이다. 그러므로 존재론이기보다는 인식론이다. 천지창조를 말하여서 자연의 의미를 변화시키는 것이 아니라, 현상간에 흐르는 이법(理法)을 바로 파악함으로써 인간을 전환시키는 것이다.

이러한 불교사상의 요체적 결론을 먼저 말한다면, 그때까지의 인도 사회에 전해 온 모든 사상적 전통을 완전히 뒤엎는 것이었다. 쟈이나교는 고행에 의해서 구원될 수 있다고 했지만, 샤카는 그것을 일소에 부쳤다.

전통적인 바라문들은 브라아만이니 아트만이니 하여 우주실체론을 주장했지만, 불교의 무자성설(無自性說)은 우주에 실체될 것은 없다고 부정했다. 바꾸어서 말하면 일체의 현상은 씨가 있어서 나타난다고 한 바라문들의 주장에 그 씨란 것—브라아만이니 아트만이니 하는 것—은 어디에도 없는 것이며 다만 연기로써 나타날 뿐이라고 했다.

이 간단한 논리는 힌두교의 가장 밑터되는 사상을 그 근본에서 허물어 버린 폭탄이었다. 동시에 전통적인 신들의 권위를 부정함으로써 인도인들의 우주관을 신권으로부터 인권으로 해방시켜 준 커다란 혁명이라 할 것이다.

그러면서도 붇다의 가르침에는 인도의 전통적인 관념, 가령 윤회라거나 업이라거나 달마, 혹은 자연과 신에 관한 따위의 고정관념들이 그대로 쓰여지고 있다. 그런데도 그것들의 특성은 근본적으로 다른 방향을 바라보는 이해와 납득이 되어 나타난다.

붇다의 가르침의 일체는 연기법칙으로써 고(苦)를 나타낸 것이지만, 그것을 한 마디로 표현한다는 것은 나로서는 무리다. 이런 논리에 처음 접해 보는 사람조차 적지 않을 것이다. 방법상으로 연기와 고(苦)를 따로 나누어서 설명하는 것이 효과적일 듯싶다. 먼저 고(苦)다.

고(苦)에 대한 인식을 바로 가지지 않고는 열 번이고 스무 번이고 길을 잘못 들기가 쉽다. 불교에서 말하는 고(苦)는 상대적인 고(苦)가 아니다. 기쁨에 대한 슬픔이라거나, 사랑에 대한 미움이라거나, 즐거움에 대한 고통 따위가 아니며, 유(有)에 대한 무(無)도 아니다.

이것은 절대의 자리이고, 바닥을 모르는 어두운 소(沼)다. 죽음이고 두려움이고 캄캄함이다. 좌우간 그런 본질 문제라는 것을 알고, 각오를 단단히 한 다음 덤벼들어야 된다.

우리는 현상 속에 살면서 그 현상[사물]들에 대한 이해를 가지고 있다. 그런데 그 현상과 나의 이해 자체가 고(苦)라고 불교는 가르친다. 『잡아함경(雜阿含經)』에 나오는 다음 이야기를 잘 살펴보자.

소나여 너는 어찌 생각하느냐, 색(色)[물질]은 불변하는 것이겠느냐, 변화하는 것이겠느냐/ 대덕이시여, 변화하는 것입니다/ 만약 변화하는 것이라면 괴로움이겠느냐, 즐거움이겠느냐/ 대덕이시여, 괴로움입니다/ 만약 변화하고 괴로운 것이라면, 그것을 관찰하여 이는 내 것이다, 이는 나다, 이는 나의 본질이다 할 수 있겠는가/ 대덕이시여, 그럴 수는 없습니다

내용인즉슨 변화 그 자체가 고(苦)라는 것이다. 그러므로 변화로써, 혹은 변화적 원리로써 생성된 우주는 고통의 세계이며, 끊임없이 변화하는 우리들의 육신도, 마음도 고(苦)의 나타남이라는 것이다. 연기는 "이것 있음에 말미암아 저것이 있고, 이것 멸함에 말미암아 저것이 멸한다"는 관계성을 말한다.

붓다는 이 연기법칙을 깨달으면서 상호의존하고 있는 현상계의 흐름을 간파하여 고(苦)라고 했지만, 동시적으로 이 연기법칙 속에는 고(苦)로부터 뛰어넘는 해탈, 곧 열반이 내재되고 있음을 강조하고 있다. 그리고 이 열반에 이르자는 것이 불교의 궁극적인 목표가 된다.

그러면 이 연기와 고(苦)의 사이에는 실제로 어떤 함수관계가 성립되는 것인지 변증을 통해서 알아보자.

우선 간략하게 연기적 공식을 나타내 보면, 나는 나일 것이 없는데 나타나졌다. 이것은 고(苦)다. 그러나 나타났으므로 (나는) 나라는 생각을 가진다. 이것을 집(集)이라고 한다. 무아의 나를 자아로 믿는 순간 일체의 욕망이 일어난다. 그러나 욕망도 아(我)도 근본에서 보면 없는 것이므로, 이것들을 버리고 (마음을) 쉬어야 한다. 이것은 멸(滅)이다. 멸(滅)에 이르는 데는 반드시 통과해야 할 원칙적인 길이 있다. 수행에 의해서만 통과되는 이 길을 도(道)라고 한다.

고(苦)·집(集)·멸(滅)·도(道)——이것이 부처님의 깨달은 소위 사성제(四聖諦)란 것이다. 부처님은 이 사성제의 연기법칙을 코끼리의 발자국에 비유하셨다. 모든 짐승의 발자국이 코끼리 발자국 안에 다 들어가는

것처럼 오만 가지 종종법(種種法)이 사성제 법칙 속에 수용된다는 뜻이다. 그만큼 자신이 있었던 것이고, 확신감에 넘쳤던 법이다.

그러나 우리로서는 이것을 좀더 살펴보아야 될 것이다. 사성제법 중에서도 좀더 설명을 요구하게 되고, 또 골치를 앓게 하는 것은 집(集)과 멸(滅)의 대목이 아닌가 한다. 고(苦)에서 말하는 아(我), 곧 무아(無我)는 끊임없이 변전하고 변화하는 삼라만상과 더불어 섞여 돌아간다는 본질을 지적한 것이므로 어렵게 생각하지만 않으면 금방 감이 잡힌다.

붙잡아 알았으면 이 나를 ──육신의 아(我)를── 부정하여 버릴 줄을 알아야 한다. 그러나 버린다는 것은 쉬운 노릇이 아니다. 중생은 알면서도 버리지 못하기 때문에, 아견(我見)──나라는 생각──의 줄에 자기를 스스로 옭아 버린다. 아는 것이 어려운 것이 아니라 실천이 어려운 것이다. 그래서 부처님은 어느 때 이런 말씀을 하신다.

내가 체득한 이 법은 심히 깊고 보기 어렵고 깨닫기 어렵다. 적연미묘하여 사람들의 생각을 초월하며, 심원하여 오직 지혜로운 자만이 이해할 수 있다. 그런데 세상 사람들은 욕망을 즐기고, 욕망에 빠지고, 욕망을 좋아하고 있다. 이런 사람들에게는 연기(緣起), 즉 모든 존재는 원인이 있으므로 말미암아 생겼다는 이치는 이해하기 어려울 것이다.(『상응부경전』)

이로써 본다면 지혜로운 자는 육신의 나를 버릴 줄 아는 자이다. 육신의 아(我)는 거짓 아(我)인 탓이다. 그런데 세상 사람들은 반대로 욕망을 즐기고, 거기에 빠지고, 좋아하고 있다. 그래 가지고는 이 이치를 깨닫지 못한다. 부처님은 이 법을 그냥 깨우쳤다는 표현을 쓴 것이 아니라 체득했다고 강조하여 말씀하신 것에 유의할 일이다.

나 아닌 것, 곧 거짓 아(我)인 고(苦)의 본질을 두고 생각하는 것이

집(集)이다. 이 집(集)에서 벌어지는 멸(滅)은 훨씬 복잡하고 갈래가 많다. 일단 집(集)을 더욱 튼튼하게 하고 견고하게 하면서, 그것이 나라는 생각을 굳힘으로부터 일어나는 일체의 욕망이 있고, 그 욕망을 끊는 또 한켠의 의지가 있어서 복합적으로 되어 먹은 것이 멸(滅)이다.

무엇이 거짓 아(我)인 고(苦)의 본질을 더욱 아(我)라고 생각케 하는가? 그것은 갈애(渴愛)다. 목이 타서 물을 구하는 것처럼 스스로 맹렬하게 몰아붙이는 불꽃같은 욕망이 있다. 그것은 탐(貪)·진(瞋)·치(癡)를 바탕으로 일어난 것이다. 이 갈애는 중생세계의 어쩔 수 없는 본능으로 나타난다. 욕애(慾愛 : 성욕)와 유애(有愛 : 자기 보존의 욕망)와 무유애(無有愛 : 명예욕)가 그것이다.

본질에 있어서는 싱겁고 허망하기 짝이 없는 것이지만, 일단 아(我)라는 것에 집착이 되면 이 갈애는 세계의 끝까지도 태울 수 있는 무서운 불꽃이다. 그러므로 아(我)라는 생각을 없애고, 우주의 본질에 돌아가기 위해서는 한 생각을 쉬어야 할 판이다.

물론 그럴 필요가 없이 욕망으로 사는 이 세상을 끝까지 한바탕 살아 보겠다고 생각하는 사람은 그뿐이다. 그는 불나비처럼 제 욕망의 불길에 타 죽을 때까지 열심히 탐욕스럽고, 성내고, 미워하면서 어리석게 살면 그만이다. 그러나 인생의 참뜻, 우주의 근본원리를 알고 싶어하는 사람은 갈애를 쉬고 싶을 것이다.

갈애를 쉬는 방법, 곧 고(苦)·집(集)을 멸(滅)하는 방법은 팔정도(八正道)에 의해서이다. 정견(正見)·정사유(正思惟)·정어(正語)·정업(正業)·정명(正命)·정정진(正精進)·정념(正念)·정정(正定), 이것이 갈애를 쉬는 바른 도(道)이며 열반에 드는 문이다.

이것들에 대해 일일이 주석을 다는 짓은 안할 작정이다. 대신 팔정도는 모든 수행자가 빠뜨리지 못할 필수조건이라는 점을 참작하여 다음과 같이 분류는 해 둔다.

바른 판단을 위해—정견

바른 행위를 갖기 위해—정사유 · 정어 · 정업

바른 생활을 하기 위해—정명

바른 수행에 서기 위해—정정진 · 정념 · 정정

이 고(苦)의 변증을 부처님 가르치심을 통해 다른 측면에서 시도해 볼 수도 있다. 원시경전에 나타나는 초기설법, 다시 말해 부처님 생존시에 직접 설하셨다고 보여지는 설법들은 대개 대화형식을 빌어서 서술된다. 그 대화형식에는 거의 일정하게 전개되는 패턴이 있는데, 무상(無常)—고(苦)—무아(無我)의 틀거리다. 부처님은 제자들과의 대화를 이런 방식으로 엮어 나갔던 것이다.

그런데 편의상 이것을 날금이라 한다면 씨금으로 보아지는 또 하나의 빼놓을 수 없는 의미의 설법이 있다. 제행무상(諸行無常)—제법무아(諸法無我)—열반적정(涅槃寂靜)이 그것이다. 부처님 설법의 일체를 이 둘을 경(經)과 위(緯)로 하여 짜 넣는다 하면 어떤 것도 이 구성에서 빠진다거나 새어나갈 것이 없다.

이미 설명을 요구하지 않을 사람도 있겠지만, 내친걸음이므로 무상(無常)—고(苦)—무아(無我)부터 보자. 무상)은 일체적 무상이다. 이 세상에 변하지 않는 것은 한 가지도 없기 때문이다. 고(苦)는 그 무상한 것에 집착하기 때문에 고(苦)다. 집착하지만 않는다면 고(苦)는 없어진다. 이것은 앞의 설명으로 충분할 것이다. 일체가 고(苦)이므로 무아임을 아는 것, 이것이 해탈이다. 여기서 아(我)는 실체로 보면 이해가 빠르다.

제행무상(諸行無常)—제법무아(諸法無我)—열반적정(涅槃寂靜)도 대개 논리상으로는 비슷하다. 그러나 흔히 그렇듯이 씨금이 되는 쪽의 설명이므로 좀 자세하게 살필 필요가 있을 것이다.

제행(諸行)이 무상(無常)하다는 건 현상의 존재론일 수가 있다. 제행의 행(行)은 변화하는 이법(理法)을 가리킨 것이다. 일체가 무상하다는 것 정도로 보아서 좋다.

제법(諸法)은 무아(無我)이다 한 것은 존재론에 반한 인식론에 해당한다. 여기는 좀 설명이 있어야 할 곳이다. 이것도 앞의 "일체가 무상한 것이므로 무상에 집착하는 것이 고(苦)다"할 때의 고(苦)의 개념으로 보는 것이 무던하다. 무아의 아(我)는 실체라고 할 수 있는 '씨'를 의미한다. 모든 법에 실체될 씨가 없다고 한 건 부단히 변화하고 있는 일체의 현상법에 어느 것도 "이것이 실상이다"한다든가, "이것만은 실체가 있는 것이다"하고 내놓을 것이 없다는 뜻이다. 그야말로 "오온(五蘊)이 개공(皆空)"이다.

그런데 중생은 실상(實相)이 없는 이 몽환(夢幻)의 현상에다가 마음을 붙여서 실상으로 알고 있으니 이것이 문제이다. 생(生)·로(老)·병(病)·사(死)도 사대(四大)가 인연 따라 집산(集散)하는 현상이련만, 그것을 실체로 알아서 집착하는 데 고(苦)가 있다.

사랑하는 사람끼리 같이 못 살고 떨어지는 것도 고통이고, 미운 놈과 자주 만나면서 살아야 되는 것도 고통이다. 갖고 싶은 것을 억지로 탐내는데 구하지 못하는 것도 고(苦)요, 오관(五官)의 감각본능이 불꽃처럼 타오르는 것도 정녕 고(苦)다. 이 모든 것이 허망하고 부질없는 환상인 것을 몰라, 그것에 마음을 붙이기 때문에 얻는 스스로의 고통이다.

무엇이 그런 환상을 좇게 하는가? 내 속의 갈애다. 탐·진·치가 일으키는 맹목적인 욕망의 불꽃, 그것이 걷잡을 수 없이 치성(熾盛)하여서 그러함이다.

그런데 우리는 여기서 붇다의 말씀을 조심스럽고 신중하게 이해하면서 넘어가야 될 것이 있다. 우리는 지금까지 정신의 욕망이나 감각기관에 의한 욕망을 부정적으로만 살펴왔다는 감이 있는데, 붇다는 욕망을 반드시 나쁜 의미로만 말씀하지 않았다는 점이다. 단적으로 말하면 욕망을 부정한 적은 없었다.

그 지나침과 사나운 작용을 경계하셨을 뿐이다. 붇다는 욕망 자체는 무기(無記)로 본 입장이었다. 무기(無記)는 '선악이 나누어지기 이전의 상태'를 뜻한다. 이것은 순수한 가능성이다. 선이 되든 악이 되든 쓰기에 따라서 달라진다. 아직은 나타나지 않은 것이므로 판단할 것이 못된다.

이와 관련해서 『소부경전 자설경(自說經)』에 나오는 한 구절을 여기에다 써 놓고 이해해 보자.

고행만이 청정한 행위라는 생각은 하나의 극단이다. 욕망에 아무 나쁜 점도 없다는 생각 역시 하나의 극단이다.

이런 중도사상이 불교적인 수행과 실천에 있어서 늘 중요시된다는 건 우리들이 익히 아는 바대로이다.

욕망을 무기(無記)라고 했지만, 이것이 표현되어서 나오는 것은 감각기관에 의한 것과 정신작용에 의한 것이 다같이 중요하다. 결코 감각기관의 한 편만을 우선해서 말씀한 것은 아니다. 탐·진·치가 갈애를 일으키어 그것이 상(常)·악(樂)·아(我)·정(淨)의 집착을 만든다고 했을 때는 오히려 정신작용을 더 중시하신 것으로 해석될 수도 있다.

무엇이 상(常)·악(樂)·아(我)·정(淨)인가? 이것은 진리를 거꾸로 본 네 가지 어긋남이다. 무상한 존재를 영원한 것으로 착각했으니 상전도(常顚倒)이고, 고(苦)의 인생을 즐거움으로 알았으니 악(樂)에 꺼꾸러짐이다. 무아(無我)를 자아(自我)로 생각한 것은 아(我)에 집착된 것이고, 부정(不淨)한 인간존재를 청정(淸淨)으로 여긴 것은 정(淨)에 속은 것이다.

이 그릇된 인식에서 벗어나 연기법칙 속에 들어가 쉬는 것을 해탈이라 한다. 열반적정은 이제까지의 집착과 전도에서 벗어나 닿아야 될 목적론이다. 『상응부경전』에 나오는 한 구절을 끌어다 써 보도록 하자.

사리풋타여, 열반 열반하고 말하지만 대체 열반이란 무엇인가/ 벗이여, 탐욕의 소멸, 노여움의 소멸, 어리석음의 소멸, 이것을 일컬어 열반이라 하는 것이다/ 그렇다면 벗이여, 그 열반을 실현할 방법이 있는가/ 벗이여 이 성스러운 팔정도(八正道)야말로 그 열반을 실현시키는 방법이다. 그것은 즉 정견(正見)·정사(正思)·정어(正語)·정업(正業)·정명(正命)·정정진(正精進)·정념(正念)·정정(正定)이다.

결국 이 팔정도의 수행에 의한 탐·진·치의 소멸, 그것이 열반이라고 반복되었다. 경(經)에 의하면 나무가 있음으로써 불꽃이 오르듯 갈애의 불꽃이 타는 건 탐·진·치의 욕망이 있기 때문이라는 것이다. 그러므로 안으로 탐·진·치를 버려 연소될 감을 제공하지 않으면 갈애는 저절로 쉴 밖에 없다. 열반이란 '불길이 꺼진 상태'의 적멸이던 것이다.

이렇게 해서 우리는 고(苦)를 일으키고 고(苦)에 집착하는 연기법칙을 대략 살펴보았거니와, 붇다의 가르침은 힌두교의 바라문들이 주장해온 것과는 달리 그 법이 그때의 사회로서는 전혀 새롭고 엉뚱하고 이단적이었던 것이다.

그러면서도 그 시대 최고의 지성들이 속속 붇다의 제자가 되었던 것은 그의 깨달은 바 법이 그만큼 설득력이 있었기 때문이다. 붇다의 제자들은 잘 모르는 법을 좇았거나, 기연미연한 것을 차차 분명해지리라는 생각으로 따른 사람은 한 사람도 없었다. 충분한 대화를 가진 다음 이것이야말로 분명한 것이라는 생각, 이것말고는 돌아갈 곳이 없다는 신념과 열망을 가져서 귀의한 사람들이었다. 나를 따르라는 한 마디에 무조건 믿는 마음을 내가지고 따라 나서는 예수의 제자들과는 대조적일 정도로 사정이 달라 있었다.

붇다가 설하는 법은 내생의 법이거나 특정된 사람에게서만 나타낼 수 있는 선택법이 아니었다. 누구에게나 똑같은 과보(果報)로 나타나는 현생(現生)의 법이었으며, 알려고만 들면 누구든지 알 수 있는 보편적인 법이었다. 또 실제 그의 제자들이 귀의하기를 원한 도처의 고백문을 보아도 그것 때문이었음을 알 수 있다.

> 법은 세존에 의해 잘 설해졌나이다. 즉 이 법은 현실적으로 증험되는 성질의 것이며, 때를 격하지 않고 과보(果報)가 있는 성질의 것이며, 와서 보라고 말할 수 있는 성질의 것이며, 또 지혜있는 자가 각기 스스로 알 수 있는 성질의 것입니다. (『잡아함경』)

하나의 뜻, 하나적인 의미를 여러 각도로 비쳐서 이야기했다고 보아서 좋을 것이다. 때를 격하지 않고 과보가 나타난다고 한 건 카스트에 얽매인 전통적인 사회제도의 관념을 즉시적으로 해석해 낸 윤회법이다.

막연한 극락왕생이나 사후의 천국을 약속하는 책임지지 못할 투의 것이 아니라 와서 보라고 말할 수 있는 성질의 것이다. 그것은 열려 있는 진리라는 뜻이다. 닫혀 있거나 가려져 있다면 감히 그렇게 자신있게 내대진 못한다. 그렇게 당당할 수 있었던 것은 무엇인가? "대덕이시여, 현상적인 법, 현상적인 법 합니다만, 대체 어떤 것이 현상적인 법이겠습니까?" 이에 대해 붇다는 인간의 감각기관과 그 대상, 그리고 그 사이에서 생기는 집착을 예로 하여 다음과 같이 대답했다.

우파바나여, 여기 한 사람의 비구가 있어서 눈을 들어 무엇을 보았다 하자. 또 그는 그것을 인식하고 그것에 대한 염심(染心)을 일으켰다고 치자. 그때 그는 스스로 반성함으로써 '아! 내 속에 염심이 있구나!' 하고 이해 할 수 있을 것이다. 우파바나여, 그것이 현상적인 법이니라. 우파바나여, 그런데 여기에 또 한 사람의 비구가 있어서 눈을 들어 무엇을 보았다 하자. 그러나 그는 그것을 인식하면서도 그것에 대해 염심을 일으키지 않았다고 치자. 그때 그는 자기 마음을 돌아보고 '아, 나에게는 염심이 없다' 하고 이해할 수 있을 것이다. 우파바나여, 이것이 현상적인 법이니라.

역시 『상응부경전』의 우파바나편에 나오는 이야기다. 잔뜩 큰 것을 기대했던 사람이라면, 부처님 말씀이 겨우 이 정도냐고 맥빠져 할지도 모른다. 또 이 정도라면 누구든지 할 수 있는 대답일 것도 같다. 그러나 그렇기 때문에 붇다가 위대한 것이다.

이 대화는 힌두교의 사제들에 의해 제사와 희생이 요구되고, 카스트 관념이 반석처럼 튼튼하던 인도의 전통사회 복판에서 흘러나오는 이야기다.

이 이야기가 비록 반딧불처럼 작은 것이지만, 하늘의 별처럼 꺼지지 않고 반짝여 오는 고귀한 것임에 틀림이 없다. 그러므로 누구든 열반으로 쉽게 인도할 수가 있었던 것이고, 자기를 버릴 줄 아는 지혜로운 자는 어느 때라도 실천이 가능했던 진리인 것이다.

09
깨달음의 실천

　이미 여러 차례 말해졌지만, 붇다의 깨달음이 깨달아 아는 것으로만 그치는 것이라면 그것이 철학은 될지 몰라도 종교는 못되었을 것이다. 그래서 부처님은 자신의 깨달음을 체득이라, 온몸으로 얻었노라고 몸소 말씀했다. 그것은 수행자가 첩첩이 쌓인 인도 풍토의 한 결실일 수도 있다.

　체득이기 때문에 의심될 것이 없었던 것이고, 한 교단으로서 전해질 수가 있었던 것이다. 깨달음은 아는 것 따로, 실천하는 것 따로가 아니다. 언제나 동시적인 것이고, 나눌 수가 없는 것이다.

　인간은 태어나는 순간부터 운명이 주어지는 것이라고 고집해 온 바라문들의 사상을, 인간은 태어나는 계급에 의해서가 아니라 수행과 깨달음에 의해서 누구나 바라문이 되는 것이라고 뒤집었을 때 카스트는 무너졌던 것이다.

　부처님 제자 중에는 사회적인 신분상으로 네 가지 계급층이 고스란히 있었다. 또 그것이 그들 사이에 말썽이 되어 사소한 자리 다툼의 시비가 생기기도 했다. 그런 태도들을 부처님은 한 마디로 일축하셨다. "여러 갈래의 강이 있어서 저마다 이름이 다를지라도, 강물이 한번 바다에 든 이상은 그 전 이름은 없어지고 대해(大海)라고만 불리운다. 사문도 법을 따라 출가하고 나면 그와 같다." 이런 식이었다.

부처님은 가끔 제자들을 향해 착한 벗과 사귈 것을 강조했다. 수행자가 착한 벗을 갖는다는 것은 마치 여행자가 길을 가는 데 좋은 동반자를 만나는 것과 같아서 수행의 성취와 실패가 벗을 얻는 데 따라서 결정된다고 하시는 정도였다.

그것은 그 당시의 아리아인들의 복잡한 사회구조, 외도와 이방인이 얼마든지 들끓는 혼란스런 상황에서, 그들의 수행이 자칫 미끄러질 수도 있는 위험을 경계하신 것으로 보인다. 풍속이 다른 여러 형태의 사람들이 같은 성벽 안에서 함께 섞일 때, 우정에 대한 덕목이 생겨나고 벗에 대한 소중함이 말해지던 것으로 보아 좋을 것이다.

가령 그리스 사람들은 네 개의 부족이 한 폴리스에서 살았고, 로마의 경우에는 개성이 각각인 세 개의 부족이 같은 성 안에서 복닥거리고 살았으므로, 시세로가 『우정에 대해서』라는 책을 지어 특별한 찬사를 보낸 것이라든가, 플라톤이 그의 『대화편』에서 "하나의 진정한 벗은 만 명의 친척보다도 낫다"고 한 것 등은 인생에 있어서 착한 벗이 무엇인가를 드러낸 실례들이라 할 것이다.

부처님이 계시던 왕사성(王舍城)이나 사위성(舍衛城)의 구조와 형편도 대개 저들과 비슷한 무렵이었고 얼추 같은 상황이었을 것을 감안한다면, 착한 벗의 이해는 보다 생동감어린 현실로 다가선다. 그러면서 착한 벗 이상으로 중요하게 말씀하신 것이 수행자의 계율이다.

비구들이여, 이것이 고(苦)의 멸진(滅盡)의 성제(聖諦)다. 마땅히 알라.

이 갈애를 남김없이 멸하고, 버리고, 벗어나서 더 이상 집착함이 없기에 이르는 일이다. 비구들이여, 이것이 고(苦)의 멸진에 이르는 길의 성제다. 마땅히 알라. 성스러운 팔지(八支)의 길이니, 정견·정사·정어·정업·정명·정정진·정념·정정이 그것이다.

이로써 보면, 착한 벗에 대한 강조는 주변과 환경에 대한 조심을 게을리 말라는 것으로 보이고, 계율은 내면으로 파고드는 수행의 실제를 위해 붙들어야 될 의짓대로 보아 틀리지 않는다.

"무엇보다 계(戒)를 지킬 것, 그리고 오근(五根)―오관(五官)을 제어할 것, 다음에 정념(正念)과 정지(正知)를 성취하여, 지혜로써 번뇌를 누르고, 온갖 집착과 불선(不善)을 떠나 점차 무상안온의 경지인 열반에 들어갈 것."(『중아함경(中阿含經)』) 이것은 명백히 밖으로부터 조심하여 내면으로 파고 들어가라는 가르침이다.

후세의 중국 불교가 계율을 해석하여 '강을 건너는 뗏목'이라 했거니와, 그것은 중국 불교의 한 특질적 표현에 지나지 않는 것이요, 부처님으로서는 열반 때를 당하여 뒷일을 묻는 아란존자에게 이계위사(以戒爲師)――계율로써 스승을 삼아가라――고 하실 만큼 계율 수행에 대한 당부가 각별하셨다.

그런데 이 열반 당시의 이계위사를 생각하면 함께 생각나는 또 하나의 이야기가 있다. 어느 때 부처님은 성문 밖 옹기장이 집에서 앓고 있는 박카리 비구를 방문하신 적이 있었다. 그때 박카리는 부처님을 뵙자 너무 감격하여, 임종자의 마지막 소원으로 부처님의 발에 입맞추는 정례(頂禮) 의식을 허락하기를 청했다.

그때의 부처님 말씀을 경전은 이렇게 적고 있다. "그만 두어라, 박카리야. 이 썩을 몸을 보아서 무엇하겠다는 것이냐? 박카리야, 법을 보는 사

람은 나를 볼 것이요, 나를 보는 사람은 법을 보리라." 어느 때는 등이 아
프다고 엄살을 했던 부처님이다.

그런데 나에게는 이런 구절들이 왜인지 십자가에 달려서 부르짖던
예수의 애처로운 모습과 연결이 되곤 한다. "엘리, 엘리, 라바 사박다니."
두 분 다 우리 따위로서는 닿기 힘든 큰 사람들이다. 그러나 "그만 두
어라 박카리야, 이 썩을 몸을 보아서 무엇하겠다는 것이냐?" 하고 힘차게
잘라 말하는 샤카의 모습과 "엘리, 엘리……"하고 부르짖는 예수의 모습
에서는 애처로운 무엇이 걷잡을 수 없이 호소해 옴으로써, 이상한 동질감
을 만드는 것만 같아서다.

나는 어느 한 편이 애처로왔고, 어느 한편이 당당했다는 따위의 비교
를 위해서 이것을 적는 것은 전혀 아니다. 예수의 모습에서 우리는 수천
년을 핍박으로 지새우는 속에서 메시아를 기다려 번제를 드리던 유태 민
족이 절박한 상황에 처한 번제양의 울음소리를 듣는 것 같은 대신에, 제사
와 희생을 집어치우고 인간의 두 다리로 대지 위에 버티고 선 인도인 사이
에 가로놓이는 어떤 상관관계가 느껴지기 때문이다. 제사를 가진 민족의
희망과 제사를 벗어 던진 사람의 자부심같은 것인지도 모른다. 그러나 이
들 중에 어느 쪽이 강하고 어느 쪽이 약할지는 아직 판단이 이르다.

부처님의 가르침은 삼라만상간에 벌어지는 일체의 의심을 인간의
내면 속으로 집어넣고 다지고 다져서 그것이 푸른 돌이 될 정도면 마침내
깨우치게 되는 그런 방법의 가르침이었다. 그래서 제자들과 무리를 지어
사는 동안에도 각기 자신을 돌아보고 반성하는 기회를 자주 가졌다. 오늘
의 승단(僧團)에 전하는 포살과 자자가 그것이다.

엄밀히 말하면 포살은 부처님 이후로 제자들이 결집(結集)을 거듭하
면서 생긴 의례이고, 자자는 부처님 생존시에 이미 시행되고 있던 승단적
의식이다.

자자는 3개월 결제가 끝나는 마지막 날에 전체 대중이 한 자리에 모여 공부기간 동안 보고 듣고 의심된 것들을 털어놓고, 서로간 허심탄회하게 의견을 주고받는 짓이다. 여기에는 평소의 상하간 질서를 두지 않았으므로, 장로 비구나 새로 입교한 비구나간에 간격이 없다. 어디까지나 일대 일의 자세, 홀가분한 마음들로 자기의 잘못을 지적받고 싶어하는 탁마(琢磨) 의식일 뿐이다.

『아함경』이 전하고 있는 부처님 당시의 자자행사 모습을 잠간 보자. 그 날은 보름날이었고 둥근달이 환하게 비추는데 부처님을 위시한 전 대중이 마당 가운데 빙 둘러앉았다. 그때 한 비구가 일어나 개식선언을 한다. "대중은 들으시오. 오늘은 자자가 있는 날, 만약 대중에게 이의가 없다면 교단은 자리를 베풀려 하오." 이렇게 해서 먼저 부처님 자신이 나와 자자를 행한다. 교단의 규칙에 의해서 웃사람부터 시작하는 것이 옳기 때문이다.

대덕들이여, 나는 이제 자자(自恣)를 행하노니, 대덕들은 내 행위와 내 언어에서 무엇이든 비난할 만한 것을 보고, 듣고, 또는 미심쩍은 생각을 가지지 않았던가? 만약 그런 것이 있었다면, 나를 가엾이 여겨 부디 지적해 주오.

부처님은 합장한 손을 높이 쳐들고 비구들 앞에서 자자의 말씀을 세 번 반복하자, 엄숙한 침묵이 장내를 뒤덮었다. 침묵은 청정을 긍정하는 것이 된다.

부처님이 합장한 손을 내리고 자리에 앉으면 다음 차례자가 자자를 시행한다. 이렇게 장로들로부터 시작하여, 교대 교대 모든 비구가 합장한 손을 쳐들면서 동료 비구들을 향해 간절하게 세 번씩을 반복하여 청한다.

대개는 지적받을 일이 없는 사람들이므로 그냥 넘어가지만, 어쩌다 지적 받을 짓이 있는 비구의 차례가 오면, 대중은 기탄없이 허물을 지적해 주어야 한다. 허물이 지적된 비구는 대중 앞에 나아가 극진히 삼배(三拜)를 하고, 대중의 은혜에 감사해야 하며, 허물이 드러나진 데 대해서 다행스럽게 생각할 뿐만 아니라 다시는 그런 일이 없도록 스스로 조심할 것을 서원한다. 그런 후에 차례는 다음으로 넘어간다.

어디까지나 자신의 수행을 위한 탁마이므로, 분위기는 화기애애하고 활기에 넘친다. 이런 일이 거듭됨으로써 승단은 청정해지고, 수행도 깊어지게 된다.

포살도 자자와 크게 다르진 않다. 부처님이 가시고 난 후의 일이므로 청정한 율사 한 사람이 대중 앞에서 대중을 대신하여 부처님의 계율을 반복해서 잃고 외움으로써, 대중이 각자의 수행을 돌아보고 허물을 반성하여 교단의 청정을 유지한다의 정도의 차이일 것이다.

10
걸식乞食과 포교

여기까지 읽어 오는 동안에 제일 중요한 문제가 빠져 있다고 궁금해
하는 사람이 있었을 것이다. 식생활을 어떻게 해결했느냐다. 인도 사회에
는 옛부터 수행자에게 밥을 주는 풍속이 있었다. 수행자를 특별히 우대하
는 그들 사회의 한 유산일 것이다.

그래서 부처님도 늘 걸식을 했다. 숫자가 많거나 작거나 걸식으로
살아갈 밖에 없는 사람들이다. 대개 1천 2백 5십 비구중(比丘衆)이라 하
여, 그 무리가 웬만한 촌락의 인구에 맞먹을 대규모 집단이었지만, 언제
나 걸식을 한 것으로 나타난다.

대신 수행자는 하루 한 끼로 살아야 했다. 지금 절집에서 사시(巳時)
공양이라 하여, 점심 이전에 법당에 마지(摩旨) 올리는 시간이 부처님의
식사시간에 해당한다.

힌두스탠같은 부(富)라 했지만 거기도 가뭄이 계속되거나 홍수로 큰
물이 지게 되면 사람들 생활이 어려웠다. 그런 때는 여기저기 밥을 줄 만

한 고장으로 옮겨 다니면서 수행을 했고, 끼니에 찾아가 밥을 못 얻으면 굶는 일도 허다했다.

도대체 그런 걸식패들이 부처님 제자들 말고라도 너무 많은 것이 인도다. 여기처럼 사람이 죽으면 장례의식이 있다거나, 독경으로 불공으로 밥을 벌 수 있는 곳도 아니다. 그런 것은 처음부터 없다. 그러니 웬만하면 들어앉아 농사라도 지으면서 수행이든 뭐든 하면 좋으련만, 그들은 아득한 바라문 시절부터 그런 것은 생각해 본 적도 없는 듯싶고, 그것이 피차에 불편하다고 여긴 적도 없는 사람들이다.

경전에도 걸식에 대해서는 이렇다 하게 전하는 것이 없다. 다만 걸식을 나갈 때는 위의를 갖춘 다음 발우(鉢盂)를 챙겨들고 의젓하게 해야 된다는 것 뿐이다. "내 하는 일이 가치가 있다고 생각되거든 이 바리때에 음식을 담아 주시오" 하는 태도라야 한다는 것이다.

비구의 걸식은 하루 일곱 집 이상을 못 돌게 되어 있다. 일곱 집을 돌기 전에 음식이 차면 더 안 갈 수는 있지만, 못 얻었다고 해서 그 이상을 도는 것은 비구의 걸식이 아니었다. 또 부잣집과 가난한 집을 차별해서도 안된다. 한 골목에 들어서면 무조건 차근차근 비는 차제걸이(次第乞己)의 걸식이어야 했다.

그러나 더 이상 설명이 없는 이 정도의 시사만으로도 우리는 여러 가지를 알아차릴 수가 있지 않을까? 우선 일곱 집 이상을 못 다니게 했다면, 일곱 집 정도를 돌아다녀서야 한 그릇 밥을 채울 수 있었기 때문일 것이다. 그러고도 빈 발우를 그냥 들고 들어오는 날은 굶는 날이다.

한 사람의 비구가 굶는다는 것은, 그가 다닌 일곱 집 식구가 같이 굶주리거나 배가 고프다는 사실의 증명이다. 무슨 기근이 들었건 홍수 탓이건 간에 이들은 수행승에게 밥 한 덩이를 못 나누어 줄 만큼 형편이 궁핍한 것이다.

또 시절이 좋아 밥을 얻어 왔다고는 해도, 일곱 집의 밥이 담긴 바리때를 내려다보고 있노라면 당장에 사회대중의 생활이 어떻다는 것이 느껴졌을 것이다. 사람들이 요즘 무슨 곡식을 많이 먹는지, 세금을 어떻게 내고 있는지, 부자와 가난한 자의 차이가 어떤지, 그런 것부터가 한 눈에 집혔을 것이다.

그런 밥을 먹는 비구라면 결코 공부를 소홀히 할 수가 없을 것이다. 밤중에 세리(稅吏)가 찾아와 회개하면서 새 사람이 되는 예수의 경우와는 달리, 모든 위정자를 향하여 항상 선악의 과보(果報)를 설파하던 부처님과 그 제자들이 까닭이 있었지 않을까?

위정자의 존경을 받으면서 위정자 위에 꿋꿋이 군림할 수가 있었던 승단의 비밀은 사실은 바리때 그늘에서 비치는 그들이 정치백태(政治百態)를 민감하고 예리하게 파악하는 현실감각 때문이었을 것이다.

비구(比丘)라는 말을 새겨 걸사(乞士)라, 포마(怖魔)라, 파악(破惡)이라, 제근(除饉)이라, 근사남(勤事男)이라 하는 뜻들이 무엇일까? 얻어 먹기 때문에 걸사라는 것이요, 마군(魔軍)이 두려워하기 때문에 포마이며, 모든 사회악을 깨뜨리기 때문에 파악이다. 백성의 굶주림을 없애 주기 때문에 제근이라는 것이고, 그런 일들을 부지런히 해내는 대장부라서 근사남이다.

무엇이 악이고 무엇을 마군이라 하는가? 말에 속고 글자에 속아서는 안된다. 부처님은 악마가 무엇이냐고 묻는 라다에게 "악마란 놈은 밖에 있는 것이 아니라, 우리들 감각기관에 의해서 야기되는 내재적인 놈"이라고 대답하는 분이다.

감각기관이 악마가 아니라, 그것의 지나친 욕망과 사나움이 악이다. 사회 대중을 위해서 만들어진 기구나 제도장치가 자칫 폭력을 부리게 되면 그놈이 곧 악마이고 마군이다. 그것을 항상 감시하고 바로 해 가기 때문에 수행자는 끼니마다 밥을 달라는 명분이 서는 것이고, 사회는 사회대로 성의찬 공양을 베푼다.

걸식의 속뜻은 진실로 여기에 있음이다. 그것이 경전 속에 자세하게 적혀지지 않은 것은 인도인들의 수천 년 걸식 풍토로서, 그것을 적는다는 것이 오히려 이상한 것이 되기 때문에 그냥 지나쳤던 것 뿐이다.

걸식 속에 담긴 뜻은 그것만이 아니다. 수행하는 비구는 중생을 위해, 중생은 또 수행자를 위해 서로 만나야 된다. 생활 속에서 문제가 많고 답답한 일이 많은 중생은 비구를 만나 그 얽힌 사정을 털어놓는 일이 종종 있다. 또 그럴 수밖에 없다. 부처님 자신이 그렇게 경험한 것만도 여러 번이고 경전 속에 묻힌 사례도 수없이 많지만, 오늘 우리들 시대에서도 그 짓만은 되풀이되고 있다.

어찌 생각하면 비구가 하루 한 번씩 바리때를 들고 나오는 것은 그 속에 식은 밥덩이를 가져가기 위해서가 아니라, 중생의 눈물과 괴로움을 담아 가기 위한 것일 것도 같다.

나무가 탄산가스같은 나쁜 공기를 먹을 때 제 빛깔을 지니는 것처럼, 비구는 중생사회의 비애와 온갖 슬픔의 찌꺼기를 걸러 먹고 살 때 제 값을 지니는 사람이다. 그래서 청정한 비구가 있는 사회에는 탁한 문제가 없다. 그들이 끊임없이 여과작업을 해내기 때문이다.

이런 불교의 세계는 지배자와 피지배자, 가진 자와 못 가진 자 사이의 알력과 충돌이 분쟁의 원인이 되어 온 서양사회에 비해서 세계와 도덕을 이해하는 차원이 근본부터 다르다. 서양이 밖을 향해 뛰는 세계를 구현해 왔다면 불교는 반대로 내면으로 파고들어 갔고, 저들이 피아(彼我)의 관계적 역사를 수립했다면 이쪽은 늘 개체의 완성이 중시되어 왔다.

그런데도 저들의 역사는 끊임없이 평면으로만 치뻗는데, 오히려 이쪽은 입체감이 있다. 요컨대 기독교가 횡적 역사라면, 불교는 종적인 역사다. 개체 속에 전체를 머금어 버리는 연역의 역사요, 어떤 경우에도 상대적으로 쪼갤 줄을 모르는 통짜배기 개체 완성의 역사다.

그래서 불교의 역사는 게으르고 후진적인데다 정적이고 수동적이지만, 그 속에는 비련적이면서 아름답게 피는 생명의 승화가 있다. 걸식을 나갔다가 허탕을 치고 오면서 식욕의 유혹을 받는 부처님을 볼 때 그런 것이 훈훈하게 느껴진다.

걸식을 못한 것은 흉년 때문이 아니라 그 마을의 어떤 축제 때문이었다. 마을 사람들이 모두 축제 기분에 들떠 부처님의 걸식을 돌아보지 않은 것이다. 그냥 돌아오는데 길 위에서 마라[악마]가 나타나 수작을 부렸다.

사문이여, 음식을 얻었는가?/ 얻지 못했다/ 그러면 다시 한 번 마을로 돌아가라/ 이번에는 공양을 얻을 수 있도록 내가 해주겠다.

그러나 부처님은 그것을 단호히 거부했다.

음식은 비록 얻지 못했다 해도/ 보라, 우리들은 즐겁게 사나니/ 이를테면 저 광음천(光陰天) 모양/ 기쁨을 음식 삼아 살아가리라.

이것은 마음 속으로 오고간 자문자답이다. 다시 돌아가면 축제도 끝났고 밥도 얻을 것이다. 그러나 거지의 구걸이 아닌 이상, 엄격한 법식이 있었고 교단과 중생사회를 떠받치는 더 큰 수행심이 있어야 했다. 법을 어기고 음식을 얻는 것보다는 법에 의해서 얻지 못하는 것이 더 큰 행복이고 자랑이었던 것이다.

이런 굶주리는 자랑과 행복은 비구들만의 외고집같은 것은 아니다.

물론 그들은 수행자가 지켜야 할 교단의 율법 때문에 어느 정도는 자기를 극복하고 지키는 의무로써 행하는 것이지만, 그것이 버릇으로 굳고 생활이 될 때는 그 율법은 어느새 그 사람을 채우고 넘쳐서 도회 대중 속으로 흘러 들어 사회의 율법이 되어 버린다.

사회 대중은 자기들도 모르는 사이 그런 율법이 자기 것이 되어, 사람 사이의 모든 관계에서 청정한 심리가 작동되면 겸손하고 양보하는 좋은 풍토가 조성되는 것이다.

그러기 때문에 특별한 포교나 전도생활이 없는 것이 불교다. 그저 일상생활 그대로가 수행의 과정으로 인식되어 회전하는 그것으로 충분했지, 일부러 항목을 만들어 수행과 포교를 구분할 것이 없다. 그러나 반드시 그렇지만은 않았던지, 부처님 당시인데도 포교라는 말이 비친다.

비구들아, 포교를 떠나라. 많은 사람들의 이익과 행복을 위해, 세상을 불쌍히 여기고 인천(人天)의 이익과 행복과 안락을 위하여, 그리고 두 사람이 한 길을 가지 마라. 비구들아, 처음도 좋고, 중간도 좋고, 끝도 좋으니, 조리와 표현을 갖춘 법을 설하라. 또 원만무결하고 청정한 범행(梵行) 설하라. 사람들 중에는 마음에 더러움이 덜한 자도 있거니와, 법을 듣지 못한다면 그들도 악에 떨어지고 말리라. 들으면 법을 깨달을 것이 아닌가. 비구들아, 나도 또한 법을 설하기 위해 우루베라의 마을로 가리라.(『상응부경전』)

이 말씀은 부처님이 첫 설법을 하신 녹야원(鹿野苑)에서 비로소 60명의 제자들을 얻고 그들에게 말씀한 것으로 되어 있다. 고행을 포기하고 독한 마음으로 깔고 앉은 엿새만에 깨달음을 얻었으나, 세상에 통해지지가 않을 것 같은 진리였다. 그래서 이 법을 설해볼까 그냥 말까 생각이 많다가 결국 설하는 쪽으로 마음을 굳혔다.

그러나 누구를 만나서 설해야 될 것인가가 또 문제였다. 생각 생각하다가 옛날의 스승들(아라라카라마, 웃타카 라마풋타)을 표적했다. 그 분들이라면 말이 통해질 것도 같다. 이런 생각이 든 것이다. 그러나 그 분들은 이미 이 세상이 있지 않다는 것이 판명되었다.

그 다음으로 떠올린 것이 옛날 고행을 같이했던 다섯 비구다. 그들은 자신의 고행 포기를 타락으로 간주하고 도망쳐 버렸다. 그들이 미다가야―녹야원―에 있다는 소문이 들렸다.

미다가야로 향해 가던 붇다는 숲속에서 자기와 같은 한 사문을 만났다. 그는 인간의 의지보다 운명론을 믿는 외도로 '우파카'라 전하거니와, 그가 자신감으로 넘치는 붇다를 보자 먼저 말을 걸어왔다.

"존자여, 당신의 얼굴은 참으로 광명에 차 있습니다. 누구에 의해 출가했고, 누구를 스승으로 모셔 가르침을 받습니까?" 요컨대 수행자 세계의 소속을 묻는 것이었다. 이 때의 대답이 유명한 "천상천하유아독존(天上天下唯我獨尊)"이다. 일체를 뛰어 넘어 스스로를 스승으로 삼아서 성취한 정각(正覺)이란 뜻이다. 그는 고개를 설레설레 흔들고는 가 버렸다.

녹야원에서 만난 옛 도반들도 처음에는 잘 상대하려고 들지 않았다. 다만 고오타마의 얼굴을 보아 예삿일 같지가 않았으므로 무슨 공부를 어떻게 했는지 들어나 보자는 식이었다. 이때의 설법을 불교에서 초전법륜(初轉法輪)이라는 엄숙한 표현을 쓰거니와 그것이 사성제(四聖諦)로 풀이되는 연기법칙이었다.

부처님의 일생설법은 대기설법(對機說法), 즉 사람들의 근기(根氣)에 따라, 혹은 문제에 따라 자유자재로 구사해 내는 설법인데, 단 한 번의 예외가 초전법륜시의 설법이다. 혼자서 일방적으로 이야기를 이끌어 갔던 것이다. 처음에는 콘단녜교진여(憍眞如)]가 깨달았고, 다른 사람도 차례차례 깨달아 갔다.

물론 여러 날이 걸렸고 아직 붇다의 깨달음에 사용할 만한 한 개의 전문술어도 없었으므로 비유와 방편을 들어 끈기있게 설명할 수밖에 없었다. 그것이 이웃으로 알려지면서 가르침을 받으러 오는 사문이 있게 되었고, 그렇게 모여서 법을 얻은 비구가 60명이었다. 위에 든 게송은 그 60명에게 포교를 떠나 보내면서 타이른 말씀이다.

물론 포교라 해서 오늘 우리들이 상상하는 것 같은 우리들 방식의 포교는 아니다. 그저 60명을 사방 각처로 흩어 보내는 것 뿐이다. 그들도 거기 가서 무슨 특별한 짓을 하는 것은 아니다. 다른 수행자들 틈에 섞여 명상에 잠기고, 함께 걸식을 다닌다. 그런 행동거지 하나 하나가 그대로 포교인 것이다. 사람들의 문제와 만나면 그때그때 대응해서 법을 설해야 한다.

그러나 이 법만은 지금까지 나타난 일이 없는 것이기 때문에 효과가 클 줄 안다. 무엇보다 현실적으로 증험되는 것이고, 때를 격하지 않고 과보가 있는 것이고, 와서 볼 수 있는 것이고, 누구든지 들어서 알 수 있는 것이기 때문이다.

붇다 샤카는 그 이상의 효과를 기대했을 것은 없다. 그저 새로운 천지에 이 법을 심어 주는 것—그 정도로 만족을 삼자했을 것이다. 자기의 이름을 내자거나 그런 것을 위해서가 아니라, 그렇게 하는 것이 인천(人天)의 이익과 행복과 안락이 됨으로다.

그런데 많은 사람들의 이익과 행복이 다시 인천(人天)이란 말로 반복되는 것은, 생명세계의 전체를 연(衍)하여 내는 방식이다. 사람만이 귀중한 것은 아니다. 한 마리의 들짐승이나 곤충까지도, 혹은 보이지 않는 귀신과 허공까지도, 삼라만상의 유정(有情)·무정(無情)의 일체를 통칭하는 말이다.

불교가 인간사회를 말할 때, 무언중 짐승의 세계까지를 섭렵하여 언필칭 중생이라 하는 따위가 그것이다. 너희가 감으로써 뭇 생명의 세계가 편안하고 안락해질 것이라 격려하시는 말씀이다.

　중생사회의 번뇌와 고통을 만나거든 어떤 원칙적인 공식이 있다고 생각하여서 이야기를 근본적으로 어렵게 전개하는 짓을 조심하여라. 처음도 좋고, 중간도 좋고, 끝도 좋으니 그들의 이해와 납득의 정도를 헤아려서 알아듣도록만 법[이치]을 설하여라.

　또 말만 잘하려고 하지 말고 청정한 범행(梵行), 즉 거룩한 수행의 태도를 놓지 말아서, 참답게 깨달은 법을 몸으로 실천해서 보이라. 그러면 그 사람들도 알아듣고 우리의 법을 깨달을 것이다.

　대개 이런 뜻으로 말씀을 마친다.

　그런데 한 가지 주의가 따른다. 두 사람이 한 길을 가지 말라고 한 점이다. 왜 두 사람이 같은 길을 못가게 했을까? 예수는 열 두 제자를 오히려 둘씩 둘씩 짝을 지어 보냈다.(마르코 복음서, 6 : 7) 그러면서도 마음이 안놓였다.

　"이방인의 길로도 가지 말고, 사마리아인의 성에도 들어가지 말고, 차라리 이스라엘의 잃어버린 양에게로 가라"(마태오 복음서, 6 : 7)고 가르쳤다. 무엇인가 위험이 도처에 도사리고 있는 것만 같은 투다. "이제 내가 너희를 보내는 것은 마치 양을 이리떼에게 보냄과 같도다. 그러므로 너희는 뱀같이 슬기롭고, 양같이 순하라. 사람들이 너희를 공회(公會)에 넘겨주겠고, 저희의 회당에서 채찍질하리라."(마태오 복음서, 10 : 16)

　이런 기독교 복음서의 구절을 인용하는 것은 이 양자를 비교시킴으로써 기독교와 불교가 각각 어떤 풍토 위에 놓여 있는가를 다시 선명하게 드러내기 위해서이다. 물론 기독교의 풍토가 거칠기 때문에 그 고장 사람들이 유순하고 부드러울 수는 없다. 사소한 시비로도 극한의 상황을 쉽게 벌일 수가 있는 사람들이므로, 다른 신과 다른 종교를 주장해 오는 이들에게 어떤 폭력을 쓸 것인가도 짐작된다.

전도(傳道)를 위해서 제자들을 이방인 사이에 흩어 보내는 조건은 불교나 기독교나 같다. 또 두 개의 상반하는 교리가 인간 내면의 양심과 신, 혹은 죄와 지혜를 지적했다는 점에서도 비슷하다. 단, 그것이 하나는 불교적으로 나타난 것이고, 하나는 히브리적으로 나타난 것 뿐이다.

그러나 기독교는 그 전도에 있어서도 어느 정도 전투적이고 야무진 데가 있는 반해서 불교는 우호적이고 평화적이다. 이 말을 다른 방향으로 전회시킨다면, 불교가 대화적이고 포용적이었는데 기독은 일방적이고 획일적이었다 할 것이다. 한쪽이 때려 박아서 맞추는 식이라면, 한쪽은 구을러 돌려서 저절로 맞도록 한다.

붇다의 제자들은 대개가 많이 배우고 지적이었지만, 예수의 제자들은 가난하고 무식한 사람들이 많았다. 그들은 예수를 접하는 순간 "나를 따르라" 하면, 왜 따라라 하는 것이며 구체적으로 무엇이 어떻게 되고 있어서 그러냐는 식의 의문과 질문이 없다. 그저 하던 일을 획 집어던지고 따라나서 버린다.

그러나 붇다의 제자들은 지루할 정도의 대화들이 오고 간다. 충분히 검토해 보고 알아본 다음에 마침내 그것이 현실 속의 진리여서 따를 만한 가치가 있다는 것을 확인하고야 귀의하는 것이다.

그래서 붇다의 논조나 어세에는 예수에서 보는 것같은 열변이 없다. 어디까지든지 차분하고 조용조용하다. 그 분위기에는 도란거리는 시냇물과 곁에 선 나무와 살랑거리는 바람 한 줄기까지도 동참으로 녹아들어 버리는 평화가 있다.

예수의 이야기가 대체적으로 강력하고 웅변적인 것은, 늘 강력한 적들을 의식하는 풍토의 긴장감 때문일 것이다. 그것이야말로 참으로 어쩔 수 없는 불가피성이 아닐까?

또 너희는 나 때문에 총독과 왕에게 끌려가 재판을 받으며, 그들과 이방인들 앞에서 나를 증언하게 될 것이다. 그러나 잡혔을 때에 무엇을 말할까 염려하지 말라. 때가 오면 너희가 해야 할 말을 일러주시리니, 말하는 이는 너희가 아니라 너희 안에서 말씀하는 아버지의 성령이시다. 형제가 서로 잡아 넘겨 죽게 할 것이며, 아비도 자식을 그렇게 하고 자식도 제 부모를 고발하여 죽게 할 것이다. 또 너희는 나 때문에 모든 사람에게 미움을 받을 것이다. 그러나 끝까지 참는 자는 구원을 얻으리라.(마태오 복음서, 10 : 18~22)

좀 다른 이야기가 되겠으나, 공자의 이야기가 대체로 이런 일방적인 이야기가 아닌가 한다. 그도 제자들과 많은 이야기를 하지만 언제라도 당위적인 입장에 서서 말한다. 그는 항상 옳고 항상 바르고 항상 전체다. 그래서 이야기 분위기가 늘 훈장과 생도의 관계처럼 공자를 위에다가 모셔 놓은 다음 진행된다. 그것이 훗날 유가들이 공자를 우상화하면서 된 버릇일까? 거기에 비하면 소크라테스는 훨씬 인간의 냄새가 난다.

만약 예수와 공자를 한 묶음으로 묶을 수 있다면(물론 말도 안되는 소리지만), 소크라테스와 붇다는 나란히 세울 수 있는 사람들이다. 전자가 "믿는 사람"들이면, 후자는 "생각하는 사람"들이다. 소크라테스도 늘 대화를 통한다. 그러나 공자 방식의 닫힌 대화가 아니라 피차 허심탄회한 기분으로 옷깃을 풀고 동등한 처지에 마주 앉게 하는 대화이다.

충분히 말하게 하고 열심히 들어 주고, 그러는 가운데 한 가지씩 이해시키고 가르쳐서 신념에 닿게 한다. 유럽인들이 소크라테스에게 "인류의 스승" 칭호를 주는 것이 그럴 만한 일인 것이다.

붇다의 대화가 늘 차분했던 것, 이를테면 노호(怒號)하고 절규하는 예언자의 말투나 격렬하게 청중을 뒤흔드는 연설, 혹은 성령에 충만하여 권위를 앞세우는 기독교의 부흥회와 달리, 시종 고요하고 흥분없는 어조로 일관했던 건 그 풍토의 넉넉함에서 유발된 전형으로 보아 마땅하다.

그렇다고 적이 없어서가 아니다. 지금부터 붓다와 그의 제자들이 만나는 사람들은 전혀 외도(外道)들이므로 처음이든, 중간이든, 끝이든 결말을 살피어 잘 이해되도록 이끌어야 할 상대들이다. 그들이 어떤 의미에서는 더 강력하고 질긴 적이었을지도 모른다.

11
원시교단의 성립

붇다가 마가다국에 머물 때 에카사라―일위(一葦)―라는 마을에 걸식을 나갔다가 당한 일이었다. 그 집 주인은 일꾼들을 지휘하여 씨 뿌릴 준비 작업을 서두르다가 마침 걸식을 나온 붇다를 보고 힐문조의 질문을 던졌다. "사문이여, 나는 밭 갈고 씨 뿌려서 내가 먹을 식량을 마련하고 있소. 당신도 또한 스스로 밭 갈고 씨를 뿌려서 당신이 먹을 식량을 마련하는 것이 어떻소?" 이 평범한 듯 싶은 질문은 많은 사람들에게 왈칵 새 눈을 뜨게 할 것으로 여겨진다.

놀고 먹는 것은 어느 풍토를 막론하고, 또 누구를 막론하고 죄다. 특히 오늘 같은 역사 풍토에서, 한국의 비구들을 향해 일부 종교인이나 지식층이 이와 똑같은 질문을 던지고 있는 것도 사실이다.

이에 대한 붇다의 즉시적인 대답은 "옳은 말이다. 나도 밭 간다. 나도 밭 갈고 씨를 뿌려서 먹을 것을 얻고 있다"는 것이다.

이 엉뚱한 대답에 주인은 이윽고 다시 물었다.

"사문이여, 우리들은 누구 하나 당신이 밭 갈고 씨 뿌리는 것을 본적이 없소. 대체 당신의 보습은 어디에 있소? 당신이 밭 간다 한 것은 무슨 뜻인지 나는 묻고 싶소."

나로서는 붇다가 무슨 대답을 하건, 여기까지만으로도 충분히 음미할 가치가 있다고 보인다. 그것은 3천 년 전의 이 질문이 너무 옳고 무엇인가로 우리들 가슴을 찔러 오기 때문이다. 이에 붇다는 게송을 읊어서 대답한 것으로 되어 있다.

"믿음은 내가 뿌리는 씨, 지혜는 내가 밭 가는 모습/ 나는 몸에서, 입에서, 마음에서 나날이 악한 업(業)을 제어하나니, 그것은 내가 밭에서 김 매는 것/ 내가 모는 소는 정진(精進)이니, 가고 돌아섬 없고 행하여 슬퍼함 없이, 나를 편안한 경지로 나르도다/ 나는 이리 밭 갈고, 저리 씨 뿌려 감로(甘露)의 과일을 거두노라."

이 즉흥적인 대기(對機)설법은 과연 깨달은 자의 웅변이라 할 만하다. 아무리 보아도 이치에 맞는다. 미끈하고 아름답다. 아마 주인도 즉석에서 알아듣고 즐거이 공양을 베풀었을 것이다.

공자도 번지라는 제자가 농사 짓고 채소 가꾸는 일을 묻자, "나는 농사꾼만 못하다"고 일축해 버린 적이 있었다. 그리고 다른 제자들 앞에서 번지를 평해 "위인이 잘게 논다"고 입맛을 다셨던 것이다.

여기서 잠깐 생각해 보고 싶은 것은 인간사회에서 주고받는 이해 관계다. 재능이 다르고 습관도 다르고 하는 짓도 다른 천차만별한 사람들이 하나의 모듬체계를 구성할 때, 이들이야말로 제가 살기 위해 제 필요에서 모여든 것이지, 누구를 위하자는 생각에서 한 짓은 아니다.

이 정직한 이기주의야말로 가장 근원적인 자기표현이다. 달리 말한다면 자기를 위해 자기 때문에 존재하는 것이 생명이다. 이것만은 절대적이다. 결코 남을 위해서라거나 남 때문에 자기를 희생하는 것이 요구될 수는 없다. 그것은 생명의 법칙을 기만하는 역천(逆天)행위일 뿐이다.

언제고 잘못된 도덕, 그럴듯한 표어나 내거는 교육이 사람을 해친다. "대의(大義)를 위해 소아(小我)를 희생한다"는 따위가 그런 예이다. 생명에 큰 것 작은 것은 없는 법이다. 천하를 다 준대서 제 생명을 내놓을 바보는 없다. 그런데 그런 구호가 공공연히 강조되는 것이 금세기 교육의 사례이다.

그런 잘못된 교육의 독을 마신 지식인들이 불교를 향해서 사회의 밑거름이 되라고 내대는 것이 어제 오늘의 추세다. 그런 구호는 불교 내부에서도 일어나 열심히 호응받는다. 나라가 망할 조짐이다.

제대로 염려하는 사람이 있다면 순서가 그렇게 되어 먹진 않는다. 우선 자기부터가 자기 생명을 기르는 공부를 할 것이다. 손가락 하나를 희생시켜서 천하가 이롭다고 해도 그럴 수 없노라고 사절하고 자기 생명 속으로 파들어 갈 것이다.

그렇게 파들어 가다 보면 그는 필경 자기 속에서 이웃과 사회와 세계를 하나로 만나게 된다. 그런 법이다. 그리하여 그 생명 공부가 익어지면, 그 사람은 사회와 이웃을 제 생명과 함께 동시적으로 생각할 것이다. 너 따로, 나 따로가 없어짐이다. 민족사이든 세계사이든 역사 속에서 소금맛을 내고 가는 충의열사가 그런 사람들일 수 있다.

그렇게 볼 때는 씨 뿌리는 농부에게 밥을 요구하는 부처님이야말로 진실로 그들 사회 전체를 먹여 살리는 향기롭고도 큰 농부가 아니었을까?

그러나 깊게 생각하지 않고도 자기 생명을 즐겁게 희생하는 것은 부모와 자식지간인 경우다. 혈연이라는 생명 관계는 생각해 보거나 가르치기 이전에 본능적으로 움직여서 안다. 그리하여 제 희생이 제 생명의 승리라는 것을 알기 때문에 즐거운 의무로써 나와지는 것이다. 그런 실천규범은 구호로 외치고 웅변으로 떠들 여가가 없다. 스스로의 확신과 실천이 있을 뿐이다.

이런 법칙관계를 근본에서 보지 못하고 겉으로만 살펴 알았기 때문에 금세기 교육풍토에 구호 풍년이 들지 않았을까? 그런 사회는 입만 열면 누구나 의인이 되고 의사(義士)가 되지만, 알곡은 한 톨도 나오지 않는 쭉정이만의 사회다.

인도 사회가 경제구조를 척도로 볼 때야 낙제점수지만, 인도의 젊은 이가 자기 나라의 전통양식을 존중하면서 기름지게 사는 나라의 문명 따위를 거들떠보지 않는 것으로 보면 희망적인 나라일 것이다. 그들 역사 이래 그 전통의 숨결을 수행자가 이어왔던 것이다.

이야기를 돌이켜 부처님의 포교 떠나는 장면을 보자. 그들은 이미 자기 생명이 한 세계를 완성하여, 그 기쁨과 즐거움을 사회대중 속으로 쏟아 부으러 가고 있다. 그렇기 때문에 자기들의 할 바가 무엇인가가 분명하게 드러나고 있고, 법을 듣지 못한 사람들을 불쌍히 여기는 자비와 연민이 진하게 흐른다.

"사람들 중에는 마음에 더러움이 적은 자도 있거니와, 법을 듣지 못한다면 그들도 악에 떨어지고 말리라. 들으면 법을 깨달을 것이 아닌가?" 여기에는 잘못된 교육의 실수도 없고, 스노브 인텔리가 외치는 거짓 구호도 없다. 어엿하고 미끈하게 흘러 넘치는 생명의 활기가 움직일 뿐이다.

이렇듯 불교는 우주의 본질을 인간의 내면으로부터 추출해 내는 데 집중되고 있다. 신에게 희생을 바치고 주문을 외움으로써, 인천(人天)이 행복해질 수 있다고 믿어 온 바라문의 전통을 완벽하게 인간의 심적 활동과 정신작용의 문제로 대체해 낸다.

그것은 틀림없이 인류 역사의 한 승리이고, 힌두스탄이 낳은 불멸의 보탑(寶塔)이다. 그러나 지나치게 완벽한 붇다의 깨달음은 그 완벽성 때문에 도리어 중생으로부터 멀어지는 것이 아닌가 하는 생각이 든다.

이것은 말하기가 어렵고 어떤 결과가 될 것인지 아직 염려스럽지만, 불교가 갈수록 인도 국민에게서 인기를 잃어 가고 아울러 동양의 불교국들이 실천하고 있는 여러 모양을 참작해 볼 때, 솔직하게 그런 심정이 드는 것이다.

어느 때 부처님은 한 마을의 촌장으로부터 그들 사회의 전통적인 의식에 대한 질문을 받는다.

"대덕이시여, 서쪽에서 온 브라아만들은 물병을 높이 쳐들든지, 화환을 달든지, 물에 들어가 목욕을 하든지, 화신에게 공양을 드리든지 함으로써 죽은 사람을 천상에 태어나게 할 수 있다고 말하고 있습니다. 대덕께서는 모든 세상 사람의 존경을 받는 분이라고 듣고 있습니다만, 대덕께서도 역시 그런 일을 할 수 있습니까?"

이 사람은 바라문들이 행하고 있는 제사의식 내지 일종의 주술의식을 들어서 말하고 있는 것이다. 그 말하는 투나 내용으로 보아서 그런 의식의 효과를 믿을 뿐만 아니라, 그것을 능히 할 수 있어야 훌륭한 사람이라고 믿겠다는 태도이다. 물론 부처님은 즉석에서 비유를 들어 그것을 부정해 준다.

"그러면 촌장에게 내가 한 가지 물을 것이 있다. 생각나는 대로 대답해 보라. 어떤 사람이 깊은 호수에 바위를 던졌다 하자. 그때 여러 사람들이 몰려와서 바위야 떠올라라, 바위야 떠올라라 하고 기도했다고 하면, 어찌 되겠는가? 그 바위는 기도의 힘으로 떠올라 오겠는가?"

물론 촌장은 "아니오"라고 대꾸했다. 부처님은 다시 물었다.

"그렇다면 촌장이여, 이것을 그대는 어찌 생각하는가? 여기에 남을 죽이고, 도둑질을 하고, 거짓말을 하는 따위 온갖 나쁜 짓을 한 사람이 있었다 치자. 그 사람이 죽었을 때 또 여러 사람이 몰려와서 이 사람이 천상에 태어나게 해 주십시오 하며 합장하고 기도했다면, 어떻겠는가? 그는 기도에 의해 천상세계에 태어나게 되겠는가?"

촌장은 또 "아니오"라고 대답했다. 그렇게 대화가 계속되는 동안에, 어느 사이엔지 그를 가리고 있던 낡은 의식이 벗겨져 나가고, 그의 마음에는 한 가닥의 광명이 비쳐왔다. 그는 몹시 감동하여서 서원을 발하고 신자가 되었다.

이 비유를 쳐드는 것은 불교 진리의 완벽성을 칭찬하는 데 목적이 있는 것이 아니라, 오히려 여기 나오는 촌장처럼 사람은 누구든지 종교가 말하는 허황한 점과 신비한 점 등을 믿고 있다는 생각이 들어서다. 가령 어떤 철학자나 과학자라 하더라도 사랑방 식의 옛날 이야기가 나오면, 그 이야기에 호기심을 느끼는 것과 같은 경우다. 그것은 그 사람의 지식과는 상관없는 일이다. 그런 환상과 신비의 신빙성을 믿고 안 믿고는 다음의 문제이고, 일단은 끌려들게 마련이다. 그것이 무엇일까?

또 어린아이는 될 수만 있으면 그런 비상식적인 것, 하늘을 날고 지옥을 왔다갔다 하고, 죽었다 살았다를 마음대로 했다는 투의 이야기가 나와야 신바람이 난다. 생명은 순수할수록 신화에 가깝다는 증거다. 그것은 인간의 생명이 우주의 생명과 하나로 되어 있는 탓이다.

우리가 우주의 신비에 대해서 다 모르고 사는 것처럼 내 생명의 비밀스러움과 깊이에 대해서도 끝까지 알 수가 없다. 그러므로 인간의 생명을 독자적으로 이해하려고 한 현대의학이 참혹한 병원(病源)이 되어 버렸고, 생명을 쪼개고 나누기 시작한 문명이 인간에게서 종교를 몰수하고 있다.

그런데 바로 불교가 어느 정도 그 짓을 하고 나온 것이 아닌가 싶어진다. 물론 불교의 내재적 생명은 우주의 허공과 신비를 가득히 품은 커다란 무위로서의 것이다. 어떤 것도 그 안에 들어가면 편히 자리를 잡을 수가 있고, 어떤 사상도 충분히 수용된다. 그러나 그것들에게 신비를 두진 않는다.

다시 말하면 모르겠다는 의심과 어두움을 둠으로써 그것이 신화로 남아 갈 여지를 없애 버린다. 불교의 지혜는 모든 것을 투시해서 상식으로 처리해 내기 때문이다.

불교가 힌두교의 전 역사를 가지고 만들어진 하나의 걸작이라 한다면, 오늘의 인도 사람들은 힌두교보다 불교에 더 사랑을 쏟고 귀의자가 많아야 될 것이다. 그런데 실상은 그와 반대다. 나는 이것을 불교의 견고한 완벽성 때문이라 생각한다. 하나의 실례를 더 들어 보자.

> 너희들이 무인광야를 가게 될 때는 여러 가지 공포가 있을 것이며 마음은 놀래고 머리카락은 곤두서리라. 그런 때는 마땅히 여래를 염(念)하라. 여래는 응공(應供)·등정각(等正覺)·불(佛)·세존(世尊)이시라고, 이리 염하면 공포가 사라지리라.
> 또 법(法)을 염하라. 부처님의 바른 법은 현재에 있어서 능히 번뇌를 떠나게 하고 때를 기다릴 필요가 없으며, 통달친근(通達親近)하여 자각에 의해 알 수 있는 일이라고, 이리 염하면 공포가 사라지리라.
> 또 승(僧)을 염하라. 세존의 제자들은 잘 수행하고 세간의 복전(福田)이라고, 이리 염하면 공포가 사라지리라. (『잡아함경』)

이것은 삼보(三寶)에 귀의하겠다는 뜻을 표명하는 신자들간의 한 의식이거니와, 부처님이 베사리에 계실 때 멀리 탁카시라로 무역을 떠나는 대상(隊商)들이 찾아와 설법을 듣고, 장차 수백 리의 무인광야를 가게 될 사람들의 공포심을 털어놓자, 이런 게송으로 답해 주신 것이다. 비사리가객(毘舍利賈客)편에 나오는 이야기다.

이 대답 속에는 대상들의 공포와 두려움을 상세하게 헤아리는 부처님의 예지가 보인다. 마음은 놀래고 머리카락은 곤두서리라고 한다. 그것은 내면의 의식작용이 일으키는 불안과 번뇌다. 그래서 현실적인 삼보의 권위와 능력을 염함으로써, 공포를 제거시키려고 한 것이다.

이것은 이치로 보아서는 맞다. 그러나 어딘가 섭섭하고 모자라는 구석이 느껴지는 것도 사실이다. 아마 그들에게 무서운 신의 이름을 외우게 했거나 부적을 만들어 주는 것이 그들의 맹목적인 불안을 구제하는 데 더 효과적이었으리라는 생각이다.

맹목적인 불안이라는 말을 했지만, 사실 우리의 내면에서 일어나는 불안만큼, 아니 희로애락만큼 맹목적이고 무조건적인 것도 없다. 눈을 들어 무엇인가를 바라보는 순간에, 듣는 순간에, 닿는 순간에, 요컨대 감각기관이 대상을 접하는 순간에 그것들은 느낌으로 일어난다.

이것은 생각보다 앞서는 것이고 근원적인 것이다. 그래서 이성만으로는 설명이 안된다. 삼보를 염함으로써 공포가 없어지리라는 생각은 그래서 섭섭한 부족감을 느낄 밖에 없다. 달걀귀신이 나오는 고목나무 골목을 지나갈 때는 왼손을 꼭 쥐고 가라는 할머니들의 말씀처럼, 어딘가 잘 믿기지 않는 상태로 대상들은 길을 떠났을 것이다.

인간은 본원적으로 우상을 가지지 않고는 견딜 수가 없는 존재다. 다른 동물과 달리 신앙을 가질 줄 알았다는 이성의 발견이 곧 '우상에의 눈뜸'일 밖에 없다. 생명의 바탕이 고(苦)에 의존하고 있을수록 더욱 그럴 노릇이다.

일찍이 우상을 가지지 않고 역사를 시작한 민족은 없다. 만약 누군가에 의해 우상이 제거된다면, 민중은 또 다른 형태의 우상을 요구한다. 그리고 그 우상이 인간으로 대치될 때는 무서운 형벌이 되어 나타난 것이 역사적 실증이다. 과거 독일 국민의 히틀러 우상화와 일본민족의 천황폐하 우상화 따위가 세계사에 끼친 영향 등이 그것이다. 지금도 종교를 부정하여 자신들이 민중의 우상이 되어 가는 공산주의 체제가 어떠한 짐승의 세계라는 것을 알 것이다.

중국 민족도 제사와 신을 버렸을 때 지리멸렬의 역사밖에 만든 것이 없었고, 마침내 공자 그 사람을 우상화하기 시작하면서 인간의 본성을 해치는 유교주의가 등장하게 된 터다.

샤카의 지혜가 어느 한 켠을 어리석은 듯이 가려만 놓았더라면, 민중은 그것에다 자기들의 우상을 만들면서 좋았을 것이다. 그러나 힌두교에 대한 복수처럼 일체를 너무 밝혀 버렸기 때문에 다수의 민중은 견디지 못하고 다시 힌두교로 돌아갔던 것이다.

그것을 나무랄 수는 없다. 생명은 완벽하다면 거기서 끝장이다. 달걀이 제 껍질 하나를 다 채우지 못하고 비우는 구석이 있기 때문에 생명일 수가 있는 법이다. 병아리는 그것에 의해서 나오게 되고, 다시 달걀로 병아리로 흐를 줄을 안다. 다 채우지 못하는 마지막 의심 한 점이야말로 일체의 지혜를 수용하는 생명의 인자(因子)—씨—다.